中国训诂学报

第四辑

中国训诂学研究会《中国训诂学报》编辑部　编

商务印书馆
创于1897 The Commercial Press

图书在版编目(CIP)数据

中国训诂学报. 第4辑/中国训诂学研究会《中国训诂学报》编辑部编. 一北京：商务印书馆，2021
ISBN 978-7-100-20321-0

Ⅰ. ①中… Ⅱ. ①中… Ⅲ. ①训诂一丛刊 Ⅳ. ①H13-55

中国版本图书馆 CIP 数据核字(2021)第170436号

ZHŌNGGUÓ XÙNGǓ XUÉBÀO
中国训诂学报
（第四辑）
中国训诂学研究会《中国训诂学报》编辑部 编

商务印书馆出版
（北京王府井大街36号 邮政编码100710）
商务印书馆发行
北京虎彩文化传播有限公司印刷
ISBN 978-7-100-20321-0

2021年12月第1版 开本787×1092 1/16
2021年12月北京第1次印刷 印张16

定价：80.00元

主　管：中华人民共和国教育部
主　办：中国训诂学研究会
编　辑：《中国训诂学报》编辑部
出　版：商务印书馆

俞樾的学术成就、经学研究风格及其在经学史上的地位

罗雄飞　汪少华

提要:俞樾是晚清负有盛名的国学大师,对群经、诸子进行了全面的校勘整理,并在此基础上总结"文例""文法"。作为富有思想的汉学家,其学术风格是以"通经致用"为宗旨,以公羊思想为统率,以训诂考证、阐发经典为治学门径,即训诂名物以求义理,务求通博,实事求是,兼收并蓄。对传统文化发展的引领作用,体现在其学术研究与经学教育中。他把"梯梁后学"作为学术取向,其通儒式著作在太平天国运动后对弘扬传统文化发挥了巨大作用。其经史教育崇尚实证,倡导创新和包容精神,培养了大批有创新精神的国学人才,一定程度上推动了传统文化的现代转型。其著作流传在受儒家思想影响较深的周边国家,产生了一定的学术文化影响。俞樾的局限一是被动顺应时代潮流,以淡漠的态度对待西学;二是过于突出经学的致用功能,有以学术比附道德教化的倾向;三是有求新求异倾向,训释中存在不少错误与似是而非。

关键词:俞樾　《春在堂全书》　经学　经学史

一

俞樾的学术成就集中体现在汉学方面,具有朴学大师的美誉,被人尊为晚清汉学的"殿军"。《群经平议》《诸子平议》和《古书疑义举例》是其代表作,它们分别仿高邮王念孙、王引之父子的《经义述闻》《读书杂志》和《经传释词》。一定意义上俞樾把它们看成高邮王氏著作的续写,因而"王氏已及者不复及"①。章太炎曾将这几部书与高邮王氏著作进行比较。他指出:"治群经,不如《述闻》谛,诸子乃与《杂志》抗衡。及为《古书疑义举例》……视《经传释词》益恢廓矣!"②梁启超对这些著作评价更高。他指出,《群经平议》"价值仅下《经义述闻》一等",而《诸子平议》实为"最精善

① 《上曾涤生爵相》,见《春在堂尺牍》卷二。

② 章太炎《俞先生传》,《章太炎全集·太炎文录初编》,上海人民出版社,2018年,第217页。

进行了补充订正。曾昭旭认为此一卷书详核精实"足配石臞矣"①。《宾萌集》则集中阐发了一些思想,因为俞樾很少留下篇幅齐整的思想性著作,因而这一文集对于研究俞樾也是弥足珍贵的。

俞樾还留下了大量的杂文和3000多首诗歌。其杂文多碑传序记之类,俞樾自言"性好徇人之求"②,因而其中不乏应酬之作。其弟子章太炎不客气地认为,其师"以笔札泛爱人",故"其文辞瑕适并见"③。不过,俞樾很少有专文阐述自己的思想和学术见解,而喜欢在杂文中借题发挥,因此,这些杂文仍是研究其思想的主要材料,其价值不应忽视。俞樾所为诗,"终不外香山、剑南一派"④,且推崇陶渊明。这些诗以写实为主,经历闻见,悲喜哀愁,以及对时代变化的感怀伤痛,都寄之于诗。并且,不论是"自述诗",还是其他诗,多以年编次。因此,要研究俞樾生平,这些诗自是第一手资料。

二

汉学是清代学术最具代表性的学派。它于清初悄然兴起,蔚然成风,并以明显的优势凌驾于程朱理学之上,壮大为有清一代的显学。它以汉儒为宗,以儒家五经为主要研究对象,以"无征不信""以古为尚"为治学信条,对古代经学文献进行了全面的整理,旁及小学、诸子、史学等,在校勘、训诂、辑佚、音韵等方面取得显著成就。道光初,儒臣阮元编辑《皇清经解》(刊于1829年),收录从清初至嘉道间经学、考据学著作173种,凡1408卷,展现了清中前期汉学的盛况。鸦片战争前后,汉学一度陷于衰途。著名汉学家陈澧在1851年谈到当时汉学的现状时说:"今海内大师,凋谢殆尽。澧前在江南,问陈石甫江南学人,答云无有。在浙江问曹葛民,答亦同。二公语或太过,然大略可知。盖浅尝者有之,深造者未必有耳。吾粤讲汉学者,老辈惟勉翁在,而近年为俗事所扰……后生辈好学者,则不过二三人耳。"⑤这是对整个东南沿海地区汉学状况的鸟瞰式描述。原先作为汉学重镇的东南沿海尚且如此,其他地方可想而知。经过太平天国运动打击之后,东南沿海地区的汉学进一步衰落。直到洋务运动开展之后,随着重振传统文化道德的种种措施的施行,汉学才

① 曾昭旭《俞曲园学记》,台湾中华书局,1973年,第146页。
② 《春在堂杂文·序》。
③ 章太炎《俞先生传》,《章太炎全集·太炎文录初编》,上海人民出版社,2018年,第218页。
④ 《三六桥〈百梅诗钞〉序》,见《春在堂杂文五编》卷七。
⑤ 陈澧《与徐子远书》,见《东塾读书记》(外一种),生活·读书·新知三联书店,1998年,第341页。

和其他传统学派一起，进入了一种复兴状态。光绪十四年(1888)，江苏学政王先谦仿阮元《皇清经解》体例编辑成《皇清经解续编》，主要汇集乾嘉以后数十年间汉学成果，收录书籍 209 种，凡 1430 卷，在书籍种类、卷数上超过了《皇清经解》。可见，从清代汉学的发展看，可以把清代汉学划分为清代中前期汉学和晚清汉学。这在一定意义上能够凸显汉学在洋务时期各种新旧学派中的地位。

俞樾作为晚清汉学的"殿军"，与清代中前期汉学家相比，可以说是一位富有思想的汉学家。这与他所处的时代息息相关。清代中前期，由于实行文化高压政策，大兴文字狱，汉学家大多埋头于训诂考据，学术取向多是纯学术性质，儒学的经世致用传统因此晦而不明。然而，自嘉道以后，随着社会危机的不断加深，经世致用思想重新开始流行。公羊学中的龚自珍、魏源一脉开始把眼光转向现实社会，以经世致用指导其学术活动。一些人则认为，国家出现危机的原因，在于"道德废、人心坏、风俗漓"，而道德、人心、风俗的败坏又在于"正学不昌"，即乾嘉汉学排斥了程朱理学。因而，一些学者奋起抨击汉学，阐扬理学。方东树的《汉学商兑》最为典型，专以"辟汉扬宋"为宗旨。而清王朝统治者也一改过去推崇汉学的旧调，转而大力提倡程朱理学。这样，随着经世思潮的兴起，程朱理学获得复兴。而倍受攻击而陷于衰途的汉学，也开始从崇古复古、脱离现实的窠臼中超拔出来，转而研究实际学问，解决实际问题。何秋涛的《朔方备乘》、张穆的《蒙古游牧记》等，既秉持汉学的精神，又以问题为导向。在清政府与太平天国搏斗的过程中，由于太平天国以"拜上帝会"相号召，再加上西学东渐，传统文化整体上受到挑战，因而儒学内部的门户之争特别是汉宋之争逐渐降温。在"卫道""拯救名教之奇变"的旗号下，会通与合流逐渐成为传统学术文化的主流。曾国藩自称："余于道光末年，始好高邮王氏父子之说。"[①]稍后，曾国藩提出"孔门四科"说，强调"义理""辞章""经济""考据"缺一不可。随着"同治中兴"和洋务运动的开展，张之洞等中兴名臣更是在"中体西用""中道西器"的口号下，把复兴"古学"、重建传统文化道德秩序当作社会转型的根本前提。总之，俞樾所处的时代，是思想活跃的时代，也是传统学术承担着文化使命的时代。

俞樾作为一位富有思想的汉学家，这跟他的个人经历和个性追求也是息息相关。1836 年俞樾被取入县学，1844 年中式举人。1850 年中进士后，在保和殿复试时受到曾国藩的赏识，从此与曾国藩结下不解之缘。他自言："追念微名所自，每饭

① 邓云生编《曾国藩全集·家书》，岳麓书社，1985 年，第 809 页。

不敢忘。”[1]1867年俞樾到南京拜谒，时任两江总督的曾国藩，不但将他留宿署中，还招江南名士作陪，宴集妙相庵、登鼓楼，又同至玄武湖赏荷花。1868年，曾国藩又访俞樾于苏州寓所，为其书“春在堂”匾，随后同游天平山、香山。曾国藩还公开宣称“李少荃(鸿章)拚命作官，俞荫甫拚命著书”，“俞荫甫真读书人，丁禹生(日昌)真作官人”[2]。更为重要的是，两《平议》受到曾国藩的高度肯定，曾国藩指出：“经、子《平议》原本故训，曲证旁通，诚有类乎高邮王氏之所为。”[3]且赋五言诗一章，着力加以揄扬。除了曾国藩，俞樾与李鸿章的关系亦很密切。1865年俞樾获得苏州紫阳书院山长一职，正是仰赖李鸿章的推荐。因为曾国藩、李鸿章的重视，江浙等地的地方官员都折节与之相交，出资为其刊刻著作。李鸿章和江浙众多官员还捐资襄助俞樾于苏州筑曲园。彭玉麟、王凯泰甚至与之结为姻亲。

除了受知曾国藩、李鸿章，1855年出任河南学政的经历，亦对俞樾产生很深的影响。他出任学政仅两年，便因“试题割裂”授人以柄而遭弹劾，受到革职回籍、永不叙用的处分，其性质有点儿类似文字狱。对于这段短暂的仕宦生涯，俞樾既感到无比自豪，又无比痛苦。他在一首长诗中写道：“而我还朝亦自幸，两年玉尺中州操。舆前砰磕奏鼓吹，道左旖旎罗旌旄。北登苏门南伊阙，兹游足算平生豪。”[4]其得意之情溢于言表。可是，罢官一事又使他在长达六七年的时间里精神极度抑郁。1864年他因遣嫁次女入京，小住月余，“亦不出应酬……得暇辄至留离厂旧书摊头随意坐坐”，且表示待子女婚嫁毕后“便当断弃人事”[5]。俞樾的这一经历和心态，一方面使他始终带着学政的心态治经治学，另一方面又因“风波有余恐”[6]，自觉“不敢妄谈经济以干时”[7]。

以学政的心态治经治学，又受知曾国藩、李鸿章，这使他很容易把自己的学术活动跟洋务时期的时代精神结合起来。亲历某种意义的“文字狱”，又使他出言谨慎，很少留下篇幅齐整的思想性作品。他更多地把自己的思想渗透在训诂、考证的典籍整理工作中。这使俞樾作为一个汉学家具有一种独特的学术风格。具体说来，有以下几个特征：

① 《春在堂随笔》卷一。

② 《丁禹生抚部与余言……乃以小诗纪之》，见《春在堂诗编》卷六。

③ 《曾涤生师相书》，见《袖中书》卷一。

④ 《孙琴西同年以安庆守奉使讨吴，止余寓园旬有余日，赋长歌赠之》，见《春在堂诗编》卷五。

⑤ 《与戴子高》，见《春在堂尺牍》卷一。

⑥ 《送孙琴西同年衣言出守安庆，即用其癸丑年见赠原韵》，见《春在堂诗编》卷五。

⑦ 《与李少荃前辈》，见《春在堂尺牍》卷一。

其一，以“通经致用”为宗旨。

这里的“用”不是“中体西用”的“用”，这方面包含在俞樾对荀子“法后王”思想的阐述中。“通经致用”是就道德教化和强化道德本体而言。俞樾对传统道德极为重视，他强调：“人皆务为孝弟忠信，亲其亲而长其长，虽有外患，何由而至？”①又谓：“通经而不足致用，何贵通经？”②从“通经致用”的认识出发，俞樾对孟子“返本”说和“养气”说多所阐发。在他看来，“养气”即“养志”，“养志”必先“养心”，其功自寡欲始。这跟程朱理学思想相一致。他又认为，仁政和道德教化是根本所在，“信能行之，则海外大九州，无不来享来王，复黄帝以前之盛不难矣”。③ 在他看来，孟子的仁政说和“养气”说，都包含于“返本”说中，而“返本”是“自强之上策”④。进入 19 世纪 90 年代以后，随着民族危机加深，人们对传统文化及道德的批评日益增多，俞樾深以为忧。这时，他更加抱紧孟子的“返本”说，认为“当今之世，虽使孟子复生，无他说焉。为当世计，不过曰：盍亦返其本矣！为吾党计，不过曰：守先王之道以待后之学者”⑤。他又认为：“以孟子返本一言为主，而以墨子之书辅之，傥足以安内而攘外乎？”⑥

俞樾将荀子的“教化成性”说置于与孟子“返本”说同等重要的地位。对于人性善恶，他并不很在意，在他看来，各种人性理论在一定意义上都与道德教化相兼容，没必要顾此失彼。但是，他又认为“天下之人，中下居多”，“荀子抑性而申学，正所以为教矣”⑦。因此，荀子的性恶论更适合普通百姓的道德教化。正是在这一特定意义上，他强调“吾之论性，不从孟而从荀”，因为“荀子取必于学者也，孟子取必于性者也。从孟子之说，将使天下恃性而废学”⑧。在他看来，荀子性恶论与《论语》的基本精神更加符合，因为《论语》以“学而”为首篇，强调的正是后天的学习和道德教化。他从道德教化的要求出发，要求“升《荀子》为经，与《孟子》配，次《论语》之后，并立学官”⑨，还进而将孔子、孟子、荀子看成“一圣二贤”。

俞樾对“一圣二贤”的认识，直接渗透在他对儒家经典的训诂、校勘中。比如，对于《中庸》中的“天命之谓性，率性之谓道”，他认为不能释“率”为“循”，而应该释

① 《霁岚李君传》，见《春在堂杂文六编》卷三。
② 《义与补帆》，见《春在堂尺牍》卷三。
③ 《孟子缵义外篇》，见《俞楼杂纂》。
④ 《自强论》，见《宾萌集》卷六。
⑤ 《诂经精舍八集序》，见《春在堂杂文六编》卷七。
⑥ 《孙仲容〈墨子间诂〉序》，见《春在堂杂文六编》卷七。
⑦ 《取士议》，见《宾萌集》卷四。
⑧ 《性说上》，见《宾萌集》卷二。
⑨ 《取士议》，见《宾萌集》卷四。

为“修”。因为释“率”为“循”,发为性善之说,而“性不一性,必率之而后为道;道不一道,必修之而后为教。率与修有功力存焉”①。《孟子》“必有事焉而忽正”,俞樾因注中有“必有福在其中”之说,遂认为“事”当为“福”,且谓后人不达“福”字之义,而依注中“人行仁义之事”而臆改经文。他释“福”为“副”,认为“必有福焉”即下文“配义与道”之谓。因谓“养气”之法,若无所副,则气不正,如此则是“暴之也,非养之也”,必配“义与道”,“然后可谓养吾浩然之气”②。在他看来,不应抽象地孤立地看待“正义”或“正气”,应该从道德本体来理解。这并不是没有道理,但如此曲为之说,正表明俞樾训诂确实是有思想导向性的。他还指出,“克己复礼”并非克去己私,且以“能身复礼”为说。他认为“圣门重在救偏,不在去私”,“有一豪之偏,即有一豪之不合于礼矣,故必复礼而后为仁”③。对知、仁、勇三者的顺序,《论语·子罕》为“知者不惑,仁者不忧,勇者不惧”,《宪问》为“仁者不忧,知者不惑,勇者不惧”。俞樾认为三者之序,当以《子罕》为是,而疑《宪问》为“记人失其序矣”。其理由是“未知焉得为仁”④。诸如此类,其训释都能从他对性恶论的推重及其所阐发的《公私说》《礼理说》得到说明。事实上,从一般原则来说,俞樾的整个汉学研究,都贯穿了这样一种思想导向。不仅如此,俞樾的其他作品如杂文、笔记小说等,更是直截了当地宣扬道德教化的主题。他强调:“学政一官,为人伦风化所系,自先圣先贤以逮山林隐逸,名迹藏书,皆宜加意表彰,以激扬风俗,磨砺人心。”⑤从某种意义看,俞樾治经治学,处处隐含学政的职责。他似乎把这些工作看成学政这一政治生命的延续。

其二,以公羊思想为统率。

公羊学与今文经息息相关,西汉时期居于儒家学说的主导地位,董仲舒是其核心人物。它推崇孔子,重圣人“微言”,以孔子为政治家。它对《春秋》一经尤为重视,认为隐含孔子的政治理想。钱穆先生认为,清代公羊学即常州学派,发端于庄存与,在刘逢禄、宋翔凤那里成为重要的学术流派,而从龚自珍、魏源开始,走上了以经学议政的道路。俞樾中进士前后,在思想上便表现出公羊学倾向,后来受到宋翔凤、戴望等的影响,其风格属于传统公羊学一脉,与龚自珍、魏源一脉具有根本区别。

---

① 《“率性之谓道”说》,见《经课续编》卷三。

② 《群经平议》卷三十二《孟子一》。

③ 《与笏山方伯》,见《春在堂尺牍》卷六。

④ 《论语小言》,见《第一楼丛书》。

⑤ 《徐花农〈粤东葺胜记〉序》,见《春在堂杂文八编》卷八。

俞樾将公羊师说广泛渗透在他的名物训诂中，他强调，《公羊春秋》传孔氏之经，所言礼制为素王之制，不必完全与鲁史相符。在他看来，《春秋》中的文王、鲁王，皆是孔子假托之王，皆是“棋子”而已，孔子作为“举棋者”即是素王的真实主体，亦是“托王于鲁”之王。他又认为《礼记・王制》为孔子所作，而由门弟子私相纂辑而成，因而与公羊师说往往符合，体现了“素王之法”和孔子改制思想。基于公羊家眼光，他认为《王制》“体大物博，或犹在《中庸》之上”①。因而希望朝廷在举行科举考试的时候，仍将《中庸》《大学》重新归并到《礼记》中，认为“不必别出”②。对于公羊“三统”说，俞樾继承了董仲舒《春秋繁露》中“三代改制质文”的思想，同时兼采《白虎通》“三统”说。这就淡化了董仲舒“三统”说中“运次”的必然性，突出了“圣德”的重要性，认为“二王之后”若有圣德，可再受命为王。对于“大一统”，俞樾着重阐发了“尊王”“正名”的思想。他认为：“世之盛也，国无异政，家无殊俗，考礼正刑一德，归于天子……天下不可以无所一也。”③从“尊王”的要求出发，他强调万物之名皆不可以不正，而“正名”的重点在人伦关系。在强调“尊王”“正名”的同时，他着重阐明了“众所归往谓之王”的思想，从而把“尊王”建立在道德本体的基础上。

对于以往的公羊师说，俞樾也不是盲目接受或限于择善而从，他还提出一些独立见解。这集中体现在“三世”说中。他将“夷夏之辨”思想与“三世”说结合起来，形成一套与近代其他公羊家完全不同的历史观。在他看来，三世进化的结果，不是“夷”“夏”差距的消失，而是鸿沟的扩大，因此，世愈进，“夷夏之辨”愈严。到了“太平世”，由于封建体制完善化，道德水平达到很高的水平，“夷”“狄”也就不再可能向诸夏看齐。基于此，他认为《王制》是孔子的理想所在，《礼运》中的“公天下”不是儒家理想，而是不发达社会的写照。他又把“三世”说与“小九州”“大九州”思想结合起来。在他看来，中国历史上的夷夏关系属于“小九州”时代，而从近代的世界眼光即“大九州”视角看，中国又是处于“大九州”时代的“据乱世”，因而中外交往值得提倡。此外，对于公羊家“讥世卿”思想，俞樾颇不以为然，这是他执着于封建制即分封制的思想表现。当然，他并不是否定秦以后的郡县制，但他认为郡县制必须以封建制辅之而后无弊。

公羊思想对俞樾治经治学有着直接的影响。他于六经中最重视《春秋》及其公羊师说。他在《经课续编》卷七和《湖楼笔谈》卷一中，谈到《春秋》时甚至用了“圣

① 《达斋丛说》，见《曲园杂纂》卷五。
② 《取士议》，见《宾萌集》卷四。
③ 《达斋春秋论》，见《曲园杂纂》卷四。

经”字眼。在他看来,孔子作《春秋》,立百年之大法,为不朽之盛业,其中“一字一句皆有深意”①。而对于《春秋》三《传》,他对《左传》的理论意义甚不以为然,认为“左丘明固不传经”②。他甚至认为,《左传》仅仅是将孔子作《春秋》时使用过的史料编辑成书,皆本当时国史,“与《春秋》本不相涉,间有举经文而释之者,不过窃闻绪论,一知半解,依附圣经以自尊宠,微言大义非所闻也”。因此,他认为《左传》“不当厕之《春秋》之后,强名一经”③。他甚至质疑,《左传》所记载的君、大夫之语,皆是杜撰,非其本文。他强调:“《春秋》之义,公羊所得为多,汉初传公羊之学者,以董仲舒为大宗。”④又说:“《公羊》之传,惟何劭公为能发明其义。”⑤可见,俞樾对《春秋》的态度和见解,继承了董仲舒、何休一脉。他又认为,《周礼》一书,非周公之书,亦非周代制度,即便是出自周公,也不过是官制而已,不能算作“礼经”。因而认为三《礼》之中应该以《仪礼》居首,《礼记》次之。他的《尚书平议》除了伏生所传今文28篇,仅涉《康王之诰》和《序》,《盘庚》虽分三篇,其训诂之文强调“宜仍伏生之旧,合为一篇”⑥。

与此同时,俞樾认为《春秋》以外各经,虽不像《春秋》那样字字体现着“微言大义”,却也不离乎圣人制作之意。因而,“六经”被他视为一个整体。他认为:“夫子删《诗》《书》,定《礼》《乐》,赞《周易》,修《春秋》为后世法,皆所以治来世也。”⑦他依《春秋》之例释《论语》,又谓孟子深于《春秋》,认为《孟子》中的一些思想“深得《春秋》之意”⑧。他还认为“《诗》与《春秋》相表里”,因而对《齐诗》《韩诗》颇为看重,以致感慨“毛义孤行,使圣人……制作之微意不可复见矣”⑨。他又认为《周易》虽有古本,《系辞传》则为孔子所作,宋儒以义理说《易》,“深得孔子系辞之旨”⑩。他甚至援引公羊学以论史,认为秦始皇继乱世之后,其道固不能无异,因而“世以变古罪始皇,不知变者也”⑪。他发挥公羊家“众所归往谓之王”之义,认为蜀汉未能实现

---

① 《〈成十七年春秋〉书“壬申”日解》,见《经课续编》卷七。
② 《湖楼笔谈》卷二,见《第一楼丛书》。
③ 《湖楼笔谈》卷一,见《第一楼丛书》。
④ 《诂经精舍自课文》卷一,见《第一楼丛书》。
⑤ 《达斋丛说》,见《曲园杂纂》。
⑥ 《群经平议》卷四《尚书二》。
⑦ 《春在堂随笔》卷二。
⑧ 《湖楼笔谈》卷一,见《第一楼丛书》。
⑨ 《湖楼笔谈》卷二,见《第一楼丛书》。
⑩ 《郑丽楼〈易经解注传义辨正〉序》,见《春在堂杂文四编》卷七。
⑪ 《秦始皇帝论上》,《宾萌集》卷一。

"天下之所归往",因而奉蜀汉为正统"非古义也"[①]。

可见,公羊思想对于俞樾治经治学,事实上具有一种指导性地位。

其三,以训诂考证、阐发经典为治经治学门径,即训诂名物以求义理,务求通博,实事求是,兼收并蓄。

俞樾自言"瓣香私自奉高邮"[②],其说经依王念孙、王引之父子的法则。王氏父子是乾嘉汉学鼎盛时期的代表性人物,江苏高邮人。他们继承和发扬了顾炎武、戴震"声义相通"的理论,校勘经典以声音相近或相同的字辗转训释。他们治群经、诸子,特别重视方法和条理。梁启超曾将他们训释经典的体例概括为六个方面:第一,注意,即善于观察,发现问题;第二,虚己,不存先入之见,对客观材料做忠实的研究;第三,立说,即提出自己的初步意见;第四,搜证,广泛搜集证据;第五,断案,在充分论证的基础上提出论断;第六,推论,将做出的结论运用于同类经文的研究[③]。俞氏治经以驳难创新为要务,在经学观点和训诂方法上深受王念孙、王引之父子以及马瑞辰、陈奂等人的影响。俞樾强调治经须"先通小学","欲治郑学,必先治许学"[④],认为"治经之道大要有三:正句读,审字义,通古文假借。得此三者以治经,思过半矣"[⑤]。在实际训诂当中,俞樾还能重视语法辞例,并注意群经、诸子及杂书之间的互相联系、互相贯通和互相印证。这些作法,跟乾嘉学者提倡的"因形以得其音,因音以得其义;治经莫重于得义,得义莫切于得音""就古音以求古义,引伸触类,不限形体""以声求义,破其假借之字而读以本字""揆之本文而协,验之他卷而通"等训诂思想一脉相承[⑥]。俞樾还能够从辞例文例,上升到文法高度来把握语言文字规律。

在文字校勘训释方面,俞樾虽以"通经致用"为宗旨,认为"义理""名物""训诂"应以"义理为重"[⑦],但同时又特别重视"即训诂名物以求义理"[⑧]。他特别重视经典文本,不信附会之说,不取谶纬之言,且以增字训释或迂曲之说为病。他要求传注笺疏与经典原文统一,力求忠实于经典原著。如《尚书・盘庚中》"承女俾女"一文,

---

① 《湖楼笔谈》卷二,见《第一楼丛书》。

② 《曲园自述诗》。

③ 梁启超《清代学术概论》,东方出版社,1996年,第42页。

④ 《重刻〈小学考〉序》,见《春在堂杂文四编》卷七。

⑤ 《群经平议・自序》。

⑥ 李运富《从〈毛诗平议〉看训诂中的逻辑问题(论据部分)》,《古汉语研究》1989年第1期。

⑦ 《何崃青〈五经典林〉序》,见《春在堂杂文续编》卷二。

⑧ 《重建诂经精舍记》,见《春在堂杂文》卷一。

梅赜传曰:“今我法先王,惟民之承,故承女使女徙。”俞樾认为释“俾”为“使”,则“俾女”下必增出“徙”字。因不取梅义,而释“俾”为“俾益”,认为“承女俾女”即“承引女裨益女”①。这体现了俞樾“原本经典”“因文见道”之风格。对此,一些后世学者颇致肯定。庞石帚指出,俞樾两《平议》及其他经学著作,“皆以此旨为之”②。俞樾还基于公羊思想,养成了一种历史发展的眼光,能结合时代条件的变化治经论史。例如,管仲不为公子纠尽忠死节,且接受齐桓公丞相职位,孔子却不以为罪。对此,儒者多无以为辩。俞樾以他独立理解的公羊“三世”说加以阐释,他认为,古今时代条件不同,古人公天下,后人家天下;在家天下时代,忠臣不事二君;而在公天下时代,天生管仲,使之匡天下,管仲不必私于齐,更无择于小白与公子纠③。用这种历史发展的眼光看问题,使他很大程度上冲破了程朱教条,真正做到了汉宋会通。

俞樾于公羊学持之甚力,凡是他认为涉及“微言大义”的地方,哪怕是只字片语,也要详加考证,因为“经师家法”所在,“不可以不正也”④。然而,从文字材料和学派关系方面看,俞樾绝不以门户自限,而是抱持极为开放的态度,以广阔的视野左右采获。他主张各学派汇通融合,认为性理之学、经籍之学、载记之学、辞章之学“固可得而一”⑤。还要求“合汉宋而贯通之,使空疏者不致墨守讲章,高明者亦不敢……轻相诟病”⑥。至于今文经与古文经的关系,他虽然在思想上以“微言大义”为指引,而在说经顺序方面原则上坚持《十三经注疏》的古文经学传统,只是在《春秋》三《传》的顺序和《尚书》《礼记》的内容安排上进行局部的调整。他进而认为,周秦两汉诸子之书,于圣人之道“亦各有所得”,其书多“秦火以前六经旧说,孤文只字,寻绎无穷……其书往往可以考证经义”⑦。他不仅在系统整理诸子文本的基础上,援引诸子校经字、明经义,考证典章名物和历史史实,还利用诸子总结文例、文法;且进一步推及金石文字,认为“欲读古书,当识古字,而非博考古金石文字及古砖古瓦之类,未免少见而多怪”⑧。对于佛教、道教,俞樾同样持兼收并蓄的态度,认为佛学《金刚经》,“其精者实与圣言相表里”⑨。他于道家,则最重《太上感应

① 《群经平议》卷四《尚书二》。

② 庞石帚《养晴室笔记》,四川文艺出版社,1985年,第121页。

③ 《湖楼笔谈》卷二,见《第一楼丛书》。

④ 《“甲午晦”公谷异义说》,见《经课续编》卷六。

⑤ 《冯景庭先生〈显志堂稿〉序》,见《春在堂杂文续编》卷三。

⑥ 《梁芷林先生〈论语集注旁证〉序》,见《春在堂杂文续编》卷二。

⑦ 《诸子平议·序》。

⑧ 《陆星农观察〈百砖砚斋砚谱〉序》,见《春在堂杂文续编》卷二。

⑨ 《〈金刚经句解易知〉序》,见《春在堂杂文三编》卷三。

篇》，认为"此篇虽道家之书，而实不悖于儒家之旨"①。

对于文字材料，俞樾坚持批判分析、合理利用的科学态度。他指出："书不可以尽信，凡书皆然，虽孔孟之书亦有然者。"②他认为《孟子》所载古事，皆好事者为之而非事实；又对《论语》中宰我、子夏、有若的一些言论颇不以为然。俞樾认为孟子时《论语》当有多个版本。其为学，远袭郑玄，近取高邮王氏，然并不拘泥师说，对郑玄、高邮王氏的著作亦多有指正。同时，他并不因为思想内容的不同而忽视任何文字资料的利用价值。除《太上感应篇》外，俞樾总体上不太认可道家的思想，但他在具体问题上能采取具体分析的辩证态度。例如，唐代孔颖达用"象阴""象阳"说明《周易》上篇三十、下篇三十四的分篇问题。俞樾深以为非，他认为这么分篇源于竹简的使用，因为卦有变卦、复卦之分，其变卦一卦一简，复卦两卦共一简，这样，六十四卦使用 36 简。而依照六十四卦的顺序，上下篇正好各 18 简。这个看法便是采用道家的说法加以完善的。再如，俞樾原则上不取谶纬之说，其释《周易》"天地以顺动"，则又引《春秋元命包》论证"天动地亦动"，且认为儒者"但知地道安静"，因而释此文多不及"地"字③。他于《尚书》反复强调勿信伪古文，甚至强调，凡治经，只要是"论《易》不取先天图，论《尚书》不信伪古文，则其大者固已得之矣"④。可见，他对伪古文是甚为排斥的。然而，即便如此，他又认为江声等凡有异同之处，必舍梅本而从他本，"未免太泥"⑤。对于《左传》，他尽管认为"微言大义"非所闻，但并没有简单加以否定，而是强调"其所载经文，固孔氏之书容有可据者矣"⑥。又谓《左传》文章靡丽，叙事详明，为史家之鼻祖。凡此种种，充分表现了俞樾批判分析的科学态度。

俞樾作为晚清汉学"殿军"，能自觉回应时代精神，其治经治学具有思想导向性，其"通经致用"与"中体西用"的主题息息相关。公羊思想使他能够把传统道德置于不同历史背景加以考察，同时为他解读传统思想文化提供了一个理论支点。由于他完全基于道德本体来阐发公羊思想，其公羊思想与"通经致用"宗旨是汇通融合在一起的。他以自己的学术实践，积极倡导"实学"，践履"无征不信"的汉学信条，反对空谈义理、空谈心性，希望将传统文化道德的重振确立在经史"实学"的基

① 《太上感应篇缵义》。

② 《湖楼笔谈》卷一，见《第一楼丛书》。

③ 《艮宧易说》，见《曲园杂纂》。

④ 《顾少卿〈校经草庐集〉序》，见《春在堂杂文三编》卷三。

⑤ 《群经平议》卷六《尚书四》。

⑥ 《诂经精舍自课文》卷一，见《第一楼丛书》。

生传》中有句总结性的话,他说:"浙江朴学……昌自先生。宾附者,有黄以周、孙诒让。"①俞、孙、黄三人,章太炎都曾师事之,对他们都有很深的了解。章太炎此论,虽仅就朴学而言,然实为持平之论。

俞樾作为洋务时期的一位思想代表,不仅对中国传统文化的发展有重要的作用和影响,在那些受儒家思想影响较深的周边国家如日本、韩国等,其经子著作也得以流传其间,并对这些国家的学术文化产生一定的影响。俞樾本人亦受到日、韩等国学者特别是对儒家文化持拥护态度的学者的欢迎和敬仰。随着日本明治维新的开展,"文明开化"成为日本的基本国策之一,欧美的新学说、新思想像潮水一样涌入,而传统学说尤其是由中国传入的"孔孟之道,几乎扫地,一时殆有焚书之议"②。面对此一潮流,日本一些仍尊奉儒家学说的"有志之士",起而崇儒卫道。这些人政治上较为保守,大多是维新派的对立面。他们在政治上遭到失败后,试图从文化上挽救周孔之道。因此,他们对于俞樾的著作,读之而有海外知己之感。俞樾亦被他们视为拯救名教的豪杰之士。他们甚至强调,正是因为天生俞樾,才使"名教之未灭"③。鉴于俞樾在日本的名望,1882 年日本著名社会活动家岸田吟香等将日本 170 多家诗作寄到苏州,请俞樾为日本选定诗集。俞樾选定《东瀛诗选》正编 40 卷,《补遗》4 卷,载日本江户、明治两代 158 名文人的汉诗 5200 多首。随着俞樾在日本影响的扩大,与俞樾直接交往的日本学者逐步增多,他们或造庐见访,或书札往来,或以诗歌相酬唱。粗略估计,与俞樾有过交往且留下记载的日本友人有近 40 人。

在韩国,俞樾的影响虽不像在日本那样显著,然亦有不少学者如池文光、崔晓林、金于霖、张浉云等,与俞樾有过交往。韩国正三品宏文馆纂辑官金泽荣曾致函俞樾,极道仰慕之诚,称俞樾"文章关乎时运"④,还寄赠数篇诗文。

四

俞樾作为晚清的一位经学大师,不能不受到时代的局限。其保守的政治态度和传统的治学手段,使他仅仅成为传统经学的传承者。他虽然对传统学术的近代转型有过间接的影响,但其自身则仍属于传统经学家范畴。因此,俞樾作为近代著

① 《章太炎全集·太炎文录初编》,上海人民出版社,2018 年,第 218 页。

② 《春在堂随笔》卷七。

③ 《东海投桃集·小畴序》。

④ 《春在堂诗编》乙巳编《韩国正三品宏文馆纂辑官……因次其晴字韵二首报之》注。

名学者，就其所处的时代要求来看，自然存在一些局限。

其一，被动顺应时代潮流，以淡漠的态度对待西学。

在中国传统学术中，俞樾最重视经学，甚至可以说，在他眼里，经学是传统文化的普照之光。而于经学中，他对《公羊春秋》和《周易》最为重视，他从《公羊春秋》的"改制"思想和《周易》的"穷变通久"思想出发，对荀子"法后王"思想颇有所悟。在这种认识的基础上，他对当时清政府进行的洋务运动基本上持理解的态度，然他对"变"的理解，又非常有限。他以"变"为圣人不得已之举，对现实社会的变革缺乏主动精神。尽管他认识到晚清社会的矛盾非常尖锐，不变革无法继续统治下去，但他同时敏锐地意识到，有机械者，必有机事；有机事者，必有机心。他深知生产力的发展最终会引起社会意识的变化，因而对"洋务""新政"对传统文化道德的潜在冲击，始终保持警惕。在他看来，"乌喙蝮蝎"之属，虽可以治疗"瘤疠痈疽"之毒，医者所不废，但毕竟是有毒之物。有见于此，他在支持理解"洋务"的同时，自身却"隐居放言，谨守包咸不言世务之义"，强调自己"于一切洋务、陆军、海军，皆非所知，亦非所欲言"①。从这种现实政治态度出发，俞樾虽处西学东渐、中西文化交流日甚一日的时代，他对西学却几乎不加吸收。不仅如此，他还强调西学已在吾儒包孕之中，只要经史并通，即于体用兼备。并且，他既然以"洋务""新政"为"乌喙蝮蝎"，又认为医者所不废，这使他在涉及洋务的时候，其为文势必随话语环境的不同而不同，不能不因内心的矛盾而前后失倨。

其二，过于突出经学的致用功能，具有以学术比附道德教化的倾向。

俞樾一生，无论在朝在野，对传统文化道德始终高度重视，于"名教乐地"，"未敢多让"②。他以"卫道"自任，对传统道德的维护、阐扬不遗余力。在他的杂文、诗集、笔记小说以及他主持修撰的地方志中，充满对各种德性的表彰，甚至"刲股疗亲""以身殉夫"等愚昧行为，都被他作为典型大加弘扬。俞樾强烈的"卫道"立场对他的学术研究有着直接的影响。前文已经表明，道德教化是俞樾治经治学的总归宿。其发扬的公羊"微言"中，亦以道德为本。因此，俞樾在基于这些立场训诂群经、诸子时，一旦涉及道德教化，是有可能陷于先入为主而流于主观臆断的。例如，《论语》中的"求也，为之聚敛而附益之""赐不受命而货殖焉"，俞樾训释前一句云"季氏聚敛，乃民聚而非财聚，盖冉子为季氏宰，必为之容民蓄众"；训释后一句强

① 《顾少逸〈日本新政考〉序》，见《春在堂杂文四编》卷八。

② 《金廉访夫人师夫人六十寿序》，见《春在堂杂文续编》卷五。

调，子贡并非不受教命，只是“不受命于官，而自以其财市贱鬻贵，逐什一之利”[①]。又如，《尚书・泰誓》云“时哉弗可失”，俞樾认为“武王为天下除暴乱，非争天下也”，因谓武王不可能有如此“不仁”之言，并就此断定《泰誓》是伪造[②]。诸如此类，多为推论之词，很难说有多少学术价值。不仅如此，他品评历史人物，亦往往从道德教化出发，喜以因果报应为说。正是在这一意义上，他充分肯定《左传》以成败论人，而特别反感东汉王充的《论衡》，理由竟是王充不信因果报应之说。

俞樾既以“卫道”为己任，其治学自然以道德教化为宗旨。但不同时期也有差别，19世纪80年代以前，他训诂群经、诸子，虽重视道德教化，同时也提倡荀子的“法后王”思想，一定程度倡导传统儒学的变革思想。进入90年代以后，随着社会危机的加深，他更多强调自己是孟子之徒，只要求“法先王”“守先王之意”，并以“守先待后”为己任。戊戌变法前后，他再也无法适应时代变化，1900年作《祈死》诗，又为《八十自悼》文，其内心之绝望可以想见。而就在此时，章太炎走上革命道路。对此，俞樾极为不满，声色俱厉地指责他“不忠不孝，非人类也。小子鸣鼓而攻之可也”。章太炎亦不妥协，于1901年写了《谢本师》，表示与乃师决裂[③]。两人从此在政治上分道扬镳。

其三，存在求新求异倾向，古籍训释中错误的、似是而非的、难以令人信服的情况不少。

俞樾并没有做到每个判断都有证据，而且对证据的真实性注意得不够，所以常常违反“充足理由律”。一种情况是只有假说，没有证据。往往只依据有关理论知识推断词义，并不用同类事实来加以证明，其中包括随意引申而无证据、滥言通假而无证据、因声求义而无证据。另一种情况是证据不真实。有的是文献语言理解不符合原意，有的是引用的古注本身错误，有的是所引古注正误有待证明，有的是误解古注。第三种情况是前提虚假，前提也是一种证据，前提虚假也就是证据不真实。在证明过程中存在的毛病，主要表现在三个方面：一是违反思维规律，如违反同一律、违反不矛盾律；二是违反证明规则，如推不出来、以相对为绝对、循环论证；三是忽视推理条件，如机械类比、以偏概全、硬相传递[④]。

晚清时期，世界格局发生深刻变化，整个世界由传统农业社会向工业社会转型

① 《群经平议》卷三十一《论语二》。

② 俞樾《宾萌集》卷二《经义杂说》。

③ 《章太炎全集・太炎文录补编》，上海人民出版社，2018年，第230页。

④ 以上参考李运富《从〈毛诗平议〉看训诂中的逻辑问题（论据部分）》，《古汉语研究》1989年第1期；《从〈毛诗平议〉看训诂中的逻辑问题（证明部分）》，《古汉语研究》1989年第4期。

的深度和广度不断加大。一方面，随着民族危机不断加深，中国传统文化日益受到西方文化的碰撞、挑战；另一方面，随着近代化的进程，中国传统文化又面临自身的转型问题。总体上看，俞樾是一位富有思想的汉学家。一方面，他作为晚清汉学的"殿军"之一，继承了王念孙、王引之治经治学的传统，以校勘整理群经、诸子为职志，对传统典籍进行了系统整理，并通过经学教育加强了"实学"根基，因而对清代汉学起到了承上启下作用，对保守传统文化具有重大贡献，甚至对传统文化的现代转型具有一定的影响；另一方面，俞樾很大程度上发扬了公羊学思想，以此为治经治学的统率。这固然需要从他的学术渊源方面来认识，而归根结底，他的这种思想倾向应该是19世纪家国社稷危机日甚一日、中西文化激烈碰撞的产物。因此，他治经治学不但服从时代需要，以"通经致用"（道德教化）为依归，且对晚清时局颇多忧时之叹。甲午战争后，他可以说是在忧惧、惶恐中度过余生的。他虽然没有发出振聋发聩的呐喊，其"预言诗"却在后世广为流传，至今仍有"好事者"津津乐道。正如俞樾的治经治学风格乃至特定文本的校勘训诂都需要结合时代特征和他的思想特征来把握，他的这样那样的局限也应从时代局限和思想局限加以理解。今天整理出版《俞樾全集》，对于弘扬传统文化、取其精华去其糟粕、增强文化自信，具有重要的现实意义。

（罗雄飞：江西财经大学经济学院，310013，南昌）

（汪少华：复旦大学出土文献与古文字研究中心，200433，上海）

木本植物。也就是说,《汉语大词典》所说的“波罗奢花”就是“鸡冠花”的看法是不正确的。这种不正确的结论源自于《汉语大词典》对于文献的甄别工作不够审慎。

清人高士奇的《天禄识余・鸡冠》认为“鸡冠花”就是“波罗奢花”,这种观点也见于清代的其他文献。[①] 如:

清《御定佩文斋广群芳谱》卷五二:“鸡冠花,俗名波罗奢花。”清陈元龙《格致镜原》卷七二:“鸡冠花,佛书谓之波罗奢花。”

“鸡冠花”又叫作“洗手花”,如:

宋孟元老《东京梦华录》卷八:“又卖鸡冠花,谓之洗手花。”宋吴自牧《梦粱录》卷四:“鸡冠花,供养祖宗者,谓之洗手花。”

这种说法,后世多沿用。如:

元陶宗仪《说郛》卷三〇下:“《枫窗小牍》卷上:‘鸡冠花,汴中谓之洗手花。中元节前,儿童唱卖以供祖先。’”明方以智《通雅》卷四一:“《枫窗小牍》曰:‘鸡冠花,汴中谓之洗手花。中元节,儿童唱卖以供祖先。’”

从这些文献来看,清人高士奇在《天禄识余・鸡冠》中认为“鸡冠花”叫作“波罗奢花”,又叫作“洗手花”,是综合了前人的两种观点。至于高士奇所说的“鸡冠花”又叫作“洗手花”是否正确,我们无从考证。但是,他所说的“鸡冠花”叫作“波罗奢花”的不正确性,我们是可以考证的。

首先,我们利用电子出版物[②]检索“鸡冠花”与“波罗奢花”,看看它们在历史文献中的使用情况。

“鸡冠花”这个词在唐宋时已经出现在文人的诗文中。如:

唐罗邺《鸡冠花》:“一枝秾艳对秋光,露滴风摇倚砌傍。晓景乍看何处似,谢家新染紫罗囊。”宋杨万里《早炊董家店》:“羊角豆缠松叶架,鸡冠花隔竹枪篱。”

“波罗奢花”在魏晋南北朝时期的汉译佛经中已经出现。如:

宋求那跋陀罗译《过去现在因果经》卷一:“于时诸天闻此语已,悲号涕泣,心大忧恼,举身血现,如波罗奢花。”(3/623b)又卷三:“车匿受敕,即领千乘,疾速而去。至太子所,见形消瘦,皮骨相连,血脉悉现,如波罗奢花。”(3/639a)北凉昙无谶译《大般涅槃经》卷一:“是优婆塞等皆已安住于菩萨道,复作是念,

① 此前的文献未见将“波罗奢花”混作“鸡冠花”。据电子语料《四库全书》。

② 《国学宝典》、《四库全书》、台湾“瀚典语料库”、中华佛学研究会的CBETA。

‘如来今者，受我食已，当入涅槃。’作是念已，身毛皆竖，遍体血现，如波罗奢花。”(12/367a)梁僧祐撰《释迦谱》卷四：“复有六十亿比丘尼亦是大阿罗汉，各于晨朝日初出时举身毛竖，遍体血现，如波罗奢花，涕泣盈目，生大苦恼。”(50/68c)

从“鸡冠花”与“波罗奢花”在历史文献中的使用情况来看，找不到它们之间的继承关系。那么，到底什么是“波罗奢花”呢？

《辞源》“波罗奢华”条[①]：梵语。赤花树。树汁可用以染革及毛织物，名为紫鉚(矿)。隋释灌顶涅槃经疏一：“波罗奢是树名。叶青，华有三色，日未照则黑，日照则赤，赤脉皆现，日没则黄。”参阅翻译名义集三百华。

《辞源》把“波罗奢华(花)”解释为“赤花树”。

《佛学大辞典》“波罗奢花”条[②]：(植物)西域树名。叶青，华有三色，日未出时黑色，日正照时赤色，日没时黄色。树汁甚赤，用染皮氎，名曰紫矿。见《翻译名义集》。

《佛学大辞典》把“波罗奢花”解释为“西域树名”。

从《辞源》《佛学大辞典》对“波罗奢花”的释义及所引文献用例来看，它们都认为“波罗奢花”是一种树的名字。这是不正确的。[③] 这种不正确的解释源自于《辞源》《佛学大辞典》沿用宋代法云所编撰的《翻译名义集》对于“波罗奢花”的解释。《翻译名义集》对于“波罗奢花”的解释也是不正确的。

其实，“波罗奢花”是波罗奢树的花。波罗奢树是一种木本植物，它的学名叫作 butea frondosa[④]，是一种豆科紫铆树属[⑤]的印度产高大乔木，也叫作赤花树，花大色红，树汁也极红，可以用作染料，是梵文词 palāśa[⑥] 的音译加意译。palāśa 逐字音译为“波罗奢”，“树”是类名，加在“波罗奢”之后，构成梵汉合璧词“波罗奢树”。如：

---

① 《辞源》(修订本)1—4合订本，商务印书馆，1988/1991年，第953页。

② 丁福保编《佛学大辞典》(下)，上海书店，1991/1994年，第1541页。

③ 在汉语的词汇系统中，植物的名字与它的花的名字常同用一个名词，比如：“鸡冠花”是植物名及花名(《现代汉语词典》第7版，第601页)，“桂花”是植物名及花名(《现代汉语词典》第7版，第494页)。《现代汉语词典》“鸡冠花”“桂花”条的释义与所引文献用例是匹配的。《辞源》《佛学大辞典》对于“波罗奢花”的释义与所引文献用例不相符合。因而，我们认为是不正确的。“波罗奢”既可以指称 palāśa 树，也可以指称 palāśa 树的花。这要看文献所在的具体的语言环境而定。

④ butea frondosa 这种植物在印度除了称作 palāśa，还有另外两个名字 kiṁśuka、parṇa(ḥ)。参看拙文《“甄叔迦”与“阿叔迦”》，2017年历史语言学高端论坛会议论文(兰州)。此文刊于《中国俗文化研究》第十五辑，四川大学出版社，2018年，第171—178页。

⑤ 参看丁广奇、王学文编《植物学名解释》，科学出版社，1986年，第294页。

⑥ 参看 *The practical Sanskrit-English Dictionary*，Prin. Vaman Shivaram Apte，Revised & Enlarged Edition，Reproduced by Rinsen Book Company，Kyoto，Japan，1890/1992，p997；荻原云来编纂、辻直四郎监修《汉译对照梵和大辞典》，新文丰出版公司影印，1979年，第766页；刘正埮、高名凯、麦永乾、史有为编《汉语外来词词典》“波罗舍”条，上海辞书出版社，1984年，第50页。

复次,善男子,如波罗奢树、迦尼迦树、阿叔迦树,值天亢旱,不生花实。(北凉昙无谶译《大般涅槃经》卷九,12/421c)譬如,墙壁草木和合,名之为舍。离是之外,更无别舍。如佉陀罗树、波罗奢树、尼拘陀树、蔚昙钵树和合为林,离是之外,更无别林。(同上,卷三二,12/556c)

梵汉合璧词"波罗奢树"在《大正新修大藏经》中有15例①。

译经师在翻译palāśa时,除了"波罗奢"(65例②),字形又作"钵罗奢"(8例)、"钵罗舍"(8例)、"波罗舍"(13例)、"婆罗奢"(1例)。如:

取一瓶水,以因陀罗呵悉多药及钵罗奢、白芥子并郁金香、紫檀、白檀等香各一小两半,内前瓶中诵咒一万遍。(唐菩提流志译《广大宝楼阁善住秘密陀罗尼经》卷中,19/642a)

又欲除去眼病者,加持香水或甘草水,或钵罗舍叶浸水而用。(宋施护等译《圣观自在菩萨不空王秘密心陀罗尼经》,20/446a)

持诵行人作五药净水,每一作半月为限,日饮三两,以波罗舍叶为器饮水。(宋法贤译《持明藏瑜伽大教尊那菩萨大明成就仪轨经》卷二,20/682b)

婆罗奢树,此云赤花树也。(唐慧琳《一切经音义》卷二五,54/471b)

译经师在翻译梵文词palāśa时,无人采用意译,将梵文词palāśa称作"赤花树"只见于唐代慧琳撰《一切经音义》2例。③

清代学者误认"波罗奢花"为"鸡冠花",可能源于梵文材料的缺失。正因为原始材料的缺失,学者们无从考订汉译佛教经典中的"波罗奢"的梵文原词。此类误解在汉语的历史上或许不是罕见的。

综上所述,"波罗奢花"是印度产的木本植物波罗奢树的花。波罗奢树的学名叫作butea frondosa,是一种豆科紫铆树属的高大乔木,也叫作赤花树,花大色红,树汁也极红,可以用作染料,是梵文词palāśa的音译加意译。"鸡冠花"(celosia cristata)是苋科中的一种一年生草本植物,花和种子都可以用作药物。《汉语大词典》《辞源》《佛学大辞典》《翻译名义集》对于"波罗奢花"的释义是不正确的,当订补。

参考文献

[1] 荻原云来编纂、辻直四郎监修《汉译对照梵和大辞典》,新文丰出版公司影印,1979年。

① 据中华佛学研究会的CBETA电子语料库。

② 统计数字来自《大正新修大藏经》。据中华佛学研究会的CBETA电子语料库。

③ 据《大正新修大藏经》所做的调查。

[2] 丁福保编《佛学大辞典》,上海书店,1991/1994 年。
[3] 丁广奇、王学文编《植物学名解释》,科学出版社,1986 年。
[4] 冯德培、谈家桢、王鸣岐主编《简明生物学词典》,上海辞书出版社,1983 年。
[5] 梁晓虹《佛教词语的构造与汉语词汇的发展》,北京语言学院出版社,1994 年。
[6] 刘正埮、高名凯、麦永乾、史有为编《汉语外来词词典》,上海辞书出版社,1984 年。
[7] 吕澂《新编汉文大藏经目录》,齐鲁书社,1981 年。
[8] 张永言《词汇学简论》,华中工学院出版社,1982 年。
[9] 朱庆之《佛典与中古汉语词汇研究》,台湾文津出版社,1992 年。
[10] Prin. Vaman Shivaram Apte, *The practical Sanskrit-English Dictionary*, Revised & Enlarged Edition, Reproduced by Rinsen Book Company, Kyoto, Japan, 1890/1992.

(陈秀兰:上海师范大学中文系,200234,上海)

《汉语大词典》中古词语疏误例说*

吴　松

提要：《汉语大词典》是目前规模最大的汉语语文工具书，其义项、释义、书证都有很高的质量，能够全面反映语词的历史源流演变。此书虽经订补，但存在的疏误仍然不可忽视，学界已经准备予以修订。本文借助一些中古例证，揭举此书存在的未准确转述古代注解、采信前人错误观点、缘字为训脱离语境、释义过简等几类缺憾，希望能够引起修订者的重视。

关键词：《汉语大词典》　疑误　分类

《汉语大词典》（以下简称《大词典》）是一部历史性的大型语文词典，该词典注重阐释语词的历史演变过程，基本符合义项完备、释义确切等要求。20 世纪 80 年代出版后即成为人文学者的必备工具书。由于词目浩繁、涉及的知识面很广，此书仍存在一些疏漏，学界目前已准备开展修订工作。笔者在使用过程中，发现一些规律性的问题，谨在此以例说明，希望能够有助于《汉语大词典》的修订。

一　未准确转述古代注解

《汉语大词典》不少义项直接来源于古书注解。为古书作注，是我国学者的优良传统，《诗经》毛传、郑笺，《汉书》颜师古注，《文选》李善注等古书注疏都包含着大量珍贵的训诂材料。这些材料是我们今天确定古汉语词义的重要依据，但需要注意的是，古人作注使用的语言与今天辞书的诠释语言存在着差异，如果不能将古人正确的注解准确转换为相应现代表述，便会造成释义不确。

【亘地】　《大词典》第一义为“遍地”，引例为《文选·颜延之〈宋郊祀歌〉》：“亘地称皇，罄天作主。”李周翰注：“亘，徧也。”①

*　基金项目：江苏省高校哲学社会科学研究项目《上古汉语重叠词音义研究》（2019SJA1251）。

①　汉语大词典编辑委员会汉语大词典编纂处《汉语大词典》第一卷，上海辞书出版社，1986 年，第 515 页。

按："亘地"的意思是极尽天下之地，是述宾结构，而非偏正结构。李周翰注中的"徧"同"遍"，作动词使用。现代汉语"遍地"的所指是到处、满地，郊祀歌用于祭祀天地，有歌功颂德的一面，"亘地称皇"是广有四海而称皇的意思。

【总角】《大词典》第一义为发型，"古时儿童束发为两结，向上分开，形状如角，故称总角"，引例有《诗・齐风・甫田》"婉兮娈兮，总角丱兮"、《陈书・韩子高传》"子高年十六，为总角，容貌美丽，状似妇人"等。[①]

按：该义项的描述对象不够准确，束总角发型的应是未成年人。根据礼制，男子未冠者均总角，也就是说未成年人都要总角，《礼记・内则》："男女未冠笄者，鸡初鸣，咸盥、漱、栉、縰，拂髦，总角，衿缨，皆佩容臭。"[②]《诗・齐风・甫田》中总角者不多久便成年，可见他当初是少年，而非今日所谓儿童。《陈书・韩子高传》中韩子高时年十六岁，今日应称之为少年。以下二例"总角"者也是少年，《世说新语・品藻》："冀州刺史杨淮二子乔与髦，俱总角为成器。"[③]《旧唐书・李日知传》："初，日知以官在权要，诸子弟年才总角，皆结婚名族，时议以为失礼之中。"[④]

《大词典》将"总角"的对象界定为儿童，在古代释义合理，但在现代是不够准确的。《大词典》对"儿童"的解释很好地体现出该词古今的差异："古代凡年龄大于婴儿而尚未成年的人都叫儿童，现代只指年纪小于少年的幼孩。"由此可知，《大词典》"总角"第二义为"借指童年"，同样也是不准确的，应是借指未成年。

【翘懃】 此词又作"翘勤"，《大词典》释义为"殷切盼望"，引例有三。晋潘岳《西征赋》："徘徊酆镐，如渴如饥，心翘懃以仰止，不加敬而自祗。"唐司空图《寿星述》："今上喆御临，元勋振服，英衮赞翘勤之旨，幽人荷旌贲之恩。"明屠隆《昙花记・法眷聚会》："老爷远游良苦，夫人亦厉志熏修，庵主朝夕翘勤。"[⑤]

按：释义与三个语例均不相符。潘岳《西征赋》"翘懃"是形容作者仰慕想望的心情，没有"盼望"之义，"翘"字言心中企望，"懃"则表示情感浓厚。这句出现在《西征赋》的总结部分，刘良注："酆鄗水名，如渴如饥者，思贤人而仰止之，虽无所加敬，常自祗惧也。"[⑥]所谓"如渴如饥"，是指访求先代圣贤的遗迹，追慕他们的德行功绩。

---

① 《汉语大词典》第九卷，第994页。

② 〔清〕孙希旦撰，沈啸寰、王星贤点校《礼记集解》，中华书局，1989年，第730页。

③ 徐震堮《世说新语校笺》，中华书局，2002年，第276页。

④ 〔后晋〕刘昫等《旧唐书》，中华书局，1975年，第4927页。

⑤ 《汉语大词典》第九卷，第683页。

⑥ 萧统编、李善等注《六臣注文选》，中华书局，1987年，第206页。

《大词典》将此词解释为“殷切盼望”,是对《西征赋》李善注“企伫也”的误解[①]。“企伫”有两个义项,急切盼望和因景仰而伫立,李善所指应为后一义项。《大词典》“翘懃”条所引三例,后两个语例是精勤、刻苦之意,符合《汉语大词典订补》“翘懃”条新增义项“精勤不懈怠”[②]。

二　采信前人错误观点

在吸收前人成说时,辞书编者还应注意辨其是非,如果真伪并录,甚至舍是而取非,就会导致词条释义产生偏误。

【悬炭】《大词典》第二个义项为“古代测度夏至、冬至的方法。谓悬土、炭于衡器两端,轻重平均。冬至一阳生,则炭重而沉;夏至一阴生,则土重而沉。见《史记·天官书》”。引例有三,《魏书·律历志下》:“测影清台,悬炭之期或爽。”南朝梁简文帝《江南思》诗之二:“月晕芦灰缺,秋还悬炭轻。”杨慎《丹铅总录·悬炭》:“悬炭,古候气法也,今绝其法,而人亦罕知其事。”[③]

按:《大词典》解释的出处是《史记·天官书》所引孟康注。炭古代指木炭或灰,木炭或灰吸收水、蒸发水的能力比泥土强。根据孟康注,冬至日干燥的情况下,炭所在一端却变重,这不合常理。笔者认为《史记》所引的晋灼注较可信。晋灼引蔡邕《律历记》云:“候钟律权土炭,冬至阳气应黄钟通,土炭轻而衡仰,夏至阴气应蕤宾通,土炭重而衡低。进退先后,五日之中。”蔡邕认为“土炭”为一物,冬至日土炭变轻,所在端上翘,夏至日土炭变重,所在端下垂,而发生变化的时间可能有五天的误差,这种说法合于事理而不流于玄虚。

炭与土受湿后重量都会变化,要通过湿度变化测知季节转换,可行的做法是以重量变与不变的两物对比。那么与炭比重的是何物呢?《淮南子》记载是羽毛,卷十六《说山训》:“悬羽与炭,而知燥湿之气,以小明大。”[④]《汉书》有线索显示是铁器,卷七五《李寻传》:“政治感阴阳,犹铁炭之低卬,见效可信者也。”[⑤]

孟康注的说法,还与其他典籍的记载相违。如《大词典》所引南朝梁简文帝《江南思》诗说秋后炭将变轻,我们发现的其他典籍都记载秋冬炭变轻,而夏季湿度大

---

① 萧统编、李善等注《六臣注文选》,中华书局,1987 年,第 206 页。
② 汉语大词典编纂处编《汉语大词典订补》,上海辞书出版社,2010 年,第 1091 页。
③ 《汉语大词典》第七卷,第 770 页。
④ 何宁《淮南子集释》,中华书局,1998 年,第 1157 页。
⑤ 〔汉〕班固《汉书》,中华书局,1964 年,第 3182 页。

炭变重。《淮南子》卷三《天文训》:"水胜故夏至湿,火胜故冬至燥。燥故炭轻,湿故炭重。"[①]《淮南子》卷二十《泰族训》:"夫湿之至也,莫见其形,而炭已重矣。"[②]《后汉书·律历志》:"冬至阳气应,则乐均清,景长极,黄钟通,土炭轻而衡仰。夏至阴气应,则乐均浊,景短极,蕤宾通,土炭重而衡低。"[③]《魏书·李顺传》附《李骞传》载李骞诗:"流火时将末,悬炭渐云轻。寒风率已厉,秋水寂无声。"[④]

论述到此,我们不难发现《天官书》孟康注的症结所在。"土炭"应为一词,而孟康割裂为二物。泥土的吸水性一般,"土炭"应即指吸水性较好的木炭,此词为偏义复词。《天官书》孟康注与晋灼注相龃龉,《大词典》采信错误的孟康注,以致释义未允。《大词典》"土炭"条的解释为"土与炭。古代冬至和夏至悬于衡器的两端用以测阴阳之气",此中之误也就不必详论了。

【清和】《大词典》第六个义项为"农历四月的俗称",又云"一说指农历二月",后一说是承袭两位清代学者。袁枚《随园诗话》卷十五:"张平子《归田赋》:'仲春令月,时和气清。'盖指二月也。小谢诗因之,故曰:'首夏犹清和,芳草亦未歇。'今人删去'犹'字,而竟以四月为'清和'。"胡鸣玉《订讹杂录·清和月》:"二月为清和。张平子《归田赋》:'仲春令月,时和气清。'谢灵运诗:'首夏犹清和。'今以四月当之。"[⑤]

按:文人以"清和"为四月雅称,相沿已久。袁枚等以张衡"仲春令月,时和气清"作为"清和"指二月的理据,缺乏逻辑依据。"和""清"散用与"清和"作为词使用,是完全不同的两种情况,张衡句中的"和"与"清"是单纯的形容语,不具特指能力。谢灵运诗形容四月(首夏)清和有"犹"字,而南朝诗中其他"清和"却是直接使用的,袁说难以解释。南朝齐谢朓《别王丞僧孺》:"首夏实清和,余春满郊甸。"[⑥]又《出下馆》:"麦候始清和,凉雨销炎燠。"[⑦]"麦候"指麦子成熟季节,也约在夏历四月。南朝梁何逊《车中见新林分别甚盛》"于时春未歇,麦气始清和"[⑧],明言在春末。南朝陈江总《游摄山栖霞寺》:"霡霂时雨霁,清和孟夏肇。"[⑨]

① 何宁《淮南子集释》,中华书局,1998年,第209页。
② 同上,第1373页。
③ 〔南朝宋〕范晔撰、〔唐〕李贤等注《后汉书》,中华书局,1965年,第3016页。
④ 〔北齐〕魏收《魏书》,中华书局,1974年,第841页。
⑤ 《汉语大词典》第五卷,第1305页。
⑥ 逯钦立《先秦汉魏晋南北朝诗》,中华书局,1983年,第1427页。
⑦ 同上,第1450页。
⑧ 同上,第1704页。
⑨ 同上,第2584页。

袁枚认为"清和"指二月,在文献中难寻用例。南北朝以来,"清和"指四月(或称孟夏、首夏等)是固定、普遍的用法。北朝的用例如《文苑英华》卷六五六庾信《谢赵王示新诗启》:"首夏清和,圣躬怡裕。"[①]唐宋元时代"清和"的使用频率很高,仍用于形容四月。元稹《有酒十章》:"四月清和艳残卉,芍药翻红蒲映水。"[②]白居易《首夏同诸校正游开元观,因宿玩月》:"清和四月初,树木正华滋。"[③]《千家诗》司马光《客中初夏》:"四月清和雨乍晴,南山当户转分明。"《全元散曲》汤式《(双调)风入松·寓意》:"杜鹃啼过落花多,天气近清和。"[④]《全元散曲》无名氏《十二月·四月》:"清和节,近洛时,寻思了又寻思。"[⑤]《三国志平话》卷上:"辱弟吕布顿首拜上徐州牧玄德公将军麾下:即辰孟夏清和,梅雨初晴,伏维台候动止迁加,虎帐悠治,仰劳神明护佑。"[⑥]

从律历来看,四月与"清和"的对应关系在南北朝时期已经形成。《隋书》卷十六《律历志上》"律直日"中,将"清和"列为中吕一部的二十七律之一[⑦]。而中吕对应的正是四月,《礼记·月令》:"孟夏之月……其音徵,律中中吕。"[⑧]

三　缘字为训脱离语境

词语的语义,由各语素的含义有机合成。单个语素在特定义项中体现的语义是确定的,有时会是非常用义或语境义,如果望文生义错误理解为该语素的其他含义,就可能误解全词的含义。这种现象在名物词、宗教用语等较为特殊的词中较为明显,在今后的修订中,可就各专门领域延揽专家审订,避免孤立地揣摩词义。

【周星】《大词典》解释为"即岁星",第一例为梁庾肩吾《咏同泰寺浮图》:"周星疑更落,汉梦似今通。"[⑨]

按:庾肩吾诗不适合作为语例,此处"周星"指传说中佛陀出世的征兆,"周"指朝代。《广弘明集》卷十一释法琳《上秦王论启》根据《周书异记》,叙述佛祖出生的周昭王二十四年四月八日,太微星有异象。夜有五色光"入贯太微,遍于西方,尽作

---

① 〔宋〕李昉等《文苑英华》,中华书局,1966 年,第 3370 页。
② 中华书局编辑部《全唐诗》(增订本),中华书局,1999 年,第 4637 页。
③ 同上,第 4724 页。
④ 隋树森《全元散曲》,中华书局,1964 年,第 1598 页。
⑤ 同上,第 1724 页。
⑥ 《古本小说集成》编委会《古本小说集成·三国志平话》,上海古籍出版社,1994 年,卷上第 37 页。
⑦ 〔唐〕魏征、令狐德棻《隋书》,中华书局,1973 年,第 399 页。
⑧ 〔清〕孙希旦撰,沈啸寰、王星贤点校《礼记集解》,中华书局,1989 年,第 440 页。
⑨ 《汉语大词典》第三卷,第 300 页。

青红色"[①]，周昭王问太史，太史云西方有圣人出，千年后其教传至此土。与之对用的"汉梦"指汉明帝梦金人一样，均为佛教传说。

【积劫】《大词典》解释为"积久的劫难"，南朝梁江淹《吴中礼石佛》诗："敬承积劫下，金光铄海湄。"《坛经·忏悔品》："吾有一《无相颂》，若能诵持，言下令汝积劫迷罪一时销灭。"前蜀贯休《寿春节进大蜀皇帝》诗之五："积劫修来似炼金，为皇为帝万灵钦。"元袁桷《炽盛光佛偈》："般若无损益，万念堕积劫。还彼清净根，众生永安乐。"清侯方域《重修白云寺碑记》："天下之变迁沦毁于吾前者，岂皆积劫不可救耶？予将为浮屠氏以终老于是。"[②]

按："劫"此指时间，不是灾难义。"劫"是梵文 kalpa 音译"劫波"的略称，"劫"的时间长短，佛经有不同的说法，但均极为长远。"积劫"之"积"表示多，犹如"积年"之"积"。《大词典》所举五例都用于涉佛语境，均应解释为"指极久远的时间"。

【三金】《大词典》第二义为"佛教语。三密（身密、语密、意密）金刚的略称"，首例为南朝梁沈约《为临川王九日侍太子宴》："三金广设，六羽高陈。"[③]

按：沈约诗"三金"应指多种乐器（未必为青铜器）。"六羽"指六佾舞，乐与舞方对，解释为金刚与文境不谐。乐器为什么要称"三"？这需要从古代等级制度来考察，古代诸侯级别享受三面陈设的悬挂打击乐器。《周礼·春官·小胥》："正乐县之位，王宫县，诸侯轩县。"郑玄注："郑司农云：'宫县，四面县。轩县，去其一面……'玄谓轩县去南面辟王也。"[④]沈约此诗中的"三金"从字面上解释是诸侯所用三面悬挂的青铜乐器，而实际泛指多种乐器，此处"三金"不应认为是词，《大词典》引以证其他义项是不妥的。

【绿地】《大词典》释为"绿色草地"，引南朝梁萧纲《系马》"青骊沈赭汗，绿地悬花蹄"为例。[⑤]

按：这样的解释置于句中比较生硬，上下句之间也不匹配。类似的"绿地"在《宋书》有一例，卷八五《谢庄传》载舞马赋："及其养安骐校，进驾龙涓，辉大驭于国皂，贲上襄于帝闲，超益野而蹁绿地，轶兰池而轹紫燕。"[⑥]萧纲诗中，与"绿地"相对的"青骊"是马，谢庄赋中相对的"紫燕"以及"益野""兰池"也都是名马，这两处文献

① 〔唐〕释道宣《广弘明集》，《大正藏》第 52 册，第 163 页 a 面。
② 《汉语大词典》第八卷，第 132 页。
③ 《汉语大词典》第一卷，第 207 页。
④ 〔清〕孙诒让《周礼正义》，中华书局，1987 年，第 1823 页。
⑤ 《汉语大词典》第九卷，第 916 页。
⑥ 〔南朝梁〕沈约《宋书》，中华书局，1974 年，第 2175 页。

中的“绿地”应该也是指马。《文选·颜延之〈赭白马赋〉》：“将使紫燕骈衡，绿虵卫毂。”李善注：“《尚书中侯》曰：‘龙马，赤文绿色。’郑玄曰：‘赤文而绿地也。’”①根据郑玄的注解，“绿地”所指即龙马，龙马底色为绿色，间有赤色花纹。

【钟陵】《大词典》释为“即钟山”，首例为唐李绅《过钟陵》诗：“龙沙江尾抱钟陵，水郭村桥晚景澄。”②

按：李绅诗中的钟陵，是唐代县名，不是今南京钟山。此诗收入《四库全书》本《江西通志·艺文·七言律》中。诗中所谓“龙沙江”，应指流经龙沙的赣江，《水经注》卷三九《赣水》：“赣水又北迳龙沙西，沙甚洁白，高峻而陁，有龙形，连亘五里中，旧俗九月九日升高处也。”③“龙沙”作为豫章名胜，也见于当地其他诗人的笔下，《观林诗话》：“豫章诸洪作诗，有外家法律，然不多见于世，旧传龟父《游乌遮塔示师川》诗云：‘华鲸唤起曲肱梦，行径幽寻小雨干。风吹龙沙江流断，日下乌塔松阴寒。’”④钟陵县，《晋书·地理志下》已载，唐初曾省并入豫章县，后因豫章县之名犯唐代宗李豫讳，改豫章为钟陵。《旧唐书·地理志三》：“钟陵，汉南昌县，豫章郡所治也。隋改为豫章县，置洪州，炀帝复为豫章郡。宝应元年六月，以犯代宗讳，改为钟陵，取地名。”⑤《通典·州郡·古扬州下》：“南昌，汉旧县。隋改为章县。有钟陵、龙沙。”⑥实际上，“钟陵”指钟山，有比李绅诗更早的用例，南朝宋谢灵运《君子有所思行》：“总驾越钟陵，还顾望京畿。”⑦在刘宋京城附近的钟陵，应为钟山。

【九华】《大词典》第二义为“宫殿名，后赵石虎建”，首例为《拾遗记·晋时事》附南朝梁萧绮录：“石虎席卷西京，崇丽妖虐，外僭和鸾文物之仪，内修三英、九华之号。”齐治平注：“九华，宫名。”⑧

按：根据《晋书》，石虎所修“三英、九华”是妃嫔之号，而不是宫殿名号，《拾遗记》中的“内”指的是后宫，《晋书·石勒载记下》：“立其妻刘氏为皇后，又定昭仪、夫人位视上公，贵嫔、贵人视列侯，员各一人；三英、九华视伯，淑媛、淑仪视子，容华、美人视男，务简贤淑，不限员数。”⑨今本《十六国春秋》载石勒建九华宫，但《十六国

---

① 萧统编、李善等注《六臣注文选》，中华书局，1987年，第266页。

② 《汉语大词典》第十一卷，第1352页。

③ 〔北魏〕郦道元著、陈桥驿校证《水经注校证》，中华书局，2007年，第923页。

④ 〔宋〕吴聿《观林诗话》，中华书局，1985年，第8页。

⑤ 〔后晋〕刘昫等《旧唐书》，中华书局，1975年，第1605页。

⑥ 〔唐〕杜佑撰、王文锦等点校《通典》，中华书局，1988年，第4841页。

⑦ 逯钦立《先秦汉魏晋南北朝诗》，中华书局，1983年，第1150页。

⑧ 《汉语大词典》第一卷，第743页。

⑨ 〔唐〕房玄龄等《晋书》，中华书局，1974年，第2746页。

春秋》早已佚亡，今本是后人拾掇编成，可靠性不高。而《晋书》载记大量采用了原本《十六国春秋》，又是正史，较为可信。《大词典》引《拾遗记》语例为"宫殿名"一义的书证，不妥。九华为宫殿名，比较可靠的较早用例是南朝梁沈约《八咏·登台望秋月》："照曜三爵台，徘徊九华殿。"①

【投厝】《大词典》释义为"犹葬身"，引例有三。《三国志·蜀志·姜维传》："凡人之谈，常誉成毁败，扶高抑下，咸以姜维投厝无所，身死宗灭，以是贬削，不复料擿，异乎《春秋》褒贬之义矣。"《晋书·王浚传》："伏读严诏，惊怖悚栗，不知躯命当所投厝。"《南史·沈约传》："林子兄弟沈伏山泽，无所投厝。"②

按："投厝"之义当为安置、安措，"厝"同"措"。《广韵·暮韵》："厝，置也。"《姜维传》之例，"投厝无所"乃是姜维"身死宗灭"的原因，全句的大意是，一般人总是以成败论英雄，因为姜维处置不当，计划失败，就把姜维贬得一文不值。"投厝无所"意为举措无当，"所"可以解释为"宜"。《晋书·王浚传》之例，是自言惶恐之至，与死亡、埋葬无关，"当所投厝"即"当何所投措"。《南史》之例更不能解为"葬身"，而是安身、投奔。透过《宋书》卷一百我们可以一窥沈林子兄弟遭仇家追杀，无处安身的窘境："东土饥荒，易子而食，外迫国网，内畏强仇，沉伏山草，无所投厝。"③《大词典》释义为"犹葬身"，应是与"厝"的"停柩待葬"义有关，但词义推测需验之于具体文例。《大词典》所引三例都用于因窘迫、忧惧而仓皇失措的语境中，类似的用例还有：《晋书·纪瞻传》："重以尸素，抱罪枕席，忧责之重，不知垂没之余当所投厝。"④《广弘明集》卷二五《西明寺僧道宣等序佛教隆替事简诸宰辅等状》："僧等内省惭惧，如灼如焚，相顾失守，莫知投厝。"⑤由于"错""措"与"厝"通用，该词又可作"投措""投错"，同样多用于窘迫、忧惧的语境：《三国志·魏志·公孙度传》附《公孙渊传》裴注："奉被今年七月己卯诏书，伏读恳切，精魄散越，不知身命所当投措！"⑥《文苑英华》卷六五六李商隐《谢河东公和诗启》："恐惧欣荣，投错无地，来日专冀谒谢，伏惟鉴察，谨启。"⑦

《大词典》编者所以有如此误解，是因为"厝"有殡葬等义。《汉语大字典》"厝"

---

① 逯钦立《先秦汉魏晋南北朝诗》，中华书局，1983年，第1663页。
② 《汉语大词典》第六卷，第403页。
③ 〔南朝梁〕沈约《宋书》，中华书局，1974年，第2453页。
④ 〔唐〕房玄龄等《晋书》，中华书局，1974年，第1821页。
⑤ 〔唐〕释道宣《广弘明集》，《大正藏》第52册，第456页a面。
⑥ 〔晋〕陈寿《三国志》，中华书局，1971年，第258页。
⑦ 〔宋〕李昉等《文苑英华》，中华书局，1966年，第3371页。

字有“殡葬”义，首引《孝经·丧亲》“卜其宅兆，而安厝之”①，《大词典》则列“停柩待葬”义②。《孝经》中的“安厝”指安置，“厝”又作“措”③，殡葬类语义正是从《孝经》的语境义引申而来。中国人讲究慎终追远，“投厝”一词中的“投”不宜用于亲人尸体、棺木等对象，由于有“投”的制约，“厝”只能解释为一般意义上的“措”，不能解释为安葬、停柩待葬等，因此“投厝”一词不会有死亡类含义。

【三英】　第二义为“三位英才”，所引第一例为南朝梁任昉《九日侍宴乐游苑》诗：“共贯沿五胜，独道迈三英。”④

按：任昉诗应为应制诗，全诗为“帝德峻韶夏，王功书颂平。共贯沿五胜，独道迈三英。我皇抚归运，时乘信告成。一唱华钟石，再抚被丝笙。黄草归雒木，梯山荐玉荣。时来浊河变，瑞起温洛清。物色动宸眷，民豫降皇情。”⑤不难看出在这首带有谀赞意味的诗中，“五胜”“三英”是指五帝与三皇，所在两句称赞皇帝既沿承了三皇五帝的施政要领，又有所超越创新。其中的“英”不是泛指英才，《大词典》引之为例是不恰当的。

【摄职】　《大词典》释义为“代理官职”，第一例为南朝梁周兴嗣《千字文》：“学优登仕，摄职从政。”⑥

按：《千字文》中的“摄职”应指担任官职，而非代理，学而优则仕是中国的传统，不应理解为学问好则出来代理官职。“摄”有假代义，也有执持义。执持义可引申出“担任、管理”义，《后汉书·陈蕃传》：“人君者，摄天地之政，秉四海之维，举动不可以违圣法，进退不可以离道规。”⑦南朝梁萧衍《直石头》：“摄官因时暇，曳裾聊起望。”⑧

四　释义过简，不能完整揭示词语内涵

过于简略的释义难以完全阐释词语的准确语义。词的语义由各语素的语义有机合成，释义时不应忽略某些语素的语义。另外，不少词有着相对固定的使用语境，这也是有必要加以说明的。

---

①　汉语大字典编辑委员会编纂《汉语大字典》(第二版)，四川辞书出版社、崇文书局，2010年，第84页。

②　《汉语大词典》第一卷，第926页。

③　胡平生《孝经译注》，中华书局，1996年，第41页。

④　《汉语大词典》第一卷，第205页。

⑤　逯钦立《先秦汉魏晋南北朝诗》，中华书局，1983年，第1596页。

⑥　《汉语大词典》第六卷，第975页。

⑦　〔南朝宋〕范晔撰、〔唐〕李贤等注《后汉书》，中华书局，1965年，第2166页。

⑧　逯钦立《先秦汉魏晋南北朝诗》，中华书局，1983年，第1528页。

【燕姬】《大词典》第二义为"泛指燕地美女"，引四例。《文选·鲍照〈舞鹤赋〉》："当是时也，燕姬色沮，巴童心耻。"刘良注："巴童、燕姬，并善歌舞者。"唐李白《豳歌行上新平长史兄粲》："赵女长歌入彩云，燕姬醉舞娇红烛。"元萨都剌《京城春日》诗："三月京城飞柳花，燕姬白马小红车。"清陈维崧《金明池·茉莉》词："燕姬戴斜拖辫发，朔客嗅烂斟驼乳。"[①]

按：《大词典》的释义拘泥，文学性较强的诗赋中的词语不能字字看实，"燕姬"不必为燕地之美女，刘良注只是说明燕姬善于歌舞，并未确言地域。《大词典》将类似的"赵带"释为"指美女的腰带"，得其要领。此义项可拟为"燕地美女，亦泛指美女"。

【屠钓】《大词典》释为"宰牲和钓鱼。旧指操贱业者"。《韩诗外传》卷八："太公望少为人壻，老而见去，屠牛朝歌，赁于棘津，钓于磻溪。"三国魏曹植《陈审举表》："吕尚之处屠钓，至陋也。"唐杜甫《伤春》诗之三："贤多隐屠钓，王肯载同归。"清龚自珍《己亥杂诗》之二一八："随身百轴字平安，身世无如屠钓宽。"[②]

按：此词本自姜太公故事，结合实际用例，应补充说明"多指英贤隐沦"。《大词典》所引诸例都不是指普通的屠夫、钓鱼者，龚自珍诗中的"屠钓"应为自况。多数文献中的"屠钓"，所指是有大才者，如南朝梁萧衍《赠逸民》："想像屠钓，踟蹰板筑。"[③]《宋书·后废帝纪》："其有孝友闻族，义让光闾，或匿名屠钓，隐身耕牧，足以整厉浇风，扶益淳化者，凡厥一善，咸无遗逸。"[④]《晋书·熊远传》："宜招贤良于屠钓，聘耿介于丘园。"[⑤]

【虚堂】《大词典》释为"高堂"，引例有四。南朝梁萧统《示徐州弟》诗："屑屑风生，昭昭月影。高宇既清，虚堂复静。"唐戎昱《客堂秋夕》诗："隔窗萤影灭复流，北风微雨虚堂秋。"宋朱熹《山北纪行》之十：北渡石塘桥，西访濂溪宅。乔木无遗株，虚堂唯四壁。"清顾炎武《悼亡》诗之二："北府曾缝战士衣，酒浆宾从各无违。虚堂一夕琴先断，华表千年鹤未归。"[⑥]

按："堂"本身有高义，《大词典》的释义未体现"虚"的语义，"虚"指空虚，因无人在，堂为之空。萧统诗中，"堂"是因为萧纲出镇徐州而空。唐戎昱诗下云："虫声竟夜引乡泪，蟋蟀何自知人愁。四时不得一日乐，以此方悲客游恶。寂寂江城无所

① 《汉语大词典》第七卷，第289页。
② 《汉语大词典》第四卷，第52页。
③ 逯钦立《先秦汉魏晋南北朝诗》，中华书局，1983年，第1526页。
④ 〔南朝梁〕沈约《宋书》，中华书局，1974年，第178页。
⑤ 〔唐〕房玄龄等《晋书》，中华书局，1974年，第1888页。
⑥ 《汉语大词典》第八卷，第824页。

闻,梧桐叶上偏萧索。"朱熹《山北纪行》所写是颓坏无人的堂宇。清顾炎武《悼亡》诗中的"堂"则是因亡妻不在而"虚"。可知"虚堂"是指空寂的(高大)房屋。

【珠汗】《大词典》释为"汗珠",引三例。南朝梁简文帝《初秋》:"羽翣晨犹动,珠汗昼恒挥。"晋傅玄《无题》诗:"珠汗洽玉体,呼吸气郁蒸。"唐李颀《夏宴张兵曹东堂》诗:"羽扇摇风却珠汗,玉盆贮水割甘瓜。"①

按:《大词典》的解释漏略义素,"汗珠"中的"珠"仅仅是描绘汗滴的形状如珠,而以上语例中的"珠汗"则带有美称的意味,通过比喻将珍珠的光洁闪亮投射到汗滴上,故而"珠汗"宜解释为对汗珠的美称。

(吴松:苏州科技大学文学院,215009,苏州)

① 《汉语大词典》第四卷,第547页。

论文白转型与雅俗合璧*

徐时仪

提要：白话取代文言不仅仅是简单的替而代之，而是既有舍也有取。白话文与文言文的关系不是断裂的，现代汉语是在文白此消彼长而又融合互补的基础上形成的。文言与白话作为同一语言在发展演变过程中的两种不同表现形态，因不同表达功能的需要而在现代汉语中互补共存并用。语言的演变既有俗词雅化的从俗，又有雅词俗化的趋雅。每个社会成员都会根据语境和对象等交际需要的不同或从俗或趋雅来选择得体的词语。汉语文白演变是同一语言系统内部共时演化与历时传承的系统调整，"五四"时期白话取代文言的变革虽然在表面上废弃了文言文这样一种书面语系统，但在话语生态的意义上，文言文所赖以生存的原有话语生态不可能被完全废弃，而是变成了白话文话语生态的一部分。如果我们能使作为现代汉语书面语的白话继续随着口语的演变不断发展，既保持"文"向"语"的不断靠拢，也注意到"语"向"文"的提升，那么不仅可以正确地使用语言，而且得体地运用语言，从而达到口语和书面语的雅俗合璧。

关键词：文白转型　从俗　趋雅　雅俗合璧

一　文白的融合互补

清末民初文白的转型既是一种语言现象，也是一种文化现象，涉及社会的发展、人们思想观念的转变以及价值观念的更新等诸多方面，不仅体现了"言语意义←→语言意义"和"口语←→书面语"整合融合的动态演变，而且也体现了不同文化和不同阶层的人们使用同一种语言的必然发展趋向，即典雅的精英文化与通俗的平民文化以及本土文化和外来文化相融合的价值取向。① 语言是人的语言，总在不断发展着，新词的产生、旧词的衰亡、词语的兴替、语音和语法的演变，使得语言系统的新旧质素总是处于变动不居之中。语言又是约定俗成的，不同时代

---

* 基金项目：国家社科基金重点项目"朱子语录词语汇释"（18AYY018）的阶段性成果。

① 参拙文《论汉语文白演变雅俗相融的价值取向》，《上海师范大学学报（哲学社会科学版）》2013 年第 5 期。

有着不同的表达方式。“语言是社会的产物。社会的政治、经济、文化不断前进,新的事物不断出现,语言也就必须与社会的发展相适应。人的思维是受客观的存在而决定的。客观的事物有了发展和变化,人的思维也就随之而有改进,日趋于复杂,同时语言也必然日趋于精密和完善,否则就不能很好地表达思想”。[①]“五四”时期,语言的变革是势在必行,大势所趋,但如何变革,如何既适应社会的发展又能保持民族的文化传统,就当时来说,实际上有三种选择。一是改造文言文,即在古汉语中增加西学东渐产生的新名词、新术语和新概念,但文言反映的中国传统思想和西学东渐带来的西方思想从根本上是两种思想,文言和西方语言是两套语言系统,二者并不能轻易相容。文言作为一个封闭而稳定的系统,仅靠增加一些新名词、新术语和新概念是不可能改变传统的世界观和思维方式的。二是废汉字而改用西方的拼音文字,即全盘西化论,但废除汉字在某种程度上也就是彻底废除古汉语,这在具有根深蒂固的民族文化传统和文化自成体统的中国,当然也是不可能行得通的。第三种就是借用白话,同时吸收西学东渐的先进的话语方式、思想方式和思维方式,把西学东渐产生的新名词、新术语和新概念改造为民族化、中国化的语言形式。因为相对来说,当时的白话还处在文言的附庸地位,还未构成一个完整的语言系统,不具备独立的思想体系,而又最具有工具性,可以按照一定的意志进行改造,既可以和反映中国传统思想的文言兼容,又可以和反映西方思想的话语方式兼容。洪堡特《论人类语言结构的差异及其对人类精神发展的影响》一书说:“一个民族的精神特性和语言形成这两个方面的关系极为密切,不论我们从哪个方面入手,都可以从中推导出另一个方面。”“民族的语言即民族的精神,民族的精神即民族的语言,二者的同一程度超过了人们的任何想象。”“在所有可以说明民族精神和民族特性的现象中,只有语言才适合于表达民族精神和民族特性最隐蔽的秘密。”[②]在近代中国社会大变革这一时代的背景下,白话正好适合于表达民族精神和民族特性。因而“五四”新文化运动适应社会变革的需要,提倡白话文,以新的语言体系取代旧的语言体系,主张从人民大众的口语中吸取更多更具表现力的成分,更好地反映我们民族的特色。白话文就是在这样强烈的民主意识驱使下取代了文言文,适应了时代的发展,同时又不至于割裂民族的文化传统。“在当时,白话事实上扮演着‘中间人’的角色,在一定程度上起着沟通中西思想的作用”。[③]既突破了

① 周祖谟《汉语发展的历史》,《周祖谟语言文史论集》,浙江古籍出版社,1988年,第7页。

② 洪堡特《论人类语言结构的差异及其对人类精神发展的影响》,商务印书馆,1997年,第50—52页。

③ 参高玉《现代汉语与中国现代文学》,中国社会科学出版社,2003年,第100—101页。

文言的限制,克服了文言的缺陷,又适应了近代中国社会大变革强烈的民主意识要求。“五四”时期的白话运动实际上就是传统白话的改造运动,反映了随着社会的发展汉语书面语有意识地选择白话的必然结果。从历史的眼光看,白话是与新的社会相适应的一种新兴话语方式,表现的是一种新的思维方式和思想体系。[①] 汉语文白转型的动因在于适应社会发展的需要,社会的发展要求语言的同步发展,然而白话与文言同属汉语,在语言交际中各有其存在的合理性,因而白话取代文言不仅仅是简单的替而代之,而是同一语言一脉相承的既有舍也有取。

由于当时民族危机的深重、政治运动的冲击和急功近利的心态等因素的影响,“五四”时期的现代白话文运动一味否定文言,没能恰当地处理好传承与开拓的关系,带有新时代伊始的局限性,而当时欧化的白话文虽然促使汉语精细化和明确化,扩大了汉语的表现能力,但也导致了传统文化内涵的某种失落。傅斯年《文言合一草议》曾说:“文言合一者,归于同之谓也,同中有异寓焉……有其异,不害其为同,有其同,不应泯其异。然则合一后遣词之方,亦应随其文体以制宜。论者似未可执一道而将合之也。”[②]章太炎《文学总略》也说道:“文章之妙,不过应用,白话体可用也。发之于言,笔之为文,更美丽之,则用韵语,如诗赋者,文之美丽者也。约言之,叙事简单,利用散文,论事繁复,可用骈体,不必强,亦无庸排击,惟其所适可矣。”[③]白话文与文言文的关系不是断裂的,现代汉语是在文言和白话此消彼长而又融合互补的基础上形成的,不仅吸收了欧化的外来成分,而且更沿用了不少文言词语和语法结构。[④] 就汉语词汇的古今演变而言,既有单音词的文白兴替,如畏—怕,窃—偷,食—吃,饮—喝等;又有已有单音词为后起复合词所取代,如疆—边疆,文—文字,翼—翅膀,膝—膝盖等;也有多音节凝固为单音词或复合词,如切中肯綮—中肯(肯綮),杀青竹—杀青,象牙装饰的床—牙床,剪断彩绸—剪彩,电风扇—电扇、风扇,自己学习—自习、自学,学校学习的经历—学历,指导教师—导师等。疆—边疆,文—文字,翼—翅膀,膝—膝盖等可以说是文言的白话化,切中肯綮—中肯(肯綮),杀青竹—杀青,象牙装饰的床—牙床,剪断彩绸—剪彩,电风扇—电扇、风扇,自己学习—自习、自学,学校学习的经历—学历,指导教师—导师等可以说是白话

① 参拙文《略论汉语文白的转型》,《上海师范大学学报(哲学社会科学版)》2008年第2期。

② 傅斯年《文言合一草议》,《中国新文学大系·建设理论集》,上海文艺出版社,2003年,第125页。

③ 章太炎《文学总略》,引自姚奠中、董国炎《章太炎学术年谱》,山西古籍出版社,1996年,第329页。

④ 王宁《现代汉语双音合成词的构词理据与古今汉语的沟通》:“在汉语发展史的各个阶段,当代书面语的丰富和定型,既依赖于从方言口语中吸收养分,又依赖于从历史的典籍中继承适合于自己的书面材料。”《庆祝中国社会科学院语言研究所建所45周年学术论文集》,商务印书馆,1997年,第130页。

的文言化。在结构和韵律等因素的综合作用下,古时已有的单音词与后起复合词往往共时并存,一个词的单音节形式与双音节形式可以根据交际的需要而自由使用,具有很强的灵活性。如学—学习,美—美丽,舞—舞蹈,真—真实,现代汉语中可以说学汉语、心灵美、跳集体舞、这是真的,也可以说学习汉语、美丽心灵、学舞蹈、这是真实的,从而形成汉语词汇古今文白相互转换通融和相互制约补益的自组织机制。

二　文白的异曲同工

语言的演变发展与社会文化的演变发展密切相关。语言这个社会现象包含了两方面的内容:一方面是语言的结构系统,由语音、词汇和语法构成,是语言的物质基础;另一方面则是人们对这个系统的运用。语言正因为包含有这一内容才成为一种社会现象,成为人类最重要的交际工具。语言在演变发展中,一方面是口语成分被吸纳到书面语中,另一方面书面语成分有时也会被口语采用,尤其是文人的日常用语和经文人整理加工的民间通俗文学作品很自然地会受书面语的影响。① 文言与白话作为同一语言在发展演变过程中的两种不同表现形态,也一直在互相吸纳,互相渗透,无论是文言占统治地位时还是白话取代文言后,二者之间都有一部分通用的基本词汇,因而二者关系中往往是你中有我,我中有你,粗有涯界而又不易截然两分。在不同场合不同身份的人可以分别采用文言与白话这两种形式而达到异曲同工的目的。如20世纪30年代初,胡适曾就拒绝朋友推荐工作一事请学生们拟一份电文,意在比较文言和白话的优劣。学生所拟文言电文中用字最少的是"才疏学浅,恐难胜任,不堪从命",胡适所拟白话电文是"干不了,谢谢"。胡适所拟白话电文确实比学生所拟文言电文要简约精到,但这样说只适合胡适或与他身份相似的社会名流,因为白话"干不了"出自通今博古、学贯中西的胡适之口,大家会认为是一种调侃或一种谦辞,而"才疏学浅,恐难胜任,不堪从命"出自学生之口,则比"干不了"更能表达初出茅庐的莘莘学子诚惶诚恐的心态,体现出自尊而又谦和的学识修养,如果学生也用"干不了"来拒绝朋友的推荐似乎就太直白了。由此可见文言与白话这两种表现形式只要运用得体,在某种意义上还具有互补的关系。

语言是人们的交际工具,交际的成功不仅要求人们正确使用语言,而且更取决于人们能否得体地运用语言。如"眼里没人"是口语体,"目中无人"是书面语体;

① 通俗文学中的白话小说和经文人整理加工的民间说唱文学往往按照雅文化的标准作有雅化,提升了俗文化的品位,具有雅与俗的双重性格。如由民间说唱的三国志写成的《三国志平话》到罗贯中的《三国志通俗演义》,原有的口语往往被改写成书面语。又如崇祯本《金瓶梅》中也往往把常俗之语改铸为文人之言。

“改改这句话”是口语俗白体，“此句欠妥，宜酌情删改”是书面典雅体，而“这个句子必须修改”则介于口语俗白体和书面典雅体之间，口语和书面语都用。[①] 又如我们可以说“这件事我考虑再三”，也可以说“这事儿我想来想去”；可以说“以此为戒”，也可以说“拿这个来作为警戒”；可以说“光临”“莅临”，也可以说“来了”“到了”。这些说法中的“考虑再三”“以此为戒”“光临”“莅临”与“想来想去”“拿这个来作为警戒”“来了”“到了”表达形式的不同形成不同的表达效果，体现了文白不同的表达功能。由此可见，文白因不同表达功能的需要而在现代汉语中互补共存并用。

文言和白话各有自己杰出的作品和语言巨匠，无论在表达深刻的哲理、塑造生动的艺术形象，还是在语言的运用、体裁的构思上二者都取得了卓越的成就。文言多用单音词，单音词一般都承载着多重意义，且这些意义在思维中映现的意象也是多重和复杂的，许多单音词都具有广义性，可能会与白话中数个甚至数十个复合词的词义范畴相对应。如“见”“望”“视”在白话中作为词素分别构词 113 个、86 个、79 个。[②] 文言中词与词间多为意合，且多用成语典故，凝聚着历史文化的积淀，语义融入篇章和段落及上下句中，具有一种意会的语境氛围，有赖于整体的感知和理解。这形成文言凝练含蓄的特色。白话多用日常生活中鲜活的口语，且多为双音节的复合词，不刻意雕章琢句，而代之以随意的直白，往往是多个词义外化了文言中一个词义所内蕴的丰富意象，具有一种生动自然的亲和力和语境氛围。这形成白话实在平白的特色。文言的凝练、典雅、含蓄和充满言外之意的空灵，在表情达意上有其自己的语言魅力，这是白话所不能代替的；白话则以其明白如话的显豁、强烈的现代思想和鲜活的生活气息，充实了书面语，成为书面语富有活力的支柱，这又是文言受时代的局限而不能企及的。双音词和多音词的大量增加，词义发展的明晰化使白话在表意上趋于精细确切，在不需揣测不同词义的可能性时也排斥了文言词义内蕴的言外之意。文言中的一个词义常常对应着白话中相应的几个近义词的词义，而又不是简单地等于这几个词义之和。文言中的这一个词无论与白话中这几个词中的哪一个对应都会有顾此失彼的不足。这也是文白对译总会有一点语义走样不到位的无奈。白话的直白也自有清丽别致的意蕴，但不似文言凝重，而是明朗豁达的隽永。文言凝练典雅的风格、意合的含蓄和精细的韵律是直白如话的白话难以重现的。

---

① 口语体适应俚俗的语境，如顺口溜和二人转等；书面语体则适应高雅的语境，如外交辞令和政论文等。

② 苏新春、顾江萍《如何确定古汉语基本词汇的广义性》，《广州师院学报（社会科学版）》1990 年第 1 期。

三　从俗与趋雅

语言一般都有口语和书面语两种表达形式。西汉扬雄《法言》指出:“弥纶天下之事,记久明远,著古昔之𥈭𥈭,传千里之忞忞莫如书。”“面相之,辞相适,捈中心之所欲,通诸人之嚍嚍者,莫如言。”书面语和口语二者各有不同的功能,口语是诉诸听觉的“说”的语言,书面语是诉诸视觉的“看”的语言。从语言本身的发展而言,语言不仅通过一代一代的口耳相传,而且文字产生以后也通过书面的记录得以传承。今天的口语实际上是前人的口语和书面语的融合体。语言在演变发展中,一方面是口语成分被吸纳到书面语中,另一方面书面语成分有时也会被口语采用,在某种程度上反映了雅俗间的互相吸纳,互相渗透。如我们面对一些具体的诗文时,往往难以断定其性质究竟是文言文还是白话文。吕叔湘在《文言和白话》一文论及究竟文言是什么,白话是什么呢?大家都苦于心知其意而不容易定下明确的界说。[①]朱光潜《文学与语文》一文也论及多数文言文作者口里尽管只说先秦两汉,实际上都是用“一炉而冶之”的办法“杂会过去各时代的语文”。[②] 张中行《文言和白话》在谈到文白界限时曾列举了六种文白混用的情形,涉及乐府诗、佛经译文、曲子词、话本、章回小说、文人笔记等多种文体。[③] 由文白界限的模糊亦可见雅俗间“口语语辞←→书面语文辞”彼此影响渗透的互动交融。一般来说,官方政府的文书多为正式规范体,学术研究的论著多为书面典雅体,文学艺术的创作则或钟情典雅或青睐俗白或兼有二者,而人们在家说自己的方俗口语,在外使用通语,在正式公共场合则使用雅语,由此形成庄雅与俗白之别。

语言交际是在一定社会文化环境中进行的,人们用彼此约定俗成的符号表达意义。约定俗成是特定时空中特定人群无须言明的“集体无意识”默契,[④]而交际既发生在同一阶层间也发生在不同阶层间。什么符号表达什么意义,不能任意改变,否则就会造成交流中的不理解。然而就客观而言,社会在发展,时代变了,新的事物出现了,就不得不增加新的词语和句式来表达。就主观而言,交际的语境具有

① 《吕叔湘语文论集》,商务印书馆,1983年。

② 朱光潜《谈美 谈文学》,人民文学出版社,1988年,第220—222页。

③ 张中行《张中行作品集》(第一卷)《文言和白话》,中国社会科学出版社,1995年,第193—201页。

④ 〔瑞士〕费尔迪南·德·索绪尔《普通语言学教程》指出:“社会上所认可的任何表达方式,基本上都是以集体习惯为基础的,也就是以习俗为基础的。”“语言的实践不需要深思熟虑,说话者在很大程度上并不意识到语言的规律。”(高名凯译,商务印书馆,1985年,第109页)事实上正是这种“无意识”蕴涵着说话者掌握的语言规律。

认知动态性，即说者和听者的话语理解不是预先确定的，而是彼此在言语交际中对语境假设的不断选择、调整与顺应。说话人与听话人在认知语境上越是趋同，交际就越易成功。交际过程实际上是双方认知语境信息或假设的趋同过程，而语言表达总是在既遵循常规又不断超越常规的状态下进行的。人们在交流中可能会无意识地略微偏离约定俗成的表达，也可能会有意识地标新立异，二者都是用原来没有甚至不容许的说法来表意。这类偏离的表达大多由于不为约定俗成的说法所接受而消失，但也总会有一些出于交际时可以包涵和容忍的迁就和让步而生存下来，逐渐为大家接受，习而成俗，成为新的约定俗成的表达。[①] 如“很阳光”“很中国”，“很”作为副词本不能修饰名词，现已为人们认同。又如“被幸福”“被小康”，“被”用作被动式带名词的表述也已为人们接受。因此语言在人们交际使用中会不断地变化，在一定程度上反映了交际者的社会关系、交际目的、态度等。如表达相同概念，上下辈社会关系不同，用语则有简体和敬体的不同。

从交际过程中的编码和解码来看，说写者和听读者的社会地位和文化素质对词语、句式等的选择都有影响和制约作用。语言既是精英文化的载体，也是平民文化的载体，既是本土文化的载体，也是外来文化的载体，不同阶层不同文化各自使用的不同词语在交际中自然会互相影响。不同文化群体使用的词语虽有文白雅俗的不同，但交际使用中如果没有形成对方语言的认知语境就会出现交际障碍，交际中彼此间都有自我调节过程中的互相作用。正如说不同语言的人们为了交际的需要，在交谈时在语言上彼此都会包涵和容忍一些，有意识地或无意识地迁就靠拢对方，出现双向的“语言调节”现象。不同阶层的人们为了交际的需要，在交谈时也必然会在语言的有些方面做些迁就和让步，进行语言调节，日积月累，这就促成了语言的交融和演变。如《红楼梦》中刘姥姥和贾母、王夫人、凤姐的交谈，互相间在用词上都自然而然地迎合对方以便于对方的理解。因而语言的演变既有俗词雅化的从俗，又有雅词俗化的趋雅。俗词雅化的从俗如网络流行语“给力”“接地气”等由民间用语进入报刊社论用语。又如颜之推在《颜氏家训·书证篇》中所说始拘于《说文》而不能下笔，继之见广而通变，顺应新造字的产生和已有字的讹变。雅词俗

① 〔美〕爱德华·萨丕尔《语言论》指出语言中任何重要的改变一开始必然作为个人变异存在，但只有按一定方向流动的个人变异才体现或带动语言的“沿流”(drift)。语言的沿流是由说话者无意识地选择的那些向某一方向堆积起来的个人变异构成的。“每一个词、每一个语法成分、每一种声音和重音，都是一个慢慢变化着的结构，由看不见的、不以人意为转移的沿流模铸着，这正是语言的生命”。“一种沿流，从语言的轻微调整或扰动开始，会在几千年的历程中引起最深刻的结构变化”。陆卓元译，商务印书馆，1985 年，第 139、154 页。

化的趋雅如很多原本用于帝王等特定人群的词语,后来范围扩大而用于普通官吏百姓。如隋唐科举及第者称秀才,明清时成为一般读书人的泛称。又如"郎"最初是宫廷侍卫人员所在地,引申而称宫廷侍卫人员,后用作官职名或作为奖励性的封赠。由一种殊誉而为世人趋从,词义渐泛化为男子的美称和通称。再如"博士"最初也是古代学官名。汉武帝时置"五经博士",职责是教授、课试,或奉使、议政。后用来称呼具有某种技艺或专门从事某种职业的人。如《京本通俗小说·志诚张主管》:"张胜回头看时,是一个酒博士。"《警世通言·万秀娘仇报山亭儿》:"家里一个茶博士,姓陶,小名叫做铁僧。"这些称谓词最初地位尊贵,后渐由雅趋俗,从众泛化而雅俗合流。

一般而言,社会中的每个成员所说语言都既有通语又有方言,每个成员在社会交际时都会根据语境和交际对象等交际需要的不同或从俗或趋雅来选择通语或方言的词汇成分。[①] 如日常口头交际场合用"脑袋、脑壳、脑门子、出丑、鼓捣、尴尬、搞"等口语俗词,书面交际场合用"头颅、脸庞、孩提、婴儿、研讨、函告、面晤、奉劝、寂静、寂寥、美丽、敏捷、立即"等文言雅词。又如"夜半""子夜"用于书面语,口语说"半夜""半夜里";"美丽""标致""俊俏"多用于书面语,"漂亮""好看""俊"多用于口语。再如"华裔"指华夏族的后裔,引申有"美好的后裔"义。墓志文献中多趋雅而用。如《汉魏六朝碑刻校注》一三六九《北周郑术墓志》:"隐轸高门,葳蕤华裔。"《隋代墓志铭汇考》〇八三《暴永墓志》:"枝叶绵绵,传芳百世,汉道方隆,爵连华裔。"《唐代墓志汇编》显庆〇一三《韩玄墓志》:"仪表缙绅,昭辉华裔。"

社会中每一个成员言语能力中存在的通语和方言成分也可能相互影响而进入会话交际,使得一些语言成分产生变化,一旦某个变化的语言成分在某一特定阶层中扩散传播,就意味着变化的开始,由某一特定阶层内的扩散传播扩展到此特定阶层与其他阶层间的扩散传播。如果这一变化在不同阶层的扩散传播中渐为人们认同,这就导致了对这一变化的约定俗成。如先秦汉语中的"日"和"月",后又可称为太阳和太阴。[②]"太"形容极大,凡言大而以为形容未尽则作太。最初称"日"和"月"为"太阳"和"太阴"可能是在某一特定阶层内,后在不同的阶层扩散传播,"太阳"一词渐为人们认同,今口语仍沿用以称"日"。"太阴"未为人们认同而某一特定阶层又以"月亮"一词称"月"。"月亮"本为主谓词组,意谓月光明亮。唐李益《奉酬崔员

① 意图性是决定性的,人们思考、行动、感受事物都有意图的倾向性。

② 陈士元《俚言解》卷一:"俗呼日为太阳。""但俗呼月为太阴者少。"

外副使携琴宿使院见示》："庭木已衰空月亮，城砧自急对霜繁。"清李光庭《乡言解颐・月》："月者，太阴之精。然举世乡言无谓太阴者，通谓之月亮。唐李益诗……以'繁'对'亮'，言其光也。相习不察，遂若成月之名矣。或曰月儿。"据李光庭所说，"举世乡言无谓太阴者，通谓之月亮"，"月亮"本是乡言这一特定阶层所称，而历代文人吟诗作文又称"月"为"玉兔、夜光、素娥、冰轮、金轮、玉轮、玉蟾、桂魄、蟾蜍、银兔、金蟾、银蟾、蟾宫、顾兔、婵娟、玉弓、玉桂、桂月、桂轮、玉盘、银盘、玉钩、玉镜、金镜、冰镜、嫦娥、姮娥、广寒、清虚、望舒"等。"太阴"和文人吟诗作文所用"月"的雅语在某一特定阶层内扩散传播，而乡言所称的"月亮"在不同阶层的扩散传播中渐为人们认同，今口语仍沿用以称"月"。

语言有雅俗之别，典雅和通俗是相融互补的，每一个民族都有俗文化和雅文化。俗可指相沿习久而形成的风尚习俗，如风俗、礼俗、习俗、民俗；可指平常、普通，如通俗、世俗、常俗、凡俗、俚俗；也可指鄙陋，如低俗、浅俗、粗俗、鄙俗、庸俗。雅可指正规、合乎规范，如雅正、典雅；也可指高贵优美，如高雅、博雅、庄雅、风雅、文雅、古雅、儒雅、雅致、秀雅。典雅和通俗又是相对而言的，社会的变化和历史的发展使雅与俗相应而变。雅与俗不在于文之古今。《诗经》《楚辞》出自民间，在当时大体也是白话，具有先秦时期野丫头活语言的生气，经文人加工后，去除粗俗的成分，而成为比较典雅的诗文。[①] 后世出自民间或采用口语的作品同样具有当时野丫头活语言的生气，经文人加工去除粗俗成分后也可以说是比较典雅的创作。如刘义庆撰《世说新语》卷下之下《惑溺》："贾公闾后妻郭氏酷妒，有男儿名黎民，生载周，充自外还，乳母抱儿在中庭，儿见充喜踊，充就乳母手中呜之。郭遥望见，谓充爱乳母，即杀之。"房玄龄编《晋书》卷四十《贾充传》改为："充妇广城君郭槐，性妒忌。初，黎民年三岁，乳母抱之当阁。黎民见充入，喜笑，充就而拊之。槐望见，谓充私乳母，即鞭杀之。"例中改"踊"为"笑"，改"呜（亲吻）"为"拊（轻拍）"，改"爱"为"私"义，把直白的口语加工为比较典雅的书面语。又如慧皎《高僧传》卷七《僧睿传》载，《正法华经》中"天上视世间，世间得见天上。天上世人，往来交接"，竺法护译为口语化的"天见人，人见天"，鸠摩罗什认为"此语与西域义同，但在言过质"，而赞赏僧睿所译较为典雅的"人天交接，两得相见"。再如谢承《后汉书》："谚曰孤犊触乳，骄子骂母。"[②]清李颙《二曲集》卷一《悔过自新说》转述改为："谚云孤犊触乳，

① 如《诗经・关雎》"窈窕淑女，君子好逑"在当时不过是"漂亮的好女孩，正派男孩的好伴儿"的应时口语，后来成为古雅的文语。

② 据《后汉书》卷七十六《循吏传・仇览传》李贤注引，中华书局，1965 年，第 2480 页。

骄子詈母。”例中“骂”多用于口语,“詈”多用于书面语。大致而言,无论多么时髦的流行用语,隔代不用则可变俗为雅;无论多么优雅的古典用语,滥用无度也会俗不可耐。俗都以民间随意的下层性为依归,雅则以历史传承的上层性为依归,雅与俗之间可相互转化。

约定俗成可以是趋雅也可以是趋俗。交际场由说写者、听读者、话语和语境构成,说话对象、场合和内容不同,用词也随之而异。① 古往今来,人们生活的社会和交际的语境大致可分为物理世界、心理世界、语言世界和文化世界。一个完整的交际场是由语言世界和物理世界、心理世界、文化世界组合而成的,②表达者和接受者在编码与解码时都要受到“四个世界”的影响和制约。③ 语言世界不是直接对应于物理世界,而是有心理世界和文化世界作为中介。人们通过心理世界和文化世界来运用语言世界,同时又通过语言世界来认识物理世界和创造文化世界,反映文化和传播文化,而文化世界是制约表达者和接受者编码与解码的一个重要因素。

如果说社会上层的精英多用雅语,社会下层的平民多用俗语,那么趋雅是雅为俗所崇尚而向雅趋同,认同雅的优势,模仿雅进而包容一些雅语成分,而趋俗则是雅为俗所触动而向俗趋同,认同俗的鲜活,吸纳俗进而融入一些俗语成分,尤其是在正式场合即使是平民说话时也尽可能趋雅用典雅的词语,而在非正式场合即使是士人或官员也一定趋俗用俗白的口语。如一位校长对办公室秘书可以说“下周的作息时间要进行一些调整”,而不会在家里对妻子这样说。又如某位老师在教室里对学生可以说“中午用餐时不宜大声喧哗”,而不会在家里对自己的孩子这样说。④ 社会上层和下层的交际是趋雅←→趋俗双向的融合,既有雅,也有俗,且雅中有俗,俗中有雅。⑤ 如通俗文学中的白话小说和经文人整理加工的民间说唱文学往往按照雅文化的标准作有雅化,提升了俗文化的品位,具有雅与俗的双重性

① 章太炎《正名杂议》指出:“有通俗之言,有学术之言。”“有农牧之言,有士大夫之言。”

② 王希杰《修辞学通论》:“物理世界是独立于人类认识之外而客观存在着的。”“人类所认识到的物理世界,是物理世界的有限的一部分。”“交际行为总是在具体的特定的物理世界之中进行。”南京大学出版社,1996年,第79—81、109页。文化世界包括思维方式、生活习俗、传统习惯、世界观、审美情趣等。

③ 杨用修《醰苑醍醐》指出:“夫意有浅言之而不达,深言之乃达者;正言之不达,旁言之乃达者;俚言之不达,雅言之乃达者。”参姚永朴《文学研究法》,凤凰出版社,2009年,第116页。

④ 人们说话时选择何种语体带有表义的动因,往往表述事件发展的具体进程多用俗白体,表述思想或进行评价多用雅语体。

⑤ 洪堡特曾说:“只要文学语体与大众语体保持着适当的关系,对立的双方就可以成为两个相互补充的源泉。”黄侃也说:“雅俗有代降,其初尽雅,以雅杂俗,久而纯俗,此变而下也。雅俗有异形,其初尽俗,文之以雅,久而毕雅,此变而上也。由前之说,则高文可流为俳体;由后之说,则舆颂可变为丽词。然二者实两行于人间,故一代必有应时之俗文,亦必有沿古之词制。”《黄侃日记》,中华书局,2007年,第214页。

格。例如明代的世情小说《金瓶梅》描写了当时的社会生活，比较完好地保留了明代中后期都市群众口语、客厅用语、说书人套语和隐语黑话、行业语，以及文言公文用语等多元语言的自然面貌。万历丁巳(1617)年间东吴弄珠客序的《金瓶梅词话》本是说话人的口讲述录，呈俗文化形态，而崇祯年间的《金瓶梅》则经过文人的加工，呈文人文化形态，往往把常俗之语改铸为文人之言。两个版本系统大致反映了其时口语与书面语的异同和雅俗融合的价值取向。又如日常生活用语和新词新义为雅俗所共用，不仅出现在各阶层人们的口中，而且也出现在文人的笔下。例如《红楼梦》第十回："金荣的母亲听了，急的了不得。"又如《三刻拍案惊奇》第十九回："既是央他换，怎的分量晓不得？"例中"了不得""晓不得"都是当时口语词。

如果说文人间交谈时多用雅语，平民间交谈时多用俗语，那么文人与平民间交谈时就会是雅俗并用。文人吸纳俗语且日常生活中也说俗语，在写作时或做加工或直接写进书面语，化俗入雅，俗语渐为书面语吸纳又成为雅语。如由根据三国正史及民间传闻说唱的"说三分"写成的《三国志平话》到罗贯中的《三国志通俗演义》，[①]原有的口语往往被改写成书面语。又如陈师道吸取当时的谚语，把"巧媳妇做不得没面餺饦""远井不救近渴"和"瓦罐终须井上破"等改写成"巧手莫为无面饼""谁能留渴须远井"和"瓶悬甃间终一碎"等七言诗。与此相同，文人的雅语有时也会被平民口语采用，融雅入俗。如姜子牙"直钩垂钓"的故事本为文人学士笔下津津乐道的典故，经元人编《武王伐纣平话》和明人改编《封神演义》的加工而进入平民口语，形成"姜太公钓鱼——愿者上钩"这一妇孺皆知的歇后语。又如宋孙光宪《北梦琐言》卷九载唐孟弘微诞妄不拘，"又尝忿狷，挤其弟落井，外议喧然，乃致书告亲友曰：悬身井半，风言沸腾，尺水丈波，古今常事"。其书信中所说"尺水丈波"比喻说话夸大，或因小事而引起大风波，后可说成"一尺水翻腾做一丈波""一尺水翻腾做百丈波""一尺水十丈波"。如元无名氏《争报恩》第三折："那妮子一尺水翻腾做一丈波，怎当他只留支剌信口开合。"元无名氏《桃花女》第二折："你将那半句话搬调做十分事，一尺水翻腾做百丈波。"《金瓶梅词话》第八八回："到底还是媒人嘴，一尺水十丈波的。"再如"披星戴月"可说成"披星星，戴月亮"，"杀鸡骇猴"可

① 徐渭《吕布宅》诗序云："始村瞎子习极俚小说，本《三国志》，与今《水浒传》一辙，为弹唱词话耳。"《徐渭集》，中华书局，1983年，第785页。

说成“杀鸡给猴看”,“善恶有报,只争迟早”可说成“善恶到头终有报,只争来迟与来早”,等等。

化俗入雅与融雅入俗相辅相成,形成雅俗合流。[①] 如晋葛洪《神仙传・王远》:“麻姑自说云:‘接侍以来,已见东海三为桑田。’”后以麻姑所说凝固为成语“沧海桑田”,比喻世事变化巨大。如明刘基《惜余春慢・咏子规》:“沧海桑田有时,海若未枯,愁应无已。”又可进一步口语化为“桑田变沧海,沧海变桑田”。如明冯梦龙《古今小说》卷十八:“丁丞相起夫治第,分明是替杨仁杲做个工头。正是桑田变沧海,沧海变桑田。穷通无定准,变换总由天。”又如“巧妇难为无米之炊”似始见于宋,写作“巧新妇做不得无面餺饦”“巧息妇做不得没面餺饦”“巧妇安能作无面汤饼”等,比喻缺少必要的条件,即使能干的人也办不成事。如陈亮《壬寅答朱元晦秘书又书》:“若今更不雨,恐巧新妇做不得无面餺饦,百念所聚,奈何奈何。”[②]庄绰《鸡肋编》卷中:“谚有‘巧息妇做不得没面餺饦’与‘远井不救近渴’之语。陈无已用以为诗云:‘巧手莫为无面饼,谁能留渴需远井?’遂不知为俗语。世谓少陵‘鸡狗亦得将’,用‘嫁得鸡,逐鸡飞;嫁得狗,逐狗走’,或几是也。”[③]陆游《老学庵笔记》卷三:“晏景初尚书请僧住院,僧辞以穷陋不可为。景初曰:‘高才固易耳。’僧曰:‘巧妇安能作无面汤饼乎?’景初曰:‘有面则拙妇亦办矣。’僧惭而退。”诸例中“餺饦”“饼”“汤饼”皆面食。[④] 我国北方以面食为主,南方以米食为主,随着宋后人口自北向南的迁徙,“米”渐替代“面”,“粥”渐替代“餺饦”“饼”“汤饼”。如明冯梦龙《古今谭概》塞语部卷二十五“请僧住院”载为:“晏景初请一名僧住院,僧辞以穷陋不可为。景初曰:‘高才固易耳。’僧曰:‘巧媳妇煮不得无米粥。’景初曰:‘若有米,拙媳妇亦自能煮。’”冯梦龙改“巧妇”为“巧媳妇”,“安能作”为“煮不得”,“面”为“米”,“汤饼”为“粥”。又如明方逢时《与户部王尚书论查盘书》:“诸边夷使往来酒食犒赏之费皆仰给于此,今一扣存不许动支,则诸边将吏束手无措,又将别泒,实不能使巧妇煮无米之粥也。”[⑤]明冯梦龙《警世通言》卷二十四:“那淫妇在楼下说:‘小三,大胆奴才!那有巧媳妇做出无米粥。’三官分明听得他话,只索隐忍。”明王祖嫡《与赈院公》:

① 相较而言,处于社会上层精英的语言变化成分更可能为其他社会阶层的人们所模仿,从一个社会阶层扩散到另一个社会阶层。

② 《龙川集》卷二十,清宗廷辅校刻本。

③ 文渊阁《四库全书》本。

④ 参拙文《馎饦和䬪飳等古代面食考略》,《饮食文化研究》2004 年第 2 期;《古代典籍记载的面食词语考探》,《中国典籍与文化论丛》第八辑,2005 年。

⑤ 方逢时《大隐楼集》卷十三,清乾隆四十二年滋元堂刻本。

"谚云巧妇难作无米粥,斯言也。束手无策者每每借口吁妇虽巧难作无米之粥,是诚然矣。苟凝立釜侧,袖手视薪炽汤沸而已,则米不从天降,不从地涌,焉得有粥。"[①]抱瓮老人《今古奇观》卷十一:"张氏劝止之曰:'常言道巧媳妇煮不得没米粥,你如今力不从心,只索付之无奈了。'"清李海观《歧路灯》卷十三:"正是俗语说巧媳妇做不上来没米粥,到那时你该再回祥符来办东西不成。"《红楼梦》第一百十回:"只是银子钱都不在他手里,叫他巧媳妇还作的上没米的粥来吗?"[②]文康《儿女英雄传》第三十三回:"这桩事又苦于我的才有所短,这几年就全仗太太,话虽如此,难道巧媳妇还作得出没米的粥来不成?"也有"米""面"混用。如明唐顺之《与吕沃洲巡按》:"俗所谓好媳妇做不得没米不饦也。"[③]语言使用的南北地域不同形成这条俗谚的用词不同,随着流行范围由北至南的扩大,就用了南北方都用的米食,后又用饭代替了粥。如《红楼梦》第二十四回:"巧媳妇做不出没米的饭来,叫我怎么样呢?"李宝嘉《官场现形记》卷五十四:"这们一个六合县,周围百把里路的地方,又要办这个,又要兴那个,巧媳妇做不出没米的饭,叫兄弟怎么来得及呢?"这条俗谚由口语记载为书面语,又作"巧妇难为无米之炊""巧妇难责以无米之炊""无米之炊巧妇难再""无米之炊巧妇难供""无米之炊巧妇难煮""巧妇宁能为无米之炊"等。如明张邦纪《贺周心濂计部荣转正郎序》:"太仓之解时时苦于不给,而巧妇难为无米之炊。"[④]程开祜《筹辽硕画》卷十一:"搜之不得,将巧妇难责以无米之炊;即搜之而得,亦梯米无补于太仓之乏。"郭之奇《为呈缴批准银两事》:"在东梅以无乡之社黍肉易为,本职于无米之炊巧妇难再。"[⑤]刘遵宪《去妇词》:"君家生计苦凋残,空釜作炊巧妇难。"[⑥]张国维《太湖筑城疏》:"日夜焦劳,多方设处,无米之炊巧妇难供。"《请减崇明虚派疏》"今职俯察民情,酌量时势,国家需饷,功令虽严而无米之炊巧妇难煮。"[⑦]沈一贯《敬事草》卷五:"巧妇不能为无米之炊,非天雨钱粟,必无幸矣。"清张云璈《祀灶文》:"妇巧难为无米之炊。"[⑧]郑观应《盛世危言新编》卷三《富国》三:"赋税有限,公用支绌,民借难筹,巧妇宁能为无米之炊,亟宜一变旧法。"方世举《老

① 《师竹堂集》卷三十一,明天启刻本。
② 清乾隆五十六年萃文书屋活字印本(程甲)。
③ 《荆川集》文集卷九,《四部丛刊》景明本。
④ 《张文悫公遗集》卷四,明崇祯十七年刻本。
⑤ 《宛在堂文集》卷三十二,明崇祯刻本。
⑥ 《来鹤楼集》卷一,明天启刻本。
⑦ 《抚吴疏草》,明崇祯刻本。
⑧ 《简松草堂诗文集》文集卷十二,清道光刻三景阁丛书本。

妻叶孺人七十生辰一百韵》:“巧妇难空炊。”[①]这条俗谚中“新妇”“息妇”“媳妇”“饦饦”“饼”“汤饼”“安能”“莫”“宁能”“难”“煮”“作”“做”“面”“米”“粥”“饭”“炊”等词的替换既有古今南北的时空演变,又有文白俗雅的语体演变,反映了言语意义←→语言意义、口语←→书面语、本土文化←→外来文化和社会各阶层间趋雅←→趋俗互动共存整合融和,形成化俗入雅与融雅入俗的雅俗合流。再如《三国志平话》流传之时,三国故事仍然以口头讲述的方式在社会上广泛流行,生成诸多说唱性质的口头文本或文字文本。口头文本如现存清乾隆元年(1736)抄本弹词《三国志玉玺传》,既是弹词艺人对由“写—读”关系生成的《三国志演义》的口头化改写,也是抄本写定者对由“说—听”关系生成的弹词唱本所做的书面化改写。文字文本如集元末以来一百多年三国故事口头讲述与文字传录之大成的《三国志演义》。无论是口头文本还是文字文本,二者都有“说—听”的融雅入俗和“写—读”的化俗入雅。

四　雅俗的融合互补

文雅与白俗相对,文白的融合互补在某种程度上也就是雅俗的融合互补。从汉语古今词汇发展演变的角度来看,有大量的词汇成分既适用于口语,也适用于书面语,而雅俗的相融互补体现了口语和书面语并存不断完善的语言发展模式。1928年周作人为俞平伯的第一本散文集《燕知草》作跋曾指出:“我也看见有些纯粹口语体的文章,在受过新式中学教育的学生手里写得很是细腻流丽,觉得有造成新文体的可能,使小说戏剧有一种新发展,但是在论文——不,或者不如说小品文,不专说理叙事而以抒情分子为主的,有人称他为‘絮语’过的那种散文上,我想必须有涩味与简单味,这才耐读,所以他的文词还得变化一点。以口语为基本,再加上欧化语,古文,方言等分子,杂糅调和,适宜地或吝啬地安排起来,有知识与趣味的两重的统制,才可以造出有雅致的俗语文来。”现代汉语不是从石头缝里凭空蹦出来的,而是“以口语为基本,再加上欧化语,古文,方言等分子,杂糅调和”有机地化合而成。胡适曾从“语言是表现思想的器具”的基本认识出发,明确提出:“‘建设新文学论’的惟一宗旨只有十个大字:‘国语的文学,文学的国语。’”认为“我们可尽量采用《水浒》《西游记》《儒林外史》《红楼梦》的白话,

① 《春及堂集》三集,清乾隆方观承刻本。

有不合今日的用的，便不用他；有不够用的，便用今日的白话来补助；有不得不用文言的，便用文言来补助。这样做去，决不愁语言文字不够用，也决不用愁没有标准白话。中国将来的新文学用的白话，就是将来中国的标准国语”。[1] 张中行也说道：“我们现在用的是现代汉语。可是现代汉语旁边坐着一位‘文言’。”“文言和现代汉语虽然差别很大，却又有拉不断扯不断的关系。一方面，两者同源异流，现代汉语，不管怎样发展变化，总不能不保留一些幼儿时期的面貌，因而同文言总会有这样那样的相似之点（表现在词汇和句法方面）。另一方面，两千年来，能写作的人表情达意，惯于用文言，这表达习惯的水流总不能不渗入当时通用的口语中，因而历代相传，到现代汉语，仍不能不掺杂相当数量的文言成分。”[2]文言与白话反映的不是各成体系互相对立的语言，而是有一个共同的基础，即汉语词汇的基本词。文言中的古雅成分或白话中的方俗口语成分都依附于汉语词汇的中心成分。汉语文白演变是同一语言内部的系统调整，本质上是同一语言系统历时传承的内在核心精髓决定了共时演化的机制，即共时演化不是无本之木，而是建立在历时传承基础之上的有本之木。

无论是文言中的古雅成分还是白话中的方俗口语成分，其实都是汉语词汇的外围成分。随着时代的发展，文言中的古雅成分有的已经罕用或不用，有的至今还在使用或用得较多。白话中的方俗口语成分也是如此，有的已经普遍使用，开始进入常用范围，有的则只用于一定范围，还有一些用了一段时间未能沿用下来。如《红楼梦》创作时的清代正处于文白由量变到质变的临界点，其中既有文言词“负暄”“针黹”，又有口语词“晒日阳儿”“针线”；既有通语词“客人”“下流”等，又有方言词“人客”“下作”等，[3]从中可见文白雅俗方言口语交融共存的特征。又如民国至今的现当代小说也与《红楼梦》类似，文白雅俗方言口语多并存共用。因而白话取代文言的变革虽然在表面上是废弃了文言文这样一种书面语系统，但在话语生态的意义上，文言文所赖以生存的原有话语生态不可能被完全废弃，而是变成了白话文话语生态的一部分，且通过文化传承和教育的方式内在地影响着人们的哲学思想、价值观念和审美观念，乃至思维、认知和话语方式。文言文中的经

① 胡适《建设的文学革命论》，《中国新文学大系·建设理论集》，上海文艺出版社，2003 年，第 128、131 页。

② 张中行《张中行作品集》第一卷，中国社会科学出版社，1995 年，第 3 页。

③ 如表“妻子”义的词既有通语“妻、妻子”，又有方俗口语“媳妇、女人、老婆”，还有文言雅语“夫人、娘子、贱荆、贱内、内人”等。

典诗文、成语、名句和一些经典人物形象及史实融入了白话文中成为白话的有机组成部分,从而使白话文在言文一致的发展中具有古今传承的纵深感。从现当代作家所写的文学作品中,可以看到文言与白话这种血脉相连的关系。就汉语口语和书面语的演变轨迹而言,在先秦口语基础上发展形成的文言文可以说是由俗到雅,在秦汉以后口语基础上发展形成的古白话则可以说是口语和书面语交融碰撞互为影响的雅俗合流,白话文最终取代文言成为当代中国人文化交流和文学创作的基本工具,大致上可以说是口语和书面语互动共存整合融和的雅俗合璧。

五　结语

汉语书面语发展至现代汉语,反映秦汉至明清汉语口语的白话替代了秦汉时定形的文言,而白话作为现代汉语书面语定形后,在某种程度上又可能会逐渐变为新的文言。即使是我手写我口,但写下来的书面语毕竟是口语的加工形式,与口语或多或少会有一些距离,如我们现在口说的话写成文章时总会有一些改动,这些改动是为了适于书面语的表达。尤其是用白话来写作文学作品,除了清楚明白和精密严谨,还需要生动形象,具有诗情画意的艺术美。世界上没有一个民族的口语和书面语是完全一样的,因而提倡言文一致是相对的而不是绝对的。言文一致只是文学描写人生的一个方面,文学语言还有其内容和形式完美结合的艺术性,①而这日积月累也就可能会形成新一轮的文白不同。有鉴于此,如果我们要保持现代汉语书面语的白话特点,那么就应科学地理解言文一致的含意,在把口语写成书面语时既要注意内容和形式完美结合的艺术性,也要注意书面语随着口语演变而不断发展的同步性。口语丰富生动,与时俱进,口语的不断与时俱进是词汇得以发展的重要源泉,书面语规范精细,富于表现力,书面语对口语的精雕细刻是词汇规范化的重要手段,正是口语和书面语的共存和交融,词汇才能不断扩展充实而丰富多彩。如果我们能使作为现代汉语书面语的白话继续随着口语的演变不断发展,既

---

① 张卫中《汉语与汉语文学》说:"文言虽然在两千年前就与口语相分离,但作为书面语却一直被使用。许多世纪以来,无数文人墨客在文言中开掘耕耘,对它雕琢、锤炼,使其变成了非常精美的文学语言。中国古代文人留下的那些与世界上任何文学相比都不逊色的诗词华章就是由文言孕育而成的;古人在语用和叙事方式上留下了大量弥足珍贵的经验和技巧。而现代白话文是新的书面语形式,它的生成至今还没有一百年,它的品位和表现力都需要大大提高,因此向文言的借鉴就成了现代白话文走向成熟的必要途径。"文化艺术出版社,2006年,第145页。

保持“文”向“语”的不断靠拢，也注意到“语”向“文”的提升，“阳春白雪”和“下里巴人”相融互补，那么就可以不仅正确地使用语言，而且得体地运用语言，在保持白话通俗、亲切、简洁、明快特点的基础上达到口语和书面语的雅俗合璧，不会凝固成新的文言，而始终具有既传承文言底蕴又贴近口语的白话色彩。①

（徐时仪：上海师范大学人文学院，200234，上海）

① 参拙著《汉语白话史》，北京大学出版社，2015 年。

“有、侑、又、右、祐、佑、左、佐、手”源出于甲骨文“㞢”*

肖娅曼

提要:甲骨文表示生殖崇拜的“㞢”分化出音义密切联系的9字,共三个系列:“㞢—有—侑”“又—又—右—祐—佑(佐)”“𠂇—左—右—手”。此三系列由又(𠂇)联系在一起,而又源出于“㞢”。“㞢”的生殖崇拜、侑祭祖妣、祖妣祭品数、祖妣保佑等语意最初浑然一体,后三种语意后来分化开,并以不同文字标记。第一、二系列为浑沌-分化系列,仅第三系列中表方位之“左”“右”为引申性分化。

关键词:㞢　浑沌　分化

“有、侑、又、右、祐、佑、左、佐、手”9字,发端于甲骨卜辞“㞢”。卜辞之“㞢”可以视作一个字,却非语言学所说的一个词,我们称之为浑沌语词,因为它是“有、侑、又、祐、佑、佐”之母。“右、左、手”几字直接发端于甲骨文又(𠂇),因又是㞢之子,因而这9字均源出于“㞢”。

《汉语大字典》“有”条,按字形源流演变顺次列出的字形为:㞢甲→又甲→有金→有隶,①即认为甲骨文“㞢”是“有”字的初形,但从“㞢”到“有”中间有一个重要的过渡即又,或说又是“有”的古字。《汉语大字典》“又”“右”“佑”3条,所列初字均为甲骨文又,即“又”“右”“佑”几字的初字为又。“㞢—又—有”系列和“又—又—右—佑”系列的又是怎么回事?它怎么和这两个系列都发生了关系?它与“㞢”又是什么关系?这是古文字学尚未注意的问题。

“左”字的初字为甲骨文𠂇,而“左”是“佐”的古字,“佐”是“左”的今字。但《汉语大字典》“左”字条把后出现的合体字左金左金列为“左”的初字,而把初字𠂇作为了“左”的部首。《汉语大字典》这样处理并非没有一点道理,因为如果把𠂇处理为“左”的初字,得不到材料的支持。但如果不把𠂇处理为“左”的初字,同样也不应该把又处理为

---

* 本文为中国训诂学研究会2016年学术年会论文。

① 汉语大字典编辑委员会《汉语大字典》(第二版)“有”字条,四川辞书出版社、崇文书局,2010年。

"右"的初字。因为，在甲骨卜辞中，象形字𠂇、𠂈并非表示左手右手，也不是表示左和右，绝大多数情况下，𠂇𠂈表示的语义没有区别。

《汉语大字典》"手"字条所列第一字为金文手(手)，没有把甲骨卜辞中常见的𠂇𠂈二字作为"手"的初字。但明明𠂇𠂈就是左右手形（这是古文字学的共识），而手手也明显是𠂇𠂈上弯稍平，下加一横而来。这样"𠂇𠂈、左、右、手"是一个系列。于是"有、侑、又、右、祐、佑、左、佐、手"9字分成三个系列，即"㞢—有—侑""𠂈—又—右—祐—佑(佐)""𠂇𠂈—左—右—手"。这三个系列均由𠂈(𠂇)联系在一起，而𠂈源出于㞢。

一　"㞢𠂈"的谱系关系

古文字学界认识"㞢"字颇费周折，经胡光炜、郭沫若、胡厚宣等考证，确定"㞢"为"有"字的初形，这已成为定论，并早已体现在《汉语大字典》第一版的"有"字条中。问题是"㞢"字为什么后来要写作"有"？"㞢"字和"有"字是语意完全相同、仅仅字形不同呢，还是有别的情况？一探究这个问题，就会发现，"有"字的构造从字形上看，似乎与"㞢"没有关系，它与𠂇𠂈有关系，"有"字上部的"𠂇"就是𠂇𠂈的变形（手掌放平，手臂偏左），而𠂇𠂈与㞢的关系，在甲骨卜辞中有非常奇特的密切联系。

从《汉语大字典》(第二版)"有"条列出的㞢$_{甲}$→𠂈$_{甲}$→有$_{金}$→有$_{隶}$这一字序，可以看出"㞢"被视为"有"的初字，𠂈被视为"有"的古字。从这三字的关系看，"㞢"也应该是𠂈即"又"的初字，但《汉语大字典》"又"字条却并未把㞢作为初字，列出的初字就是𠂈，也就是认为，"又"字从甲骨卜辞时期到今天都没有变化，"又"不过是𠂈的楷化而已。这样一来，不仅"㞢—𠂈"没了关系，"㞢—有"的关系也断了。《汉语大字典》这种把"有""又"(𠂈)视作无关的看法，正是今天学术界意见的反映。

我们认为，"㞢"是𠂈(又)的初字，更是"有"字的根，"㞢—𠂈—有"是祖孙三代。首先讨论"㞢—𠂈"的同源关系。

甲骨卜辞㞢、𠂈关系很是蹊跷，古音二字同音（均匣母之部），字形看上去却毫无关系，但用法上，㞢表示"有""侑""又"，𠂈除表示"佑"外，也表示"侑""有""又"。而且二者还有着这样的奇怪关系：㞢出现频率极高时，𠂈不多见，还多紧随㞢以㞢𠂈形式出现，㞢𠂈后来不仅分离开，而且㞢、𠂈二者此消彼长，以至㞢后来完全被𠂈取代。

要探究㞢𠂈的关系，首先要弄清二字的构造。𠂈无疑是个象形字，"㞢"字是怎么回事，长期罕有人讨论。1981年，黄锡全提出"㞢"字为牛头的象形，他还首次对㞢与"有"的语义关系提出了看法,认为牛头表示富有,因此以"㞢"为"有"字的初文。① 十年后,唐钰明以"㞢"字的本义是侑祭进一步提出修正意见,认为"㞢"字上部的"屮"是作为贡品的牛头,下面的"一"为盛放贡品(牛头)的盛器。唐钰明还是唯一研究㞢又关系的学者,他的结论是"'㞢''又'属于不同源流的两个字","又"通过"依声托事"的方式"临时性的假借","逐步取代'㞢'",以至于最后完全"吞没"了"㞢"②。但我们认为,黄锡全、唐钰明二位先生的意见缺乏严密论证。③

据笔者研究,"又"应该是卜辞第一期新出现的,因为一方面甲骨卜辞一期"㞢"的出现率惊人得高(远超其他祭祀动词,笔者统计为 4186 个),"又"的出现率不高(笔者统计为 507 个),而且 49.7%以㞢又形式相携出现,到附一期㞢又形式仅占 0.6%了④,即附一期时 99.4%是以又单独出现的,后来二期、三期又逐渐取代了㞢,再到四期、五期㞢在甲骨卜辞中消失了⑤。另一方面,甲骨卜辞一至五期,不见 1 例又㞢形式。这些情况反映出:㞢又是又出现的最初形式,到附一期,它已经成熟到基本不需要㞢的协助而独立了。这个判断来自我们对远古语音发展形式的研究。

我们对《诗经》联绵词(远古流传)前后字声母结构的研究发现,最古老的"声母"影母(浑沌辅音)只居前字,新的"子声母"(分化自影母)则居联绵词后字,母子"声母"(复辅音)先共用一个韵母,待新辅音与这韵母的联系稳定后,借助这个韵母搭桥,与古老的"母声母"分化开(叠韵联绵词、单辅音)。⑥ 联绵词这种新音依附古音成长的方式,与甲骨文新字又附着于古字㞢之后成长的方式吻合,绝不是偶然的。甲骨卜辞一期、附一期有 254 个㞢又,而一期至五期没有 1 例又㞢也绝非偶然。虽然后来又在甲骨卜辞中具有了㞢的所有功能,但只要与㞢紧邻同现,它只能居后,唯一的解释是:它们的发生学关系即谱系关系是不可以颠倒的。

语音上㞢又二字同音,我们又从结构形式上证明了㞢又具有发生学即谱系关系,即又源自㞢,㞢为母,又为子。我们再来看看㞢又的语义关系:

---

① 黄锡全《甲骨文"㞢"字试探》,《古文字研究》第六辑,中华书局,1981 年。

② 唐钰明《㞢、又考辨》,《古文字研究》第十九辑,中华书局,1992 年;收入《著名中年语言学家自选集·唐钰明卷》,安徽教育出版社,2002 年。

③ 《甲骨文时代前的"㞢(有)+部族"考》,《汉语史研究集刊》第二十三辑,四川大学出版社,2017 年。

④ 据笔者统计,一期、附一期"又"共 861 个(一期 507 个、附一期 354 个),其中"㞢又"共 254 个(一期 252 个、附一期 2 个)。

⑤ 参见唐钰明《㞢、又考辨》,《古文字研究》第十九辑,中华书局,1992 年;收入《著名中年语言学家自选集·唐钰明卷》,安徽教育出版社,2002 年。

⑥ 见《上古联绵词为远古复辅音之遗存——〈诗经〉联绵词前字影母奇高的浑沌语言学解释》,《汉语史研究集刊》第十八辑,巴蜀书社,2014 年。

表1 甲骨文第一期"㞢、𠂇"表义表

字 \ 义	语义				
㞢 2438	侑 1202 49.3%	有 994 40.8%	又 82 3.4%		
𠂇 223	侑 2 0.9%	有 1 0.5%	又 1 0.5%	祐 213 95.5%	右 3 1.4%

说明：表中数据来自唐钰明文，唐文统计，甲骨卜辞第一期全部 2438 例"㞢"中，有 160 个语义不明(占 6.6%)；全部 223 例"𠂇"中，有 3 例因上下文缺失或模糊不清，语义不明(占 1.4%)。①

从上表看，㞢、𠂇语义上也是母子关系。因为：(1)在甲骨卜辞一期中，"侑"(侑祭)是㞢最主要的用法(几乎占 3 种用法的 50%)，而这个用法的𠂇还不足 1%，显然是才初起的用法。就此而言，㞢早于𠂇。(2)就㞢的"侑"义和𠂇的"佑"义的关系言，"侑"意包含"佑"义，因为商王侑祭的目的就是祈佑，而"佑"义却不一定包含"侑"意，因为甲骨卜辞的祭祀动词非常多②，都是为祈祐，所以"佑"作为鬼神之力，不一定与"侑"有关系。根据㞢𠂇的语音、语义及结构关系，我们认为㞢是𠂇之母，按浑沌语言学理论的浑沌-分化观③，准确的表述是：𠂇是从㞢分化出来的。

二 "㞢"的生殖崇拜原始意

甲骨卜辞表示祭祀的"词"非常多，但卜辞一期常常满篇的㞢，其他祭祀动"词"不过偶尔出现，㞢的特殊性显而易见。㞢被认为专门表示"侑祭"，但所谓"侑祭"究竟是怎么回事，不见有人研究。当我们对卜辞一期、附一期全部的㞢(笔者统计共 4484 例④)进行逐一分析时，发现了三点过去从不知道的情况：

第一，卜辞一期、附一期全部 4484 例"㞢"基本与自然现象无关。例如卜辞中出现最多的自然现象"雨"，卜辞中常见的形式为"其雨""其不雨"，祈雨基本不和㞢发生关系。一期、附一期全部㞢中，确也有 60 例"㞢雨"，但仅占全部㞢的 1.3%，并且主要集中在《甲骨文合集释文》编号为 10136—10138(5 例)、12649—12704(17 例)、12818—12872(15 例)的卜辞中，明显是从无到有新产生的用法。也就是说，原本祈雨不用"㞢"。

第二，一期、附一期卜辞中，㞢与神无关，它主要只用于向祖先祈佑。未发现 1

① 据笔者统计，卜辞一期㞢共 4186 个，𠂇共 507 个。

② 参见郑继娥《甲骨文祭祀卜辞语言研究》，巴蜀书社，2007 年，第 36—37 页。

③ 见《浑沌语言学纲要——现代语言学的危机及其解决方案》。

④ 笔者的统计："㞢"一期 4186 例，附一期 298 例，共 4484 例，与唐钰明的统计差距很大。

例㞢祭与神有关。

第三,一期、附一期卜辞中,㞢所祈祖先男女都有,即向祖、妣都祈佑。而且往往是向多父、多母、多祖、多妣祈福。所谓多父、多母、多祖实际是同一个王搞不清辈分的许多男女祖先。例如(注:本文卜辞编号均为《甲骨文合集释文》[①]编号):

02133

(1)癸卯卜,亘,貞㞢于父〔甲〕犬。

(2)貞㞢于父庚犬。 一

01630

(1)〔乙〕丑卜,于祖乙㞢。一月。

02974

貞〔于〕漁㞢于祖丁。 二

01680

(1)㞢于祖辛一宰。

(2)㞢于祖辛二宰。

02164

(1)貞夕㞢于妣甲。

02407

(1)㞢妣己。

(2)㞢妣庚。

这些卜辞贞问令人困惑,殷商时代一个王怎么有如此多的祖,如此多的妣,以至需要用甲乙丙丁戊己庚辛……来命名?郭沫若说这是原始部族群婚之迹象,而这原始群婚与“㞢”紧紧联系在一起。

“祖”在甲骨卜辞中写作[illegible],“妣”写作[illegible]。二十世纪二三十年代,郭沫若写下了著名的《释祖妣》。该文论证了[illegible]、[illegible]二字为象形字,[illegible]即“且”亦即“祖”的初字;[illegible]即“匕”亦即“妣”的初字,而“祖妣者牡牝之初字也”,一言以蔽之曰:“[illegible]”即男根,“[illegible]”即女阴。就祖妣的初字[illegible]、[illegible],郭沫若指出,它们“在初意本尊严”,“入后文物渐进则字涉于嫌,遂多方变形以为文饰”。[②] [illegible](且)在甲骨文中变形最简者为⊥,而“卜辞牡字皆从⊥”,例如[illegible](牛)、[illegible](羊)、[illegible](豕)、[illegible](鹿)等字,这些动物名字都带有雄性⊥标

① 胡厚宣主编《甲骨文合集释文》,中国社会科学出版社,1999年。

② 郭沫若《释祖妣》,收入郭沫若《甲骨文字研究》,人民出版社,1952年,第17页。本文凡引郭沫若语均出于此文。

志。雌性动物的甲骨文也带有雌性标志匕，例如牝(牛)、羊匕(羊)、豕匕(豕)、马匕(马)、犬匕(犬)。[①] 3000多年前，我们先祖为什么要在表示动物的文字上带上牡牝标记？显然，这对于他们有重要意义，这个重要意义就是繁殖，而繁殖事关部族的生存、发展。

殷商时代原始部族群婚以及重视动物的牝牡这两件事，与卜辞"㞢"有什么关系呢？前文述及黄锡全的"牛头说"、唐钰明的"牛头盛器说"(屮+一)不具解释力。现据郭沫若的《释祖妣》，我们认为"㞢"的结构是：⊥与凵的组合，"⊥"即上文所述且之简形。

⊥的形体、含义没问题，困难的是凵形的含义。甲骨卜辞中有一个字"㞢"与"㞢"字形体非常接近，此即"生"亦"姓"的初文。"姓"，《说文》："人所生也。"徐灏《说文解字注笺》："姓之本义谓生，故古通作生，其后因生以赐姓，遂为姓氏字耳。"卜辞中，"㞢"字常与"桒"字连文，郭沫若说："桒㞢者当是求生育之事。"李孝定进一步指出，卜辞中桒㞢"求生之对象皆为先妣"。陈梦家也说：卜辞"'多子'与'多生'为对"。[②] 甲骨文"㞢"字与生育、氏族繁衍的关系很清楚。

甲骨文中还有一个姓字，此即"姓"字。这个字由"㞢"和"女"(女、母)构成。斯维至说："就字形看来，它象女子向生之神做祷告之形。"并认为"这可能是古人的生殖崇拜的礼俗"[③]，这里，斯维至视"㞢"为"生之神"。郭沫若在《释祖妣》一文中，认为⊥(雄性标记)、丅(示)都是且的别形，他通过考证所有从"示"之字(社、宗、祀、祝、祭等)认为："卜辞于天神、地祇、人鬼何以皆称示，盖示之初意本即生殖神之偶像也。"[④]也就是，郭沫若认为，"且"是象形，"⊥丅"则是且的偶像化、符号化。

如果"㞢"为"生之神"的偶像，而生育必有两个要素——祖妣，⊥是生育的"祖"这一要素，另一要素∨就应是"妣"这个要素了，祖妣相配才是生殖神的完整要素。"妣"甲骨文作匕(匕)，似乎与∨相去甚远，不过"妣"的字形特点是曲，会不会因偶像化而简化为∨，或者"因文物渐进则字涉于嫌，遂多方变形以为文饰"呢？很有可能。

"㞢"(生)甲骨文有的写得棱角比较分明，也有的写得比较圆曲，字形很接近

① 例字均见郭沫若《释祖妣》，《甲骨文字研究》，人民出版社，1952年，第10页。

② 郭沫若、李孝定、陈梦家引文均转引自于省吾主编《甲骨文字诂林》第二册，中华书局，1996年，第1309、1310页。

③ 转引自于省吾主编《甲骨文字诂林》第一册，中华书局，1996年，第508页。

④ 郭沫若《释祖妣》，《甲骨文字研究》，人民出版社，1952年，第12页。

“㞢”了。“⊻”为生殖神,“㞢”是否也与生殖有关系?还真有。

《甲骨文合集释文》第13924至13952条(第一期),是关于生育、分娩的卜辞,㞢与“生”与“子”的密切关系,在这里集中体现了出来,例如:

13925 正

(1)丁酉卜,𡧊,貞帚好㞢受生。

13925 反

(1)王固曰:吉。其㞢受生。

13926

(1)庚子卜,㱿,貞帚好㞢子。

13931

(1)癸未卜,㱿,貞帚姘㞢子。二月。

(2)貞帚姘毋其㞢子。 二

13933 正

貞帚婐㞢子。

13934 正

(1)貞帚[illegible]㞢子。 一 二

13935

口卯卜,帚嫀㞢子。

13936 正

(1)壬辰卜,㱿,貞帚良[其]㞢子。

各种情况表明,㞢与生殖关系密切,而生殖必有祖妣两个要素。“⊻”的⊥部件为“祖”要素,∨部件应该是“妣”要素,同理㞢的⊥为“祖”要素,⊔也就是“妣”要素。“∨、⊔”应该都是“ヒ”的变形。

三 “有”与㞢、㞢的内在联系

“㞢”的原始语意是生殖崇拜,“又”最初的“佑”意是不是也与生殖崇拜有关呢?

我们调查分析了卜辞一期、附一期全部861例“又”,发现仅1例“又”与自然现象“雨”联系,占全部“又”的0.1%;有22例与“帝”联系,占全部“又”的2.6%。而这861例“又”中的254个“㞢又”(又的初起形式),仅1例疑似与“帝”有联系(《甲骨文合集》第14192条(1)……[帝]……㞢又。[ ]表示模糊不清,括号中的字为猜测),而254个“㞢又”中与祖妣等有联系的不少。这说明“又”的“佑”意原本是指祖妣之佑。

现在可以来讨论“有”字了。

“有”字非常神秘，《尔雅》《释名》不见对“有”的训释①，许慎《说文》第一次给出了说法：“有，从月，又声。”清末民国初年的古籀文学者林义光在《文源》中说：“有”字“古从又持肉，不从月”。许慎的“从月”说与“有”义毫无关系，林义光的“从又持肉”说显然比“从月”说合理，但“又持肉”与“有”的语义关系仍然很难说通。如前所述，经胡光炜、郭沫若、胡厚宣等考证，确定甲骨文㞢为“有”字的初形，金文中，㞢写作[金文]，这个[金文]就是林文光“古从又持肉”的依据，[金文]后来楷化为“有”。从金文可以看得很清楚，“有”上部的“𠂇”就是甲骨文[甲骨文]。“有”与“又”的联系清楚了，但林义光说“有”下部的“⺼”是“肉”，既无来历，语意也很难通。

我们认为，“有”既然字形演变清清楚楚为㞢甲→[甲骨文]甲→[金文]金→[隶书]隶，它就应既与[甲骨文]有联系，也与㞢有联系。有一个字语意与㞢有历史联系，并且与“有”都有“⺼”这个部件，这个字就是“育”。“育”字的初文是“毓”，就甲骨字形，王国维说：“此字变体甚多，从女从[古文字]（倒子形，即《说文》之𠫓字），或从母从[古文字]，象产子之形。”②甲骨卜辞字形如：[甲骨文]、[甲骨文]。“育”字与[甲骨文]字的联系不难辨别，甲骨文的[甲骨文]写作了“育”字的上部，下部的“⺼”即是那“倒子形”的变化字形。而“有”字下部的“⺼”不正是“育”字下部的“⺼”吗？这样，“有”字构造上部“𠂇”与[甲骨文]密切联系，下部“⺼”与㞢密切联系，字形（上为祖妣护佑之手，下为子孙后代）语意完全吻合上了！“有”字的初意应该为：先祖保佑子孙后代，即血亲佑。这个语意正好把“㞢”的生殖崇拜和“[甲骨文]”的祖妣之佑意完整体现了出来。

我们认为，㞢语意的最底层是生殖崇拜，生殖繁衍的结果是形成血亲社会集团，[甲骨文]紧邻㞢后出现，应该是将原本隐含于㞢中的祖佑意（偶像化宗旨）凸显出来。“[甲骨文]”最初表达的是祖妣之佑（子孙），不是神佑。正因如此，这个祖妣之[甲骨文]（祐、佑）后来才写作[金文]，再后楷化为今天的“有”。

四 侑、右（佑）祐、左佐、手与㞢、[甲骨文]

“㞢、[甲骨文]、有”源流关系理清了，“㞢—有—侑”“[甲骨文]—又—右—祐—佑”“[甲骨文]—左—右—手”谱系关系就容易了。这三组字，都发端于甲骨卜辞“㞢”。

（一）“㞢—有—侑”字系列

从表1中可以看到，在甲骨卜辞中，唐钰明认为㞢表示“侑”、有无之“有”、零数

① 但《尔雅》有用“有”训释他词之例：“幠、厖，有也。”（《尔雅·释诂一》）郝懿行《尔雅义疏》：“《易杂卦》云：‘大有众也。’有与大皆丰厚之意，故其义相成也。”

② 转引自于省吾主编《甲骨文字诂林》第一册，中华书局，1996年，第479页。

“又”三义①,各举1例如下:

侑 翌日㞢祖乙。(00339)

有 贞妇好㞢子。(00094)

又 贞㞢伐上甲十㞢五……(00901)

卜辞㞢的“侑”“有”“又”三意原本浑然一体,“㞢”最初表示的“侑”祭,其内涵包含向祖妣祈福,祈求祖妣保佑子孙拥有生存、发展所需的一切,拥有之“有”即侑祭的结果。也就是,“有”最初不是像今天那样的泛有,而是与先祖赐福联系在一起的。㞢表示零数的“又”意,也基本与自然现象、神无关,而与祖妣有关。

从所有表示零数的㞢看,基本上零数“又”的初意指侑祭祖妣祭品的零数,这一点从表示零数的㞢也能看出。卜辞一期、附一期㞢作零数“又”用的共现8例,占全部861例“又”的0.9%,与㞢相同,这种用法也与自然现象、神无关,而与祖妣有关,例如:

01442

……王賓青…… 于大甲□百又五十…

13443 臼

帚祀示七屯又一(。穷。

14047

……[王]固曰……[娩]妨……百日又八……

(注:卜辞㞢字在《甲骨文合集释文》中均写作楷化的“又”字)

㞢的生殖崇拜、侑祭祖妣、祖妣祭品数、拥有祖妣赐福这些语意最初浑然一体,三种语意后来分化开,并以“侑”“有”“又”(字形产生先后:又$_{\text{殷商}}$→有$_{\text{西周}}$→侑$_{\text{春秋末}}$)三字标示,所以它们上古同音,均为匣母之部,而生殖崇拜意则隐藏于这三字语意的底层。

(二)“㞢—又—右—祐—佑”字系列

这个系列的几个字古音相同,至今完全同音。“㞢”的零数“又”之意已并入㞢的零数意讨论,这里先讨论㞢的“佑”意。“右、祐、佑”三字均源自“㞢”,语意均表助祐。从字形上说,“右”随甲骨文㞢之后先出现,始见于西周中期的南季鼎,作[右];“祐”字

① 见唐钰明《㞢、又考辨》,《古文字研究》第十九辑,中华书局,1992年;收入《著名中年语言学家自选集·唐钰明卷》,安徽教育出版社,2002年。唐钰明认为㞢的三义中,有无之“有”为本义、“侑”为引申义、零数“又”为假借义。笔者不赞成这种意见。

始见于《说文》,作祐;而"佑"字《说文》尚不见。就"右、祐"二字,徐灏《说文解字注笺》:"右、祐,古今字。"就"佑"字,徐铉在《说文》"右"字下注云:"今俗别作佑。"可知古人视"右、祐、佑"三字为一词,《汉语大字典》"佑"字条也注:"又、右、佑当为一字分化。"不过,古人和《汉语大字典》还没完全理清几个字之间的关系,我们认为,"ㄡ""又"完全是一回事,"又"不过是ㄡ的楷化,语意无别。而ㄡ(又)与"右、祐、佑"却是浑沌分化关系(古今字词[①]),其分化层次是:"右"是"又"的分化,"祐"是"右"的分化,而"佑"则是"祐"的分化,也就是:

ㄡ → 右 — 祐 — 佑[侑—有—又(零数)]
右 → 祐 — [右(左右)]
祐 → 佑
佑

图1　甲骨文ㄡ分化字示意

说明:[]中语义也为ㄡ字语意,但不属此系列。阴影部分区别于非阴影部分,详后。

从这个梯形示意图可以清楚看出,越早出现的字语意越丰富浑沌,越晚出现的字,语意越单纯。因此,"又—右—祐—佑"是一个古今字词序列,不是一个简单的文字问题。

据唐钰明研究统计,甲骨卜辞一期,ㄡ表"祐"意占到95.5%,表示左右之"右"义的仅占1.4%。ㄡ的"祐"意分化出"祐"字,甲骨卜辞已见,形如礻ㄡ(注:右边是"又",还不是"右"),一期、附一期中共见2例。

需要特别指出的是,无论后来写作"又",还是"右、祐、佑",在甲骨卜辞中,它们的语意或底层语意都是祖妣佑、血亲佑。

如果把"又"视作ㄡ的直接楷化,"又"字殷商时期即已出现,但《说文》它还写作ㄟ,而殷商之后ㄟ的语意很多时候是"有",已非生殖崇拜、血亲佑之㞢。甲骨卜辞ㄡ的"又、右、祐、佑"语意中,"又"只表侑祭品的零数,是ㄡ的分化意之一。上古传世文献的"又"已经发展出副词"复""再"的用法,已与甲骨卜辞的血亲佑无关。

梯形第一二行两个方括号中所列字意不属这个系列,列出它们是为反映ㄡ字意分化的层次性及其不同层级的浑沌程度。第一行括号中所列语意属"㞢—有—侑"系列,列在这里表示ㄡ是在承袭㞢的浑沌语意的同时分化出佑意的。第二行的左右

① 古今字词,指语意具有浑沌-分化关系的古今字。

之“右”意与㞢无关，属于又字的分化(见下一个系列)。

又在卜辞中，主要表示“祐”，也表示“侑”，还表示万有之“有”和零数。依次举例如下：

贞大甲受祖又。(01463)

又祖乙三牢。(19839)

贞今四月我又史。(“又史”即“有事”。21666)

豕三十又二。(10350)

需要指出，甲骨卜辞㞢和又表示的“有”意不是今天的万有之“有”，㞢或又之“有”也与祖妣佑相关，不是祖妣保佑子孙拥有，就是祖妣佑之反面：祖妣不佑——降灾。

总之，这个系列是祖妣佑或血亲佑系列，与㞢系列浑然一体。

(三)“𠂇又—左—右—手”字系列

又在甲骨卜辞一期中偶尔表示左右之“右”(与𠂇同现时)义，分别举例如下：

乙丑允伐又卯眔𠂇卯，隹匕牛。(《甲骨文合集释文》第16131条)

“左佐”二字，直接来源于卜辞𠂇。卜辞中，𠂇绝大多数情况下，语意与又完全相同，也就是，𠂇又本为同一语词的异体字，请看例句：

00816 反

(1)王在丝大示左。

(2)貞王[在]丝大示弗左。

02002 反

(16)王固曰：吉。勿左王。

02496

癸巳卜，争，貞㞢白彘于妣癸，不[左]。

王固曰：吉。不左。

05447 乙

(2)貞王其遣，祖乙左[王]。

17691 反

王固曰：吉。左朕。

(注：卜辞𠂇形字在《甲骨文合集释文》中写作“左”)

这些例句中的𠂇(左)与又(又)，都表示助祐，即它们本是一个语词的两个不同的文字形式，这是甲骨学界的共识。还可补充一个证据，前述又初现时，往往㞢又结伴出现，𠂇也有以“㞢𠂇”结伴出现的例子，例如：

17397 正

(1)貞王夢〔隹㞢左〕。

五

(2)貞王夢不隹㞢左。

17397 反

(1)辛卯卜，穷。

(2)王固曰：吉。勿隹㞢左。

这也说明，𠂇又初意为助祐，即“佐”“佑”实为同义，都表示祖妣之助。

甲骨卜辞中，𠂇只在与又对举之时表示左右之“左”。一般认为，𠂇后来楷化为“𠂇”，这个看法应该来自《说文》。《说文》：“𠂇，左手也。象形。”段玉裁注：“𠂇者，今之左字。”而“左”字，《说文》曰：“𠂇手相左也。从𠂇、工。”甲骨文“工”也作𠫓（疑为𠫓即“育”下部的倒子形𠫓的别形），卜辞中语意非常复杂，但𠫓表示左助的对象这一点是清楚的。说“左，从𠂇”就肯定了“左”与“𠂇”即“𠂇”的关系。至于“佐”，段玉裁《说文解字注》：“左者，今之佐字。《说文》无左也。”①《汉语大字典》“佐”条：“𠂇、左、佐当为一字分化。”②

对“右”字，《说文》：“右，助也。从口，从又。”又曰：“又，手也，象形。”明明“左”“右”上面是同一个“𠂇”，许慎说“左”字上部是左手形，“右”字上部是手形，我们认为“𠂇”应是𠂇又的楷化，因为“左”“右”上部是同一个“𠂇”。对于在发现甲骨文差不多1800年前的许慎来说，只能依据当时的字形和读音做出判断，因而得出左从“𠂇”，右从“又”的结论是很自然的。

今天有了甲骨卜辞大量的语料，能够看出“有”“右”“左”上的“𠂇”来自甲骨文𠂇又的楷化，也能看出𠂇又表示的祖妣（以手）祐助子孙之意来自㞢的生殖崇拜初意，表示方位的左、右义是从𠂇又以手护佑抽象分化而来③。语意由浑沌而分化至少有两个途径：一是从浑然一体中分解，例如甲骨文“亯”分解为“享”“亨”“烹”④；二是从具象丰富的语意中抽象，而无论分解还是抽象，其了义必定后起。𠂇又依附于㞢出现，而后独立并逐渐取代㞢，其成长过程在甲骨卜辞1—5期中很清楚，因而其语意的发展先后顺序不难弄清。又表示方位的“右”义在卜辞一期中用例极少，张玉金统计仅3例，也就是说𠂇表示方位“左”也仅见3例，都与表示佐佑的数百用例无法相

① 本段《说文》训释和段玉裁注，均来自段玉裁《说文解字注》“𠂇”“左”条，上海古籍出版社，1988年。

② 汉语大字典编辑委员会《汉语大字典》（第二版）“佐”字条，四川辞书出版社，崇文书局，2010年。

③ 本文不讨论左、右下部的“工”“口”构型的语意问题。

④ 参见《〈尚书〉“享”（亯）的浑沌性与分化性——浑沌语言学的一个古汉语例证》。

比，因此𠂇又表示方位的“左”“右”义为后起无疑。

语意上，𠂇又表示方位的“左、右”义已经与㞢的生殖崇拜初意脱离，只是在字形上“有”“右”“左”还通过“𠂇”透露出它们最底层的血脉联系。语音上，“左”与“有”“又”已经看不出联系，不过“左”却和㞢这个生殖崇拜偶像有着语音联系，这一点稍后分析。

现在来看“手”。甲骨文无“手”字，只见𠂇又二字。“手”初字为手，始见于西周晚期。其实，从语意上可以认为又、𠂇就是“手”，文字上它们是“手”的两个变体。作为事物，“手”与人同在，不存在甲骨文时期有无的问题。甲骨文时期之所以不见单纯表示“手”义的卜辞，是因为单纯的“手”义就包含在又、𠂇的“助祐”“辅助”之意中。“手”与表示方位的“左”“右”不同，它与表示生殖崇拜的㞢有关系。作为生殖崇拜偶像的㞢与“手”(又、𠂇)的联系是，这“手”是祖妣的护佑之手，而殷商时期的人们想象祖先的佑助是以无形之手相助是很自然的。浑沌语言学认为，越是古老的语言越是浑沌，所谓单纯的实质是抽象，而抽象是人类认知高度发展的结果。单纯的“手”即是从又𠂇的祖妣以手相助、护佑意的浑然一体中的分化与抽象。

总之，表示方位的“左”“右”是㞢源头的干流又𠂇的引申性分化旁支，语意上它们与生殖崇拜㞢这个根源没有关系。“手”是祖妣之手，它是生殖崇拜符号㞢的干流𠂇又的浑沌-分化性支流。

五　侑、右、左、手与㞢、又𠂇的语音关系

“㞢—有—侑”“又—又—右—祐—佑”“又𠂇—左—右—手”三个系列的语意关系梳理清楚了，还必须证明它们之间有语音关系，这样才能证明这三个系列是同源分化关系。

前文已述“㞢—有—侑”“又—又—右—祐—佑”这两个系列，上古都读匣母之部，语音完全相同。“又𠂇—左—右—手”系列，“左”“手”二字的语音关系需要稍加讨论。

㞢与𠂇(左)似乎没有语音关系，㞢为匣母之部，𠂇为精母歌部。19 世纪语音研究取得辉煌成就的历史比较语言学发现，有无同源关系，不是看语音是否相同，关键是看比较对象有无内在对应关系①。如前所述，㞢字形为祖妣之偶像，“祖”上古声母为精母鱼部，𠂇上古音为精母歌部，“祖𠂇”声母完全相同(但殷商时代实际音质不可能是舌尖前音，舌尖前音必定是发音器官高度灵活后才能发出的音)。韵部方

① 参见〔法〕梅耶《历史语言学中的比较方法》，岑麒祥译，科学出版社，1957 年，第 26 页。

面，“祖”为鱼部，“𠂇”为歌部，而鱼歌二部上古纠缠不清，戴震《声类表》卷首载《答段若膺论韵》：“歌戈麻皆收喉音，鱼虞模亦收喉音。”①而喉部音(比今喉音靠后，发音受阻面大)是最古老的人类语音(与动物接近)。也就是说，𠂇不仅语意与㞢有密切联系，语音也有密切联系。同理，“左”“佐”语音也通过“祖”与“㞢”有密切关系。

“手”上古音为书母幽部，幽部与“有、又”所属“之”部紧邻，属于旁转关系，也可以看出语音上有关系。

这样，语音上“㞢—有—侑”“ㄡ—又—右—祐—佑”“𠂇ㄡ—左—右—手”三个系列，要么完全同音，要么声母或者韵母有密切关系。

因此，“㞢—有—侑”“ㄡ—又—右—祐—佑”“𠂇ㄡ—左—右—手”三个系列的“有、侑、又、右、祐、佑、左、佐、手”9个字为同源关系，它们都是㞢的子孙。其中“有、侑、祐、佑、佐”5字是浑沌-分化系列且语意关系很近；“又(零数)、手”2字也属浑沌-分化系列，但语意关系次之；“右、左”2字则不属㞢的浑沌分化，而属㞢之子ㄡ𠂇的形体引申分化。

从㞢的生殖崇拜，到向祖妣祈祐的活动ㄡ(侑)祭，祖妣的ㄡ(祐)、𠂇(祛)，子孙因祖妣之佑“有”了一切，所有这一事件的全部因素都浑然一体的包含在㞢、𠂇ㄡ中。其中，ㄡ、𠂇二字祖妣的助祐、祖妣的助祐之手等语意，原本都包含在ㄡ、𠂇二字中，并且浑然一体，不可分割。我们今天之所以只见其一，不见其余，是因为我们以今天的语言模式来看殷商时期语言的缘故。

(肖娅曼：四川大学文学与新闻学院，610064，成都)

① 转引自尉迟治平《鱼歌二部拟音述评》，《龙岩师专学报(社会科学版)》1986年第2期，第13页。

“濯缨”补释

曹海东

提要:现行《汉语大词典》《辞海》等辞书收录了“濯缨”一词,均只列有一个义项,释作“避世清高”之类。本文认为,这些辞书的释义有漏略;“濯缨”在文献中除了具有“超脱世俗,操守高洁”或“避世清高”之义,还可表示“做官”或“准备做官”的意思。

关键词:辞书　濯缨　释义

“濯缨”是古代文献中使用频率极高的一个词,现今很多辞书都收录了此词,只列有一个义项,释义内容也大同小异。如《汉语大词典》释云:“洗濯冠缨。语本《孟子·离娄上》:‘沧浪之水清兮,可以濯我缨。’后以‘濯缨’比喻超脱世俗,操守高洁。南朝宋殷景仁《文殊师利赞》:‘体绝尘俗,故濯缨者高其迹。’”《辞海》(2011年典藏本)释云:“濯,洗涤;缨,系冠的丝带。《楚辞·渔父》:‘渔父莞尔而笑,鼓枻而去,歌曰:沧浪之水清兮,可以濯吾缨;沧浪之水浊兮,可以濯吾足。’王逸注:‘渔父避世隐身,钓鱼江滨,欣然自乐。’后用‘濯缨’表示避世清高之意。白居易《题喷玉泉》诗:‘何时此岩下,来作濯缨翁。’”《中国典故大辞典》“濯缨”条云:“本指洗涤帽缨,后常以比喻超尘脱俗,操守高洁。”笔者认为,上列辞书的释义均有漏略;“濯缨”在文献中除了表示“超脱世俗,操守高洁”或“避世清高”,还可表示“做官”(有时为“准备做官”)的意思①。

首先,就相关故训资料看,古代文献典籍中的“濯缨”一词可以训为“入仕”之类,说明古人所谓“濯缨”有作“做官”解者。请看如下例句:

(1)遂阶亲宠,累忝非服。弱冠濯缨,沐浴玄风,频繁省闼,出总六军。(《文选·庾亮〈让中书令表〉》)

(2)公讳缅,字景业,南陵人也。……爰始濯缨,清猷浚发。(《文选·沈约

① 笔者查检其他辞书,只发现少数成语词典在解释“濯缨弹冠”一语时,谓该语表示“预备出仕”之类的意义。如王涛等编《中国成语大辞典》(上海辞书出版社1987年版)“濯缨弹冠”条释云:“濯缨:洗涤帽缨。弹冠:弹去帽子上的灰尘。比喻预备出仕。”朱祖延主编《汉语成语辞海》(武汉出版社1999年版)“濯缨弹冠”条释云:“比喻准备出来做官。”并引曹植《释愁文》“濯缨弹冠”为证。

〈齐故安陆昭王碑文〉》)

(3)释褐著作佐郎,转太子舍人,濯缨登朝,冠冕当世。(《文选·王俭〈褚渊碑文〉》)

唐人吕延济注例(1)云:"言遂因亲宠,重辱非常之任。弱冠,二十也。濯缨,入仕也。言少登仕宦,沐浴天子道教。"[①]吕向注例(2)云:"于始濯缨,谓缅初入仕时也。"[②]吕延济注例(3)云:"濯缨,洗濯其冠缨,以清洁登朝而事天子。"[③]由这些古注材料能很清楚地看到,上列例句中的"濯缨"虽然字面义也作"洗濯冠缨"讲,但深层含意却是就"入仕""事天子"而言,亦即喻指"做官",与上列辞书所揭之义迥然有别。

其次,就古代文献中的相关用例看,古人临文属词,常常于"濯缨"之后缀以"入仕""筮仕""来仕"之类的语词,表明"濯缨"之喻意与"仕"有关。例如:

(4)罗宪、滕修,濯缨入仕,指巴东而受脤,出岭峤而扬麾。(《晋书·罗宪滕修传论》)

(5)粤濯缨而入仕,即结绶以登畿。(宋·周必大《文忠集》卷二十一《贺汤右相启》)

(6)结发读书,竟莫窥夫圣简;濯缨入仕,曾无益于皇舆。(明·赵南星《赵忠毅公文集》卷二十四《生日答潘顺德》)

(7)自濯缨筮仕,束带登朝,佐幕从军,颇闻婉婉之画。(宋·杨亿《武夷新集》卷十《平阳柴公墓志铭》)

(8)爰初厉志,服道儒门,濯缨来仕,清猷映世。(《南史·梁本纪上》)

这些例句中字面义为"洗濯冠缨"的"濯缨"一词,有"入仕""筮仕""来仕"之类的语词申言其后,明显是喻指"做官",其与古书中"垂缨仕宦王朝"(《后汉书·章帝纪》)、"弹冠入仕"(骆宾王《骆丞集》卷四《自叙状》)、"虽牵丝入仕"(元稹《元氏长庆集》卷三十四《代李中丞谢官表》)、"解褐筮仕"(杨慎《升庵集》卷九《祭黄简肃公文》)之类文句里的"垂缨""弹冠""牵丝""解褐"等词相较,用法正相类,喻意正相同。

再次,在古代文献中,"濯缨"常常与"弹冠"一词相连并列而用,显与"弹冠"的语意一律。例如:

(9)自中州文轨道通,而东南岩氓岛客,无不有弹冠濯缨之想,彼诚郁积久而欲肆其扬扬者也。(元·戴表元《剡源文集》卷十四《送子仪上人北游序》)

---

① 见《六臣注文选》,浙江古籍出版社,1999年,第687页。
② 同上,第1086页。
③ 同上,第1060页。

(10)海内外贤知之士，弹冠濯缨于明公之门者，肩且至矣。(明·茅坤《茅鹿门先生文集》卷一《与陆东湖太保论国事书》)

(11)后武圣皇，敦戎贤路；弹冠濯缨，群英辐附。(清·沈钦韩《幼学堂诗稿》卷十六《送屠孟昭知九江》)

上引例句中的"弹冠"，语本《汉书·王吉传》："吉与贡禹为友，世称'王阳在位，贡公弹冠'，言其取舍同也。"意指掸去帽子上的灰尘，准备出仕。"濯缨"一词连于其后，显然属同义复用，亦表示准备做官。

又次，将古代文献中用有"濯缨"一词的文句与其他意义相类的文句相互比勘，也明显可见"濯缨"具有"做官"之类的意义。例如：

(12)嶷辞曰："臣世荷朝恩，濯缨华省……"(《晋书·裴嶷载记》)

以此例句与古书中"臣谬官华省"(王维《王摩诘文集》卷三《责躬荐弟表》)、"或历县而入官华省"(张耒《张右史文集》卷四十四《谢鲍承务启》)、"历仕华省"(《全唐文》卷三百一十三《东都留守韦虚心神道碑》)之类的文句相比勘，知"濯缨"犹言"官""入官""仕"。又如：

(13)濯缨登朝，事君以忠，出入三阁，周旋两宫。(唐·独孤及《毘陵集》卷十九《为华阴李太守祭裴尚书文》)

(14)自濯缨登朝，游刃从政，有清誉。(宋·宋庠《元宪集》卷二十二《三司盐铁副使尚书工部郎中郭劝可天章阁待制知延州制》)

将此二例与古书中"筮仕登朝，官成三代"(《全唐文》卷一百五十五《为李秘书上祖集表》)、"入仕登朝……莅官从政"(《陈书·沈不害传》)之类的文句相比勘，知"濯缨"犹言"筮仕""入仕"。又如：

(15)濯缨清朝，垂周三纪，受先帝非分之眷，叨陛下殊常之宠。(《魏书·王睿传》)

将此例句与古书中"平生端素履，四纪仕清朝"(韦骧《钱塘集》卷七《刘握大夫挽词》)、"历仕清朝，畀登显要"(朱德润《存复斋文集》卷四《送傅文博之京师序》)之类的文句相比勘，知"濯缨"犹言"仕"。又如：

(16)魏武，曹腾之孙，累叶荣显，濯缨汉室，三十余年。(唐·赵蕤《长短经》卷二)

将此例句与古书中"金氏若不入仕汉朝，七叶知名亦不可得也"(《北史·广陵王羽传》)之类文句相比勘，知"濯缨"犹言"入仕"。

此外，古代文献中还有很多"濯缨"的用例，毋庸旁引深考，而只观语境就能很容易地看出其义为"做官"或"准备做官"。例如：

(17)若升之宰府，必鼎味斯和；濯缨儒官，亦王猷遐缉。(《宋书·周续之传》)

(18)结发濯缨，登朝入仕。昂昂逸骥，逐日千里。(《汉魏六朝百三家集·陈江总集·梁故度支尚书陆君诔》)

(19)巾冠之后，濯缨受署，缰锁仁义，笼绊朝市，失翘陆之本性，丧江湖之远情。(《隋书·卢思道传》)

总而言之，古代文献中"濯缨"一词作"做官"或"准备做官"讲的例子，不胜枚举。目前一些辞书的"濯缨"条漏略了这一重要的义项，当据上述文献语言的实际情况予以补苴。

最后，想附带说说"濯缨"一词为何既可喻指"清高自洁，避世隐身"，又可喻指"做官"或"准备做官"。依笔者之见，此与古人对先秦楚歌《沧浪歌》的解读有关。在古代，人们对《沧浪歌》中"沧浪之水清兮，可以濯吾缨"二句，本来就有两种不同的理解：一是以其喻指志行高洁，隐逸超俗。如葛洪《抱朴子》卷八《释滞》云："宠贵不能动其心，极富不能移其好，濯缨沧浪，不降不辱，以芳林为台榭，峻岫为大厦。"清人陶澍《陶文毅公全集》卷五十四《重修沧浪亭成……》云："缅昔濯缨子，寄迹远尘械。"清人吴荣光《辛丑销夏记》卷五："清可濯缨不濯足……僧真好客能脱俗。"均是其证。二是以其喻指出仕于清明之世。如王逸《楚辞章句》注《渔父》"沧浪"二句云："喻世昭明，沐浴升朝廷也。"又如《汉书·云敞传赞》："云敞……为仁由己，再入大府，清则濯缨，何远之有？"颜师古注："《楚辞》渔父之歌曰：'沧浪之水清，可以濯我缨；沧浪之水浊，可以濯我足。'遇治则仕，遇乱则隐。"又如《文选·屈原〈渔父〉》"沧浪之水清，可以濯吾缨"刘良注："清喻明时，可以修饰冠缨而仕也。"①又如郭茂倩所编《乐府诗集》卷八十三《渔父歌》解题云："沧浪，水名也。清谕明时，可以振缨而仕；浊谕乱世，可以抗足而去。"②因为对《沧浪歌》存在着上述两种不同的理解，所以源出此中的"濯缨"一词自然就有了两种不同的含义：依前一种理解，此词遂能喻指"清高自洁，避世隐身"；依后一种理解，此词便有了"做官"之类的意义。"濯缨"一词缘于上述不同的解读而产生的两种不同含义，在古代文献中一直共存兼用，甚至并见于同一作者的作品之中。例如曹植作品中以下文句：

---

① 见《六臣注文选》，浙江古籍出版社，1999年，第606页。

② 郭茂倩编《乐府诗集》，中华书局，1979年，第1170页。

(20)振冠南岳,濯缨清川。潜处蓬室,不干势权。(《曹子建集》卷九《王仲宣诔》)

(21)方今大道既隐,子生末季,沉溺流俗,眩惑名位,濯缨弹冠,谘趣荣贵,坐不安席,食不终味,遑遑汲汲,或憔或悴。(《曹子建集》卷九《释愁文》)

显而易见,例(20)中的“濯缨”是喻指“避世隐居,清高自守”,而例(21)中的“濯缨”则与“弹冠”同义,喻指“准备做官”。

(曹海东:华中师范大学文学院,430079,武汉)

《论语·里仁》篇"不以其道得之，不去也"的训释问题

孙玉文

提要：《论语·里仁》篇："子曰：'富与贵，是人之所欲也，不以其道得之，不处也。'"其中"得之"就引起了古今不少学者的许多讨论，令人莫衷一是。本文针对当前对"得之"的相关讨论，分析"得之"出现的上下文语境，论证旧训释"得"为"得到"是正确的；又综合《论语》中孔子谈到"仁"的多方面内容，进一步论证"得之"的"得"意思是"得到"。最后对当前古书训释中出现的率尔操觚现象提出了批评意见。

关键词：《论语·里仁》 得 训释

《论语·里仁》篇："子曰：'富与贵，是人之所欲也，不以其道得之，不处也。贫与贱，是人之所恶也，不以其道得之，不去也。君子去仁，恶乎成名？君子无终食之间违仁，造次必於是，颠沛必於是。'"其中"得之"就引起了古今不少学者的许多讨论，讨论的结果可谓五花八门，此不赘述。但是"贫与贱，是人之所恶也，不以其道得之，不去也"的训释需要辨明。

一

《里仁》这一篇，主要是围绕"仁"展开的，宋邢昺疏说："此篇明仁。"说得很有道理，可以肯定，《里仁》的前面七章（包括上引这一章）都非常直接地阐述"仁"。具体到这一章，邢昺疏点明了其主旨："此章广明仁行也。"朱熹《论语集注》也说："言君子为仁，自富贵、贫贱、取舍之间，以至于终食、造次、颠沛之顷，无时无处而不用其力也。然取舍之分明，然后存养之功密；存养之功密，则其取舍之分益明矣。"可见此篇主旨是谈论"仁"的，解释"不以其道得之，不去也"，不能偏离这一主旨。王充《论衡·问孔》解释孔子"富与贵"至"不去也"说："此言人当由道义得，不当苟取也；当守节安贫，不当妄去也。"以为主旨是讲为人要安贫乐道，未免断章取义。

对上面这段话的释读，何晏的《论语集解》紧扣“仁”的主旨，就说得很好。第一句“富与贵，是人之所欲也，不以其道得之，不处也”，《集解》引孔安国说：“不以其道得富贵，则仁者不处。”第二句“贫与贱，是人之所恶也，不以其道得之，不去也”，《集解》说：“时有否泰，故君子履道而反贫贱。此则不以其道得之，虽是人之所恶，不可违而去之。”第三句“君子去仁，恶乎成名”，《集解》引孔安国说：“‘恶乎成名’者，不得成名为君子。”第四句“君子无终食之间违仁，造次必於是，颠沛必於是”，《集解》引马融说：“造次，急遽。颠沛，偃仆。虽急遽、颠仆，不违仁。”

第二句话中，孔安国是将“得”理解为“得到”。尽管“得到”的是人们不愿得到的“贫与贱”，但是“得”作为及物动词，它后面的宾语是指施事者所得到的东西，不强调是否愿意得到。像《吕氏春秋·察传》“丁氏穿井得一人”，其中的“一人”是“丁氏”愿意得到的；《诗·邶风·新台》“燕婉之求，得此戚施”，其中的“戚施”则是诗中女主人公“齐女”所不愿得到的。因此，在语言上，“不以其道得之，不去也”尽管得到的是“贫与贱”，但完全可以这样表达。孔子这一段话显然是针对士人以上说的，强调的是“仁”在成就“君子”之名中的重要性，“君子去仁，恶乎成名”。

王充《论衡·问孔》对“不以其道得之，不去也”提出不同看法，认为是表达有问题：“夫言‘不以其道得富贵，不居’，可也；不以其道得贫贱，如何？富贵顾可去，去贫贱何之？去贫贱，得富贵也；不得富贵，不去贫贱。如谓得富贵不以其道，则不去贫贱邪？则所得富贵，不得贫贱也。贫贱何故当言‘得之’？顾当言‘贫与贱，是人之所恶也，不以其道去之，则不去也’。当言‘去’，不当言‘得’。‘得’者，施于得之也。今去之，安得言得乎？独富贵当言得耳。何者？得富贵，乃去贫贱也。是则以道去贫贱如何？修身行道，仕得爵禄富贵，得爵禄富贵，则去贫贱矣。不以其道去贫贱如何？毒苦贫贱，起为奸盗，积聚货财，擅相官秩，是为不以其道。七十子既不问，世之学者亦不知难。使此言意不解而文不分，是谓孔子不能吐辞也；使此言意结文又不解，是孔子相示未形悉也。弟子不问，世俗不难，何哉？”王充的驳难反映出，直到东汉，“不以其道得之，不去也”的“得”，在当时就写作“得”，它不是其他哪一个字的错字。而且王充是将“得”理解为“得到”，这是值得肯定的。在此基础上，他对孔子的议论提出自己的批评意见。王充在这里实际上是区分了原文语言信息之真实与否和所传达的思想内容妥当与否这两个层面的问题，这也值得肯定。至于王充的批评是否妥当，还可以再讨论。由于他对孔子讲这一段话的主旨没有弄清楚，导致很多批评无的放矢。他反驳孔子说，“如谓得富贵不以其道，则不去贫贱邪”。实际上，孔子正是说不以其道得富贵，君子就不要居有它，而宁可贫贱。他说不能有“得贫贱”这样的表达，这也是不符合语言事实的。

“富与贵，是人之所欲也，不以其道得之，不处也”，是说富裕和尊贵，这是人们希望得到的东西，但是如果不是用仁爱之道得到的，君子是不居有它们的。“贫与贱，是人之所恶也，不以其道得之，不去也”，是说贫穷和卑贱，这是人们厌恶得到的东西，君子不以仁爱之道得到了贫贱，尽管贫贱，但由于不仁爱，因此不可以远离这贫贱，这样的人应该继续贫贱。从《论语》中可见，孔子多次谈到“仁”和贫富的关系问题，有些话孔子是带有明显的感情因素的，也是有为而发的，与此正可互相印证。“君子去仁，恶乎成名”，是说君子如果离开了仁爱，怎么能成就君子的名声呢？这里值得重视的是，孔子心目中的“君子”，要有“仁”，没有“仁”就不是真正的君子。“君子无终食之间违仁，造次必於是，颠沛必於是”，是说君子不要在哪怕是吃一顿饭的短暂时间内违背仁爱，仓促之间一定要处在仁爱之上，受到挫折的时候也一定要处在仁爱之上。

按照先秦的语言事实和《论语集解》的解释，“贫与贱，是人之所恶也，不以其道得之，不去也”文从字顺，“得”字用得很好。王充《论衡·问孔》即使对“得”的使用有不同意见，他也没有认为是哪个字的错字，也是按照“得到”的意思去理解原文。后人或以为“得”是讹字，或以为“不以”的“不”为衍文，或在断句上提出新解，以为要重新点断成“不以其道，得之不去也”，不一而足，都没有真正否定掉汉魏至隋唐的训释，而且也根据不足。轻易否定故训，这是解读古书的大忌。

二

回过头来看《里仁》中接下来辑录的孔子的话，就可以知道，《论语集解》解释得比较到位。先说“其道”。“其道”指正当的途径，《论语集解》没有提到它的具体含义，但它显然指“仁道”。邢昺疏疏解“君子去仁，恶乎成名”：“言人欲为君子，唯行仁道乃得君子之名。若违去仁道，则于何成名为君子乎？”其中的“仁道”可以看作是对“其道”含义的揭示。

“不以其道得之，不处也”和“不以其道得之，不去也”的主语之所指，联系后文可知是指“君子”，后文说：“君子去仁，恶乎成名？君子无终食之间违仁，造次必於是，颠沛必於是。”因此前面两个“不以……”的主语可以看作是蒙后省略了。孔安国说“不以其道得之，不处也”是指“仁者”。按孔安国的理解，“不以其道得之，不去也”的主语之所指也当是“仁者”。可是，如果理解为“仁者”，就不符合上下文的脉络，也不符合孔子的思想。如上所述，《宪问》说，孔子认为“君子而不仁者有矣夫，未有小人而仁者”,可见“仁者”产生于“君子”,但是有的“君子”并没有成为“仁者”。《里仁》的这一章中“不以其道得之,不去也”的主语所指是“君子”,不能换成“仁者”。换成“仁者”,全句意思成了“仁者不以仁道得之”,既然“不以仁道得之”,在孔子看来,就不是“仁者”。换成“君子”,就没有这个问题了。何晏说是指“君子”,比孔安国说得精确,但是前面“不以其道得之,不处也”的主语也应该是“君子”,而不是“仁者”。何晏“不以其道得之,不处也”采用孔安国的说法,将主语所指理解为“仁者”;他看出“不以其道得之,不去也”的主语所指不能是“仁者”,理解为“君子”,但结果是前后不一。朱熹《论语集注》将“不以其道得之,不处也”和“不以其道得之,不去也”的主语所指都解释为“君子”,是很对的。

《里仁》前几篇的排序也能帮助我们理解这一章的意思。第二章讲到,实行“仁”的,有两种人:一种是“仁者”,一种是“知(智)者”。《里仁》:“子曰:‘不仁者不可以久处约,不可以长处乐。仁者安仁,知者利仁。’”可见,只有“仁者”才可以在困窘和显达时都能实行“仁”;“不仁者”在困窘时会为非作歹,在显达时会骄奢淫逸。一旦“仁者”养成了“仁者”之性,他就会安于“仁”。而君子中的智者知道实行“仁”对自己有利,就会实践“仁”,王肃注:“知仁为美,故利而行之。”邢昺疏:“知能照识前事,知仁为美,故利而行之也。”又疏王注:“言有智谋者,贪利而行。仁有利则行,无利则止,非本情也。”因此,只有成为“仁者”,才会完全摒弃个人私欲,不断为“仁”。也只有这样,君子才能对人做出可靠的好坏评价,他本人才能始终行善事,所以《里仁》接着说:“子曰:‘唯仁者能好人,能恶人。’子曰:‘苟志于仁,无恶也。’”由此可见“仁”对于“君子”的重要性。

正因为“仁”对于“君子”的极端重要性,所以接下来从“富贵”和“贫贱”讲起,才有了编纂者所说的“富与贵……必於是”这一篇,从另外的角度继续阐明这一点。“富与贵,是人之所欲也,不以其道得之,不处也。贫与贱,是人之所恶也,不以其道得之,不去也”这是一层,通过君子对待“富贵”与“贫贱”,强调“仁”的重要性。《荀子·性恶》篇说:“仁之所在无贫穷,仁之所亡无富贵。”这继承了孔子的思想。“君子去仁,恶乎成名”,这又阐述“君子”和“仁”的不可分离的关系,从“仁”在“君子”这一概念的内涵中的作用强调“仁”的重要性。“君子无终食之间违仁,造次必於是,颠沛必於是”水到渠成地表明“君子”任何情况下都不能违背“仁”。

三

我们还可以从孔子对“仁”的看法来做阐释。“仁”这个词来源于“人”,词义是爱人，《礼记·表记》："仁者，人也。"从理论上说，这个词不会是孔子创造的，在孔子之前已经行用。孔子正确地运用了这一概念，并赋予了特殊的含义，有更切实的体会。《诗》《书》《易》中已使用"仁"，指仁爱，例如《诗·郑风·叔于田》"洵美且仁"，《齐风·卢令》"其人美且仁"。《国语·周语下》："言仁必及人。"韦昭注："博爱于人为仁。"其他各家也有使用这个词的，例如《墨子·经说下》："仁，仁（按：或以为此'仁'衍文）爱也。"《庄子·天地》："爱人利物之谓仁。"《韩非子·解老》："仁者，谓其中心欣然爱人也。"《论语·尧曰》记载了周天子受命及伐纣的告天之辞："虽有周亲，不如仁人。百姓有过，在予一人。"其中就有"仁"字。有人发挥说，孔子将"仁"作为最高的道德原则、标准、境界，这恐怕是一种个人的理解，从孔子的言论中看不出有这种见解。

"仁"在孔子心目中分量极重，但一般人很难理解，因此孔子不轻易论及。《子罕》："子罕言利与命与仁。"邢昺疏："仁者爱人以及物，是善行之中最盛者也。以此（利、命、仁）三者，中知以下寡能及，故孔子希言也。"孔子正确揭示出"仁"的本质是爱人。《颜渊》："樊迟问仁。子曰：'爱人。'"实现"仁"，孔子看重的是行动，他针对弟子司马牛言语浮躁的特点，强调了这一点。《颜渊》载："司马牛问仁。子曰：'仁者，其言也讱。'曰：'其言也讱，斯谓之仁已乎？'子曰：'为之难，言之得无讱乎？'"

"仁"需要体现在各个方面。例如体现在"礼、乐"上，《八佾》："人而不仁，如礼何？人而不仁，如乐何？"放弃了"仁"，在礼乐上就会"奢"，过于放纵，没有收敛。《颜渊》："颜渊问仁。子曰：'克己复礼为仁。一日克己复礼，天下归仁焉。为仁由己，而由人乎哉？'颜渊曰：'请问其目。'子曰：'非礼勿视，非礼勿听，非礼勿言，非礼勿动。'"体现在对人的态度和行为上，体现在"孝悌"上，孔子提到，"孝悌"是"仁"的根本。《学而》："君子务本，本立而道生。孝弟也者，其为仁之本与？"对"大宾"应该"敬"，对"民"应该"恕"，《颜渊》："仲弓问仁。子曰：'出门如见大宾，使民如承大祭。己所不欲，勿施于人。在邦无怨，在家无怨。'"这都显示出孔子看重实现"仁"，特别需要从自身做起，克制自己的私欲，先为别人着想。对君子犯的过错应该以宽恕之心待之，这也体现出"仁"，《里仁》："人之过也，各于其党。观过，斯知仁矣。""仁"跟"知（智）"也需要结合，《里仁》："子曰：'里仁为美。择不处仁，焉得知？'"

一个人是不是"仁"，孔子是严格按照"仁"的规定去执行的，这跟孔子的正名思想一致。《公冶长》说："子张问曰：'令尹子文三仕为令尹，无喜色；三已之，无愠色。旧令尹之政，必以告新令尹。何如？'子曰：'忠矣。'（子张）曰：'仁矣乎？'（子）曰：'未知。焉得仁？'（子张曰：）'崔子弑齐君，陈子文有马十乘，弃而违之，至于他邦，则曰:“犹吾大夫崔子也。”违之。之一邦,则又曰:“犹吾大夫崔子也。”违之,何如?’子曰:‘清矣。’(子张)曰:‘仁矣乎?’(子)曰:‘未知,焉得仁?’”在孔子看来,子文达到了“忠”,即忠心、尽心;陈文子达到了“清”,即清廉、清白。他们都没有达到“仁”,因为不符合“仁”的要求,“仁”指爱人。

《里仁》载,孔子强烈感受到当时充斥着不仁者,而仁者寥寥:“我未见好仁者,恶不仁者。好仁者,无以尚之;恶不仁者,其为仁矣,不使不仁者加乎其身。有能一日用其力于仁矣乎?我未见力不足者。盖有之矣,我未之见也。”这是孔子对当时不仁的世风的无情鞭挞,也是他提倡“仁”的时代背景。孔子还认为自己的弟子子路、公西华等没有达到“仁”的要求,《公冶长》说:“孟武伯问:‘子路仁乎?’子曰:‘不知也。’(孟武伯)又问,子曰:‘由也,千乘之国,可使治其赋也,不知其仁也。’(孟武伯又问:)‘求也何如?’子曰:‘求也,千室之邑,百乘之家,可使为之宰也,不知其仁也。’(孟武伯又问:)‘赤也何如?’子曰:‘赤也,束带立于朝,可使与宾客言也,不知其仁也。’”可见当时人将个人利益摆在前面,因此很难达到孔子的“仁”的要求。

但“仁”不是可望不可即的,《雍也》说:“子贡曰:‘如有博施于民而能济众,何如?可谓仁乎?’子曰:‘何事于仁?必也圣乎!尧舜其犹病诸。夫仁者,己欲立而立人,己欲达而达人。能近取譬,可谓仁之方也已。’”可见“圣”是比“仁”更高的境界,“仁”不要求“博施于民而能济众”,这是“圣”的要求,只有君王才能“博施于民”和“济众”,如果拿这个作为“仁”的要求去做尺度,那么只有最理想的君王才有可能做到,而尧舜都难以做到。

孔子认为一个人要达到“仁”,其自身应该具备的基本条件是要刚、毅、木、讷,就要克服私欲,平心静气。《子路》:“刚、毅、木、讷近仁。”《集解》引王肃:“刚无欲,毅果敢,木质朴,讷迟钝。有斯四者,近于仁。”这是说,一个人,要做到“仁”,首先应该没有私欲,就近于爱人,才能真正刚强,《公冶长》:“子曰:‘吾未见刚者。’或对曰:‘申枨。’子曰:‘枨也欲,焉得刚?’”这是最好的注脚,说明孔子的“刚”是建立在克服私欲的基础上的;爱护他人,需要勇毅果敢,避免损人利己的事情发生,《泰伯》:“曾子曰:‘士不可以不弘毅,任重而道远。仁以为己任,不亦重乎?死而后已,不亦远乎?’”曾子的话跟孔子思想一脉相承,说明“毅”是达到“仁”的基本条件;克服了私欲,就不尚华饰,质朴无文,才有可能帮助别人;需要有实际行动,而不停留在言辞上,就要求人讲话审慎,说出来的话能兑现,《里仁》:“君子欲讷于言而敏于行。”这是强调实际行动重于空口承诺。这四者是实现“仁”的基本条件,做到了这四者,才具备达到“仁”的条件,但还没有做到“仁”。《宪问》载孔子说:“仁者必有勇,勇者不必有仁。"这可跟上面所说相印证,"勇"是成就"仁"的必要因素,但是光有"勇",还没有达到"仁"。《卫灵公》:"志士仁人,无求生以害仁,有杀身以成仁。"可见,君子要实现"仁",是需要极大的"刚、毅"之气的,甚至要冒杀头的风险。《宪问》还记载,原宪问孔子:"克、伐、怨、欲不行焉,可以为仁矣?"孔子认为,能做到这些是难能可贵的,但不能算是"仁":"可以为难矣,仁则吾不知也。"这是说,一个人,如果他仅做到不"克"(指争强好胜)、不"伐"(指自夸)、不"怨"(指埋怨、怨忌别人)、不"欲"(指贪欲),还没有达到"仁"的要求,因为不符合"仁"之名义。

孔子强调,一个人是否"仁",是要看他是否有"爱人"的实际行动,口惠而实不至,这不是"仁",《学而》:"巧言令色,鲜矣仁!"他对"仁"的要求是"己欲立而立人,己欲达而达人","能近取譬",这是主张从自我做起:当自己想立身、进达时,要想到别人也有这样的心理;这时候,要将别人的立身、进达摆在前面,先让别人立身、进达。反过来,"己所不欲",要想到别人也不会接受,因此,"勿施于人"。做到了"立人、达人、能近取譬",就体现了爱人,达到了"仁"的要求。孔子弟子有若发挥说,"孝悌"是为"仁"的本源,意思是说,要从自身开始实现"仁",首先从"孝悌"做起。《学而》:"有子曰:'其为人也孝弟,而好犯上者鲜矣,不好犯上而好作乱者未之有也。君子务本,本立而道生。孝弟也者,其为仁之本与!'"

孔子认为"仁"只有"君子"(有位者)中的一部分有德者可以做到,被统治者则都不能做到,《宪问》:"子曰:'君子而不仁者有矣夫,未有小人而仁者。'"邢昺疏:"小人性不及仁道,故未有仁者。"邢疏只说"小人性不及仁道",说得还不全面,还包括能给人以恩惠;孔子强调要实现"仁","君子"需要给人以恩惠,小人做不到。这里的恩惠当然是指实际的利益、好处,但是孔子所说的"惠"并不是直接给人财物,而是在从政方面给人创造获得利益的条件。这是小人无法做到的。《尧曰》:"子张问孔子曰:'何如斯可以从政矣?'子曰:'尊五美,屏四恶,斯可以从政矣。'子张曰:'何谓五美?'子曰:'君子惠而不费,劳而不怨,欲而不贪,泰而不骄,威而不猛。'子张曰:'何谓惠而不费?'子曰:'因民之所利而利之,斯不亦惠而不费乎?'"既然"恩惠,好处"包括"财物",为什么又说"惠而不费""因民之所利而利之",不破财怎么能惠民呢?《集解》:"王曰:'利民在政,无废于财。'"邢昺疏:"民居五土,所利不同。山者利其禽兽,渚者利其鱼盐,中原利其五谷。君因其所利,使各居其所安,不易其利。则是惠爱利民在政,且不废于财也。"

孔子认为君子为仁跟他处境的顺逆没有关系,任何情况下都应该"仁"。《述而》:"(子贡)曰:'伯夷、叔齐何人也?'(子)曰:'古之贤人也。'(子贡)曰:'怨乎?'

(子)曰:‘求仁而得仁,又何怨?’”主张要有实际行动,不能装腔作势,《学而》:“巧言令色,鲜矣仁。”

孔子还从处理自己与他人的社会关系的角度阐述了实现“仁”的具体要求。《阳货》:“子张问仁于孔子。孔子曰:‘能行五者于天下,为仁矣。’(子张:)‘请问之。’(孔子)曰:‘恭、宽、信、敏、惠。恭则不侮,宽则得众,信则人任焉,敏则有功,惠则足以使人。’”这是说,能在天下人中做到“恭、宽、信、敏、惠”这五点,就可以实现“仁”。与人结交要谦恭,这样别人也会谦恭地对待自己,自己就不会遭到侮辱,《学而》:“有子曰:‘……恭近于礼,远耻辱也。’”正好可以与此相互阐发。对人宽厚,就能团结众人,使众人归附自己。“信”是判断是非曲直基础上的“信”,《子路》:“言必信,行必果,硁硁然小人哉!”可见不问是非曲直的“必信”还没有达到“君子”的“信”。君子言而有信,别人才会信任自己;做事敏捷,就易于产生功效;给人施以恩惠,别人就会尽心尽力,干事不会觉得疲劳。这五点,都体现了舍己为人的精神,是站在为他人谋利的角度来规范自己的行为。这些具体内容正好和“仁”的“爱人”的要求完全一致。

孔子认为“仁”是后天培养出来的,怎么付诸实践呢?《学而》说:“子曰:‘弟子,入则孝,出则悌,谨而信,泛爱众而亲仁。行有余力,则以学文。’”主张博爱众人,跟有仁德的人亲近。《卫灵公》说:“子贡问为仁。子曰:‘工欲善其事,必先利其器。居是邦也,事其大夫之贤者,友其士之仁者。’”这是针对子贡说的。子贡是孔子很看重的弟子之一,孔子曾把他比喻为“瑚琏”,也就是宗庙之贵器。他办事干练,曾相鲁、卫;善于经商之道,“家累千金”(《史记·仲尼弟子列传》)。孔子让他结交当时士大夫中有仁德和才干的人,借此实现“仁”。

由此可见,孔子非常重视“仁”,对它有深入的理解。《里仁》中,孔子从正反两方面分析了“仁”对人们生活态度、言行举止的重要影响。他说:“不仁者不可以久处约,不可以长处乐。”这里揭示了不仁者跟贫富、行为的关系:不仁者不能长期贫困,长期贫困就会干不仁之事;也不能长期快乐,长期快乐就会骄奢淫逸。言下之意,只有仁爱的人才可以以“仁”为尺度,正确对待贫富,根据“仁”来约束自己的行为。《里仁》接着说:“唯仁者能好人,能恶人。”这是说,仁者能根据“仁”来审辨人的好恶之情。一个人如果有了仁,就不会干坏事:“苟志于仁矣,无恶也。”可见,他认为不志于仁的人,就会干不仁之事。因此,一个富贵之人,只有具备了“仁”,他才可以舍己利人。

正因为“仁”在孔子心目中极端重要,所以他对“不仁”的人和事深恶痛绝。《里仁》篇所载孔子所言“富与贵，是人之所欲也，不以其道得之，不处也。贫与贱，是人之所恶也，不以其道得之，不去也。君子去仁，恶乎成名？君子无终食之间违仁，造次必於是，颠沛必於是”之语，正是用带有强烈感情色彩的话，批判世人弃仁而唯富贵是求的普遍做法，提出自己鲜明的主张。

金人王若虚《滹南遗老集》卷五“论语辨惑”以为“不以其道得之”的“不”字是衍文。如此，“以其道得之，不去也”是说君子以仁爱之道得到了贫贱，不可以远离这贫贱。这个理解不是原文的意思。原文对仁者却处于贫贱境地充满同情，对不仁者处于贫贱境地毫不怜悯，由此可见孔子对“仁”的坚守。王氏一改动，原文的这层意思就失去了。还有人将“得”改为跟“得”意思相反的字，不但是轻易改动古书，而且“以其道去（或夺、失、免等）之”意思成了君子不以仁爱之道摆脱这贫贱，跟后面“不去也”意思连不起来，甚至对立。硬要这样解释的话，则“不以其道去之，不去也”成了假设句，意思是：如果君子不以仁爱之道摆脱这贫贱，就不要摆脱它。但新的问题又来了：孔子只说了摆脱贫贱，没有说君子怎样处于贫贱的境地。这样一来，孔子原文本来强调的对君子实行仁爱却处于贫贱境地寄予的深深同情的这层含义就没有了。此外，对“贫与贱，是人之所恶也，不以其道得之，不去也”还有其他一些解释，都存在着问题。只有《论语集解》的解释最圆通，不可推翻。事实上，这个解释在历史上也最有影响力。

当今，在解读《论语》《孟子》时以是为非、率尔操觚的案例层出不穷。我们应该谨防打着替孔孟正名的旗号而仓促立论的现象，严格遵循语言释读的程序，正确释读《论语》《孟子》。王若虚《滹南遗老集》卷五“论语辨惑”中，在批评对《论语·乡党》“厩焚。子退朝。曰：‘伤人乎？’不问马”的错误断句时，说了这样一段话：“圣人至仁，必不至贱畜而无所恤也。义理之是非姑置勿论；且道世之为文者，有如此语法乎？故凡解经，其论虽高，其於文势语法不顺者，亦未可遽从，况未高乎！”他的这段议论是很高明的，值得我们记取。

（孙玉文：北京大学中文系，100871，北京）

杨树达训诂献疑三则*

卞仁海

提要:杨树达先生对于同一"壬"字,一说从士,云士、事通借;一说从土,象挺出物在地下。两说相互矛盾。又释《汉书》中"戴目"为"侧目",也不足为据,当为"举目仰视"。"革"之初义当与"治革"义有关,《说文》不误;但杨氏却认为"革"是"鞹"之初文,亦可商。

关键词:杨树达　训诂　商榷

一　"𡈼(壬)"字之训释两相矛盾

《说文·八篇上·𡈼部》云:"𡈼,善也,从人士,一曰,象物出地挺生也。"按许后说是也。壬字下从土,铭文壬字中画下出者,象挺出物之根在地下,于字之形义固无忤也。(《积微居金文说·新识字之由来》①)

杨氏又:《八篇上·𡈼部》云:"𡈼,善也,从人士,士,事也。"按人士义无可会,故许君复云士事以明之,谓壬字从士,实假士为事也。士事二字古韵皆在咍部,故相通借也。(《积微居小学述林·造字时有通借证》②)

今按:同一"壬"字,杨氏一说从土,象挺出物在地下;一说从士,云士、事通借。两说相互矛盾。

壬甲骨文作[古文字]、[古文字],象人挺立地上之形,系"挺立"之"挺"的本字。[古文字]后又变作[古文字](《望簋》"望"所从),战国时写作[古文字](郭店楚简"望"所从),篆文作𡈼。朱骏声《说文通训定声》:"壬,挺立也。"从壬得声之字,多具直、挺义,如侹、挺、脡、颋、廷、脛、徑(巠从壬声省)等皆是,如下表所列:

---

* 本文为教育部 2015 年度人文社会科学研究一般项目《基于语料库的商周金文字际关系研究》(15YJA740003)的阶段性成果。

① 杨树达《积微居金文说》,中国科学院,1952 年,第 1 页。

② 杨树达《积微居小学述林》,中华书局,1983 年,第 97 页。

近义字	經	巠	廷	庭	頲	挺	侹	脡	珽	徑	涇	脛	鋞	声义关系：𡈼声、巠声孳乳之字多训直。
声符	巠	𡈼省	𡈼省	廷	廷	廷	廷	廷	廷	巠	巠	巠	巠	
意义	直	水脈	直	直	直	直	平直	直	挺直	直	直波	直长	圆直	

许慎据篆文释形有误，𡈼字下当从土，杨氏前说近是。《说文》段注："上象挺出形，下当是土字也。"徐铉曰："人在土上，𡈼(挺)然而立也。"徐中舒《甲骨文字典》："𡈼从ʃ(人)在◊上，象人挺立土上之形。……《说文》说形不确，一曰之义近是。"商承祚《殷虚文字类编》则认为𡈼象土上生物："此正象土上生物之形，与许书第二说相符，则此字当从土，不应从士。"但无论"人在土上"还是"土上生物"，𡈼都与土有关，绝不从士。

《说文》所释"善也"可能是"挺立"义的引申，李孝定先生《甲骨文字集释》："𡈼然而立，英挺劲拔，故引申之得有'善也'之谊也。"亦可通。

二 "戴目"不当为"侧目"

> 《说文·一篇上·示部》云："瞯，戴目也。从目，闲声。江淮之间谓眄曰瞯。"段氏注云："戴目者，上视如戴然，《素问》所谓戴眼也。"……愚谓戴目当求之于声，不当求之于形，盖戴目即侧目也。(《积微居小学金石论丛·瞯戴目释义》①)

> 杨氏又：《汉书·贾山传》："赋敛重数，百姓任罢，赭衣半道，群盗满山，使天下之人戴目而视，倾耳而听。"杨树达按："戴、载，通用，载、则亦通用，'戴目'即'侧目'也。"(《汉书窥管》②)

今按：杨氏谓"戴目"即"侧目"，不足为据；谓戴、载、侧辗转通假，略嫌迂回，且古书未见戴、侧通假之他例者。

《说文》："瞯，戴目也。"瞯指一种眼病，《仓颉篇》："瞯，目病也。"《广韵》："瞯，人目多白。"瞯也可指马一目白，《尔雅·释畜》："一目白，瞯；二目白，魚。"邵晋涵《正义》："马目欲得黄……若目小多白，则惊畏；惊畏，马之病也。"瞯指马时也作驈，《集韵·山韵》："瞯，或作驈。"《玉篇·马部》："驈，马一目多白。"

这种眼病的症状是"戴目"，即目上视，露白眼。"戴目"《素问》称"戴眼"，戴者，

① 杨树达《积微居小学金石论丛》，中华书局，1983年，第67页。

② 杨树达《汉书窥管》，科学出版社，1955年，第303页。

上也;眼,即眼瞳。《素问》"戴眼反折"王冰注"戴眼,谓睛不转而仰视也",即《说文》段注所说的"目上视而多白",而不是杨氏所说的"侧目"而导致的"眼多白"。徐锴《说文系传》:"戴目,目望阳也。"方以智《通雅》:"目望阳曰望视,见《春秋传》。今曰羊眼人。"朱骏声《说文通训定声》:"戴目,目上视,所谓望羊。"(日)丹波元简引张文虎曰:"瞳子高者目上视也,戴眼者,上视之甚而定直不动。"

有些疾病发作或临死时亦有戴目之状。《督脉经穴》:"角弓反张,吐舌,癫疾风痫,戴目上视不识人。"《素问·三部九候论》:"足太阳气绝者,其足不可屈伸,死必戴眼。"《素问·诊要经终论》:"太阳之脉,其终也戴眼,……绝汗乃出,出则死矣。"一种小儿癫痫病发作时有戴目之状,故又称瞯病,裴骃《集解》引《汉书音义》:"瞯,音闲,小儿痫病也。"

"瞯然"意为自得貌,《文选·潘岳〈马汧督诔〉》:"瞯然马生,傲若有余。"张铣注:"瞯然,自得貌。"谭嗣同《仁学》二:"中国之兵,固不足以御外侮,自屠割其民则有余,而方受大爵,膺大赏,享大名,瞯然骄居,自以为大功,此吾所以至耻恶湘军不须臾忘也。"盖因自得者仰目上视,目中无人,故称"瞯然"。

"戴目"由疾病之状又引申为人平时的仰目而视。祖无择《祈雨祝文》:"不然,何当雨而不雨,使千里之内戴目而望?"有成语"举首戴目",这里"举""戴"对文,意谓抬头仰望,期待殷切。

《汉书·贾山传》:"使天下之人戴目而视,倾耳而听。"方以智《通雅》:"《贾山传》戴目而视,言远望仰视也。"颜师古注:"戴目者,言常远视,有异志也;倾耳而听,言乐祸乱也。"颜注云远视有异志不是很准确。"戴目"当指天下之人不满暴政时的怒目上视之状,吴恂《汉书注商》:"戴目而视,言举目仰视。"施丁《汉书新注》深得之:"戴目:言举目仰视,乃怒目而视之义。"

要之,"戴目"意为"眼上翻而视",绝非杨氏所说的"侧目"。《汉语大词典》"戴目"条引用杨树达《汉书窥管》所注,并云:"戴目,犹侧目。"亦失辨。

三 "革(革)"不应为"翱"之初文

《说文·三篇下·革部》云:"革,兽皮治去其毛曰革,革更之,象古文革之形。"或作革,云:"古文革从三十,三十年为一世而道更也,臼声。"树达按许君说古文革从三十,定为形声字,殊为牵强。……愚以革古文审之,上象鸟口,与燕字同,十象鸟身及尾,两旁象鸟翅,盖翱之初文也。……革韩《诗》作翱……盖鸟兽毛羽有时除旧更生,革为鸟翅,引申有去毛之义,又引申有改革之义。

(《积微居小学述林·释革》①)

今按：杨氏云“许君说古文革从三十，定为形声字，殊为牵强”，当是，夏渌先生《评康殷文字学》也认为许君“析形确是相当荒唐，竭尽牵强附会的能事”。但杨氏释“革”为“鞆”之初文，可商。

革金文作[illegible]、[illegible]，林义光《文源》以金文之形释之：“按从卅非革之义，廿十亦不为卅，古作[illegible]，[illegible]，象兽头角足尾之形。”“(臼)象手治之。”康殷《文字源流浅说》根据甲、金文字形认为：“(革)全字即表示用铲刮兽皮、肉之义。”②参之金文，综合各家，革之初义当与“治革”义有关，许君不误。

《说文》：“鞆，翅也，从羽，革声。”杨氏以古文之形释“革”为“鞆”之初文，认为革初义也为鸟翅，盖是以鞆之今文形比附革之古文形得出的结论。所云经籍中有用革为鞆者，因为革、鞆音同，当是后来文字上的借用现象。朱骏声《说文通训定声》：“革，假借为鞆。”《诗·小雅》：“如鸟斯革。”段玉裁《故训传定本小笺》：“革即鞆之假借。”至于杨氏所云“革为鸟翅”、引申为“去毛”“改革”之义云云，更嫌附会。革之“变革”义当是由治“皮”为“革”的变化引申而来，引申义“变革”亦可反证林、康二氏之初义说。

(卞仁海：深圳大学师范学院，518060，深圳)

① 杨树达《积微居小学述林》，中华书局，1983年，第48页。

② 夏渌《评康殷文字学》不同意康殷所释，但也认为革金文象皮革形。武汉大学出版社，1991年，第156—158页。

洛阳出土明代孙氏买地券考略*

吕志峰

提要:洛阳出土明代孙氏买地券为正方形泥质灰陶,正文自左至右竖行书写共 20 行,满行为 20 字,总计 300 余字,为研究明代洛阳地区的历史、道教、经济等提供了珍贵的实物资料。本文在学界已有研究基础之上,采用与其他已出土明代买地券互校的方式,对其中的"吉惮""永择祖穴"等问题进行了探讨。

关键词:孙氏买地券　释文　订正

1995 年 5 月—7 月,洛阳市文物工作队为配合基建工程,在洛阳市瀍河回族区五股路龙泉小区工地发掘了一座明代墓葬,墓中出土了一件买地券。该买地券为正方形泥质灰陶,长 47 厘米、宽 47 厘米、厚 5.5 厘米。正面有朱色边框,题目为自左至右横向书写共 4 个字"幽堂券式",正文自左至右竖行书写共 20 行,满行为 20 字,总计 300 余字。邢富华、邢建洛、司马国红《洛阳出土明代买地券》一文(以下简称"邢文")对该买地券的释文、图片与摹本进行了著录,并对相关问题进行了研究①。

据邢文介绍,"目前已发表的洛阳地区出土的明代买地券仅此一件,它反映了明代道教镇宅、镇墓等活动在洛阳民间较流行。这件买地券不仅是冥世土地私有权的凭证,也是当时民间祈求神灵保佑墓主人及子孙平安、吉祥的一种方式,它的发现为研究明代洛阳地区的历史、道教、经济等提供了珍贵的实物资料"②,由此可见此买地券在历史、宗教、风俗等方面研究的重要性。

但此买地券在文字释读等方面还存在一些问题,由于已经公布的买地券照片不够清晰,我们拟在邢文研究的基础之上,参考已有摹本(见图 1),采用与其他已出土明代买地券互校的方式,对本篇买地券的部分词句进行考证。

---

* 本文是 2013 年国家社科基金青年项目(13CYY050)、2016 年国家社科基金重大项目"中国语言学史(分类多卷本)"(16ZDA206)的阶段性成果。

① 邢富华、邢建洛、司马国红《洛阳出土明代买地券》,《文物》2011 年第 8 期,第 69—72 页。

② 同上,第 72 页。

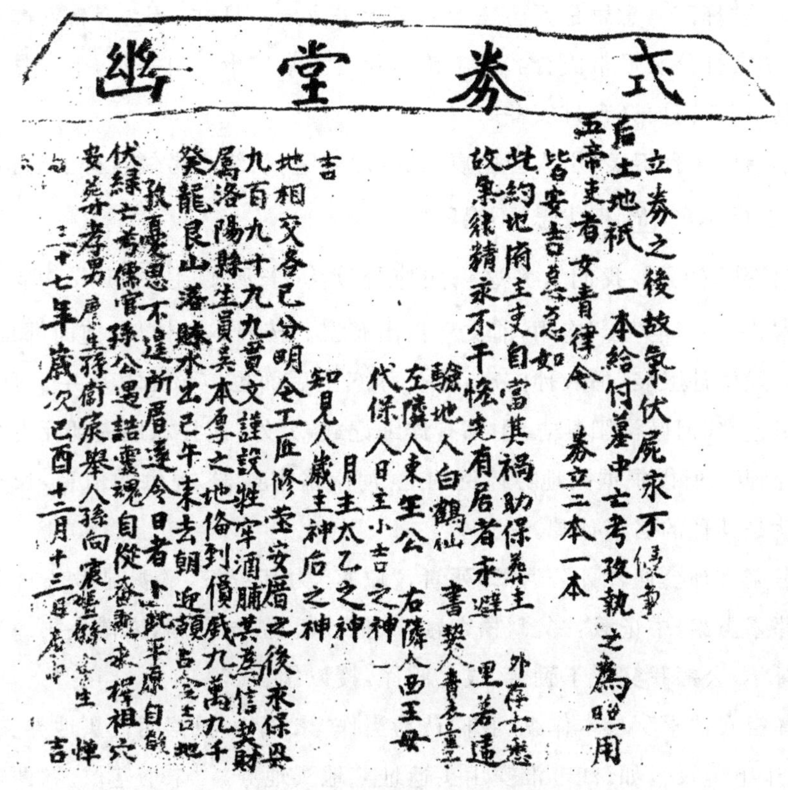

幽堂券式

立券之後故氣伏屍永不侵爭
后土地祇一本給付墓中亡考孜執之為照用
五帝主者女青律令　券立二本一本
皆安吉急急如
此約地府主吏自當其禍助保葬主　外存亡悉
故氣邪精永不干犯先有居者永避　里若違
驗地人白鶴仙　書契人青衣童子
左隣人東王公　右隣人西王母
代保人日主小吉之神
月主太乙之神
知見人歲主神后之神
吉
地相交各已分明令工匠修塋安厝之後永保無
九百九十九九貫文謹設牲牢酒脯共為信契財
屬洛陽縣生員吳本孚之地價到價錢九萬九千
癸龍艮山落脉水出巳午未去朝迎頭吉宜吉地
孜憂恩不違所居遂令日者卜此平原自然
伏緣亡考儒官孫公遇諸靈魂自從登遐未擇祖穴
安葬孝男廪生孫衛宸舉人孫向宸增生孫　生
三十七年歲次己酉十二月十三日庚申
吉　惮

图 1　洛阳出土明代孙氏买地券摹本

1. 维[万][历]三十七年岁次己酉十二月十三日庚申，吉惮安葬①。

按：目前已公布的明代买地券，表示时间的格式一般为“年号＋具体年份＋岁次＋对应干支＋月份＋朔日干支＋具体日期＋对应干支”，如《西安南郊明上洛县主墓买地券》：“维大明成化七年，岁次辛卯，二月甲辰朔廿一日甲子。”本买地券省略了“朔日干支”。

本句空缺处，据《明显考儒官孙公及母常氏合葬墓志铭》中“万历三十七年五月二十一日丑时我父卒，于是年十二月十三日窆葬新茔”②，可补为“万历”。

吉惮安葬，根据摹本，“吉”“惮”分属两行，“释文”却将二字合在一起。我们认为“吉惮安葬”之类的表述，在买地券中未见，且意义不好理解，还是应分属两行解释。本句释文似可作：维[万][历]三十七年岁次己酉十二月十三日庚申，□吉安葬。

① 释文采用邢富华、邢建洛、司马国红《洛阳出土明代买地券》一文公布的释文（下简称“释文”），《文物》2011 年第 8 期，第 69 页。

② 见邢富华等《洛阳出土明孙氏父子墓志所反映的孙氏世系及其它问题考略》，转引自王支援、朱世伟主编《洛阳民俗文化研究》，三秦出版社，2008 年。

“□”可能是“择”等，意思是万历三十七年十二月十三日这一天，择吉安葬死者。据《明显考儒官孙公及母常氏合葬墓志铭》，死者五月二十一日去世，十二月十三日埋葬新坟墓，应该需要择吉日安葬。

2.孝男廪生孙卫宸、举人孙向宸、长孙廪生□，伏缘亡考儒官孙公遇诰灵魂，自从奄逝，永择祖穴，夙夜忧思，不遑所厝。

按：长孙廪生□，我们认为这一句应释读为“长孙廪生孙晫”，“晫”，摹本作“惮”，并与上一行的“吉”连用，前文已指出有误。按照本句体例，前面都是“身份＋姓名”，如廪生孙卫宸、举人孙向宸，那长孙廪生后面也应该是其名字。孙卫宸、孙向宸的事迹在《河南洛阳县志》中都有详细记载，另外，该县志还提到死者孙公遇的长孙叫孙晫[1]，所以根据买地券体例加上《河南洛阳县志》提供的信息，长孙廪生后面应该就是其孙的名字孙晫。

亡考儒官孙公遇，“孙公遇”即死者，“儒官”为其身份。《明显考儒官孙公及母常氏合葬墓志铭》中记载：“父魁梧奇颖，夙抱壮心，五试棘围，未博一第。迨我长兄领乡荐督学，公嘉我父课子勤劳，拔之胶庠，授以儒官。”

永择祖穴，“永”，摹本作，我们认为当作“未”字。根据明代买地券文例，其他一般作“未卜茔坟”，如《江苏淮安山头遗址墓地买地券》：“未卜茔坟。”《西安南郊明上洛县主墓买地券》：“未卜茔坟。”两者意思相同。

本句空缺处可补为“夙”，即“夙夜忧思”。“夙夜”是买地券习语，是朝夕、日夜之意。“不遑”即无暇之义，《诗经·小雅·四牡》：“王事靡监，不遑启处。”《旧唐书·裴度传》：“度受命之日，搜兵补卒，不遑寝息。”“夙夜忧思，不遑所厝”在明代买地券中多见，如《江苏淮安山头遗址墓地买地券》中“夙夜忧思，不遑所厝”，又如《西安南郊明上洛县主墓买地券》中“夙夜忧思，不遑所厝”，均是如此。

这样三句连起来看，正因为“未择祖穴”，所以才会“夙夜忧思，不遑所厝”，如果是“永择祖穴”，跟后面的意义就不相符了。

3.遂今日者，卜此平原，自□癸龙，艮山落脉，水出己午，来去朝迎，□占全吉，地属洛阳县生员吴本厚之地。

按：今日者，当作“令日者”。“日者”是古时以占侯卜筮为职业的人，或者说具有堪舆之术的人[2]，其他明代买地券也多见“遂令日者”。承上，正因为死者“未择

① 邢富华、邢建洛、司马国红《洛阳出土明代买地券》，《文物》2011年第8期，第69页。

② 陈杏留《金元明清买地券词语研究》，西南大学硕士学位论文，2010年，第25页。

祖穴，夙夜忧思，不遑所厝”，所以才请“日者”来“卜此平原”。

“自□癸龙，艮山落脉，水出已午”，这三句属于堪舆风水之语，主要指出此墓葬的走向和风水位置。

“来去朝迎，□占全吉”，是买地券中固定用语，一般作“来去朝迎，地占袭吉”，如《富氏买地券》：“来去朝迎，地占袭吉。”《仙梦松买地券》：“来去朝迎，地占袭吉。”本句作“来去朝迎，□占全吉”，缺字摹本作頶，无法辨识，根据买地券文例，似为“原”。“全吉”，义同“袭吉”，是买地券习语，表示反复占卜，结果都是吉利之兆①，也有买地券作“盛吉”，如《西安南郊明上洛县主墓买地券》作“来去朝迎，地占盛吉”。

4. 故气邪精，永不干恡。先有居者，永避万里。

按：干恡，也作“忏恡”，在买地券中常见，表示侵犯、冒犯之意。

本句空缺处可补为“万”，“永避万里”一句在明代买地券中多用，如《江苏淮安山头遗址墓地买地券》中“故气邪精不得干恡，先有居者，永避万里”就是如此，这一整句是买地券中常用的命令、警告语。

5. 若违此约，地府主吏，自当其祸。助保葬主，□外存亡，悉皆安吉。急急如五帝使者女青律令！

按：□外存亡，空缺处可补为“内”或“里”，即“内外存亡”或“里外存亡”。“内外存亡”“里外存亡”一词前后对举，在明代买地券中多出现。如在《江苏淮安山头遗址墓地买地券》中有两处，即“违此约，地府主吏自当其咎，葬者主里外存亡，悉皆安吉”和“若违此约，地府主吏自当其咎，口葬者主里外存亡，悉皆安吉”，表示的都是相同的意思，运用的也是类似格式的语句。

6. 券立二本，一本奉付后土地祇，一本给付墓中亡考，孜执之为照用。立券之后，故气伏尸，永不侵争。

按：本句空缺处，邢文认为补为“给付”，我们认为补为“奉付”更佳。“一本奉付后土地祇”，明代买地券中常见这样格式和意思的语句，如《明汤易等为故显考骠骑将军汤公(卿)并忝人王氏刘氏立买地券》“券立二本，一本奉付后土阴君”、《张才之买地券》“券立二本，一本奉付后土□□”等。

东汉买地券中，往往以“沽酒各半，如律令”来作为结束，而之后的发展中，基本都是以“如律令”“急急如律令”“急急如五帝使者女青律令”等作为结束语。但买地券发展到明朝有了一个新的变化，形成了一种新的固定格式，那就是在结尾威慑语

---

① 陈杏留《金元明清买地券词语研究》，西南大学硕士学位论文，2010年，第17—18页。

“急急如五帝使者女青律令”之后又加入了一段话,即“券立二本,一本奉上后土地祇,一本给付墓中××……”,如《江苏淮安山头遗址墓地买地券》中“券立二本,一本奉上后土地祇,一本给付墓中德轩劳公,收执准备付身,永远为照。今分券背上书合同二字令”。“券立二本”的出现,代表着一种新的观念,即在冥界土地买卖之中,也开始讲求一式两份,按照契约办事。“券立二本”的出现使人感觉不仅仅是鬼神的威吓,也是依契约而行,有凭有据。同时从中我们可以看到当时人对于冥界的想象仍是仿照人间的,地下的官吏、神明的职责也是需要那一纸契约的,且需要一式几份。另外,“券立二本”是出现在“如律令”之后的,也就是说,这样的话语同样是一种警示、警告、提醒之语,不仅加大了买地券的效用,也使买地券的固定格式更为完整和严谨,使给予地下鬼神所看的丹书铁券更加正式,更有效力。

综上,谨将修订后的释文附下:

维万历三十七年,岁次己酉,十二月十三日庚申,□吉安葬。孝男廪生孙卫宸、举人孙向宸、长孙廪生孙晫,伏缘亡考儒官孙公遇诰灵魂,自从奄逝,未择祖穴,夙夜忧思,不遑所厝。遂令日者,卜此平原,自□癸龙,艮山落脉,水出己午,来去朝迎,□占全吉,地属洛阳县生员吴本厚之地。备到价钱九万九千九百九十九贯文,谨设牲牢酒脯,共为信契。财地相交,各已分明。令工匠修茔安厝,之后永保安吉!

知见人岁主神后之神,月主太乙之神。代保人日主小吉之神。左邻人东王公,右邻人西王母。验地人白鹤仙,书契人青衣童子。

故气邪精,永不干恡。先有居者,永避万里。若违此约,地府主吏,自当其祸。助保葬主,里外存亡,悉皆安吉。急急如五帝使者女青律令!券立二本,一本奉付后土地祇,一本给付墓中亡考,孜执之为照用。立券之后,故气伏尸,永不侵争。

参考文献

[1] 邢富华、邢建洛、司马国红《洛阳出土明代买地券》,《文物》2011年第8期。

[2] 黄景春《早期买地券、镇墓文整理与研究》,华东师范大学博士学位论文,2004年。

[3] 陈杏留《金元明清买地券词语研究》,西南大学硕士学位论文,2010年。

[4] 郭洪义《〈西安南郊明上洛县主墓发掘简报〉释文校补》,《西南科技大学学报(哲学社会科学版)》2010年第2期。

[5] 陈杏留、蔡子鹤《〈西安南郊明上洛县主墓发掘简报〉买地券释文校补》,《考古与文物》2011年第3期。

(吕志峰:华东师范大学中文系,200241,上海)

释楚简中的“□”字及其相关字形

张新武

提要：楚简中的“□”字（包括其异体“□”“□”“□”“□”字），整理者均释为“藥”，其后均用括号括一“樂”字，意思是“藥”读为“樂”，此释实误。“□”应直接释为“樂”。这可从三个方面证明：其一，楚简中另有“藥”字，字形作“□”，作“□”，作“□”。其二，从“樂”的造字理据看，“樂”象“建大木悬铃鼓”之形，而“□”字的造字理据与之相同，只不过“樂”之鼓形在建木的上部，而“□”的鼓形在建木的中部而已。其三，从楚简中的用例看，凡作“□”形的（包括其异体“□”“□”“□”“□”形），均为“音乐”或“快乐”义，无一例外；凡作“□”“□”“□”形的，均为“医药”或“药物”义，亦无一例外。

关键词：楚简　樂　造字理据

本文对楚简中的“□”字及其相关字形的研究，始于阅读《清华简》。《清华简·耆夜》中共有7个“□”字字形（或作□形，中间部件下部多一装饰性的横画），整理者均释作“藥”，其后均用括号括一“樂”字，意思是“藥”读为“樂”。《字形表》中，这7个字形也均在“藥”字下。今按：此释实误。这7个字，均应直接释为“樂”，而不应该释为“藥”再读为“樂”。

要正确地解释这个“□”字，必须首先搞清“樂”字的造字理据。《说文》小篆“樂”字的构造与今楷书繁体同，《说文》曰：“樂，五声八音总名。象鼓鞞木虡也。”释“樂”字为象形字，是对的，但如何象形，说得不明晰。林桂榛等在其论文《“樂”字形、字义综考》中，引《后汉书·东夷列传》对朝鲜半岛上的马韩人“建大木以县[悬]铃鼓事鬼神”的记叙，以及中国本土汉代画像石上所表现的汉代乐活动的形象，认为“樂”的造字理据是象“建大木悬铃鼓”之形。其中的“白”，不是“白”字，而是象鼓形，“白”两旁的“幺”，也不是“幺”字，而是象串铃。鼓和串铃悬在树立的大木（建木）上，立于作乐现场的中心，因此就以此建木及其上所悬的铃、鼓为代表，来造这个“樂”字。[①] 笔者认为这个说法是非常正确的。（林氏文中列有汉代画像石上“建

① 见林桂榛、王虹霞《“樂”字形、字义综考——〈释“樂”〉系列考论之二》，《南京艺术学院学报（音乐与表演版）》2014年第3期，第72—73页。

大木悬铃鼓”以作乐的插图很多幅,这些插图很形象,对于我们理解“樂”字的造字理据大有益处。笔者挑选出其中的三幅,列在下面,可参看。)

图1 汉画像石作乐图(一)

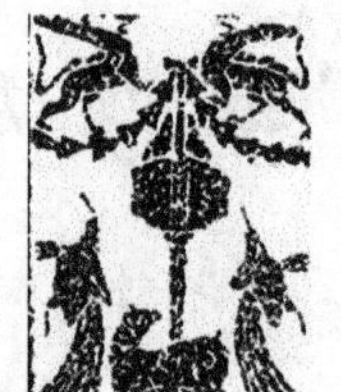

图2 汉画像石作乐图(二)

图3 汉画像石作乐图(三)

“樂”字既象建大木悬铃鼓之形,则“樂”与“□”两相对比,我们就会发现,这两个字其实是一个字。简文字形中间的“曰”形,既不能认为是“曰”字,也不能认为是“日”字,而是与“樂”中的“白”一样,象鼓形,只不过“樂”中之鼓悬于建木的上部,而“□”中之鼓悬于建木的中部而已。

《耆夜》的整理者之所以释此字为“藥”,大概有两个原因:一是简文中另有与小篆、楷书繁体构形相同的“樂”字,如《命训》中“樂”作“□”,《厚父》中“樂”作“□”。二是误认为此字中间部件的上部是“屮”,而“屮”与“艸”义通,故认此字为草字头,而释为“藥”。实际上中间部件是建木中部悬鼓形,“屮”是建木的上部,此字也是“象建大木悬铃鼓之形”,理应释作“樂”字。樂与□在简文中应该算是异体字。

《清华简》中另有“藥”字,两现,其字形均与“□”不同。一见于《程寤》第五简,字形作“□”,其文曰:“如天降疾,旨味既甬(用),不可□。”(简文中字,如果与本文所论中心问题无太大关系者,则一律转写为当代通行字形。下同。)一见于《说命中》第四简,字形作“□”,其文曰,“若□,女(如)不瞑眩,越疾罔瘳。”《程寤》中的“□”是“樂”上加草字头,《说命中》中的“□”是“□”上加草字头,它们两个也是异体字。这两个“藥”字,在简文中的意思是“药物”“医药”,确凿无疑。而《耆夜》中的7个“□”(或作□),均是“快乐”之义,也确凿无疑。其第三简曰:“樂樂脂(旨)酉(酒),宴以二公。”其第十简曰:“今夫君子,不憙(喜)不樂。”其第十一简曰:“母(毋)已大樂,则夂(终)以康。康樂而母(毋)忘(荒),是隹(惟)良士之方。”(此简“樂”字两现)其第十二简曰:“今夫君子,不憙(喜)不樂。”文句与第十简同。其第十三简曰:“康樂而母(毋)忘(荒),是隹(惟)良士之愳。”其第十四简曰:“康樂而母(毋)忘(荒),是隹(惟)良士之愳。”文句与第十三简同。以上7个“□”“□”字,无一不是“快乐”之义。综上所述,字形作“□”、作“□”的均是“快乐”义,字形作“□”、作“□”的均是“药物”“医药”义,两相比较,不也是很能说明问题吗?故笔者认为,《耆夜》中的“□”“□”均应释为"樂",不应释为"藥"。

又,《上博简》(二)、《从政(甲篇)》和《从政(乙篇)》又有"樂"字作"□"形,其义为"快乐"。《从政(甲篇)》第十六简曰:"君子樂则治正,忧则……"《从政(乙篇)》第三简曰:"小人樂则疑,忧则惛。"《郭店楚墓竹简·五行》亦有此字,其第二十一简曰:"不安不□,不□亡悳(德)。"这个字,整理者也是将其释作"藥",然后在其后括以"樂"字,其错误与《耆夜》的整理者相同。此"□"字则是"□"字之讹变(其下部讹变)。讹变以后,"□"与"□"为异体字关系。

《郭店楚墓竹简·性自命出》又有"□"字,是"樂"字之讹变(其下部讹变)。其第十五简曰:"豊(禮)□,其司(始)出皆生於人。"此为"音樂"之"樂"。其第二十一简曰:"□其道。"此为"喜樂"之"樂"。

"□"为"□"之讹变,犹"□"为"樂"之讹变。"樂"与"□"为异体字关系,则归根结底,此四字亦互为异体。

简文中的"□"字,又有讹变为"□"者。除下部讹变外,象串铃之形的左右二"幺",也讹变成了三撇("幺"之讹变为三撇,在简文中很常见)。如《上博简》第一辑《性情论》第八简:"诗、书、礼、□,其始出也,并生於人。""□"讹变为"□",亦犹"樂"讹变为"□"。"樂"讹变为"□"者,如《上博简》(二)《子羔》第一简"有吴是(有虞氏)之□正□"是也,此为"音樂"之"樂";又如《上博简》(七)《武王践阼》第六简"安樂必戒",其"樂"字亦作"□"形,此为"喜樂"之"樂"。两相比较,就可以看出,"□"字与"□"字同字。而整理者将此字亦释为"藥",其后亦括一"樂"字,其误与上述几处之误同。其实简文中另有上从"艸"、下从"□"的□字,其义即为"药物",《上博简》(三)《周易》第二十一简:"九五:无忘有疾,勿□有菜。"可见"□"与"□"是两个不同的字,"□"是"樂",而"□"是"藥"。

又,《郭店楚墓竹简·五行》中又有"□"字,其第二十九简曰:"和则□,□则有悳(德)。"整理者将此字释作"樂"是对的(但将上部部件隶定为"艸"字头则是错误的),此字也是"□"字的讹变(中间部件下部讹变为"言")。

又,《郭店楚墓竹简·五行》中又有"□"字,其第六简曰:"不安则不□,不□则无悳(德)。"其第二十八简曰:"圣,智、礼、□之所由生也。"整理者亦释为"藥",其后亦用括号括一"樂"字。这样的解释同样是错误的。此字应该认为是"□"字中间部件的下部讹变为"木",而不能认为是"樂"字上加"中"。为什么呢?因为前者从造字埋据上有埋据可说,它仍是"象建大木悬铃鼓之形",而后者从造字埋据上无埋据可说。如果一定要认为此字是"樂字上加中",则必须释此字为"藥",而楚简中的"藥"

字已定型为“□”“□”和“□”，再把“□”释为“藥”，其可能性就不大了，何况此字在句中的意思是“樂”。那么把此字看作是“樂”字上加饰笔，其上的“中”是饰笔，如何？我们说，单独就此一字看，似乎可以。但是，如果把“□”上的“中”看成是饰笔，则“□”“□”“□”“□”等，其上的“中”也都必须一律看成是饰笔，这样一来，这些字的造字理据就都不可说了。因此，此说亦不可取。笔者认为，“□”字应该和“□”“□”“□”一样，也是“□”字的讹变字形，整理者将其释为“藥”，同样是不对的。

笔者查检了《清华简》1—7 辑、《上博简》1—9 辑、《郭店楚墓竹简》全部，凡是作“□”形(包括“□”“□”“□”“□”“□”形)与“□”形的，其义均为“快乐”或“音乐”，无一例外；凡是作“□”“□”“□”形的(目前尚未发现上从“艸”、下从“□”，或“□”，或“□”的字形)，其义均为“医药”或“药物”，亦无一例外。可见二者对立之严格。再考虑到上文说到的“樂”字的造字理据，故笔者认为，“□(□)”“□”“□”“□”应该直接释为“樂”字，而不应该先释为“藥”再通假为“樂”。

(张新武：新疆大学人文学院，830046，乌鲁木齐)

说“条脱”*

田启涛

提要:“条脱”是古代文献中比较常见的一个词语,“条”与“絛”通,义为“彩色丝带”,“脱”表“免祸”。从构词法的角度看,二字组合成一个定中式的合成词,中心语为“条”,定语“脱”后置,义为“脱灾的彩色丝带”。南北朝以后,“条脱”的材质由“彩丝”变为“金玉”,功用也由原来的“脱灾免难”,成了装饰品的“臂钏”“手镯”。“条脱”还有另外两种文字形式,“跳脱”和“条达”,原因是人们对“条脱”构词理据认识不足,故而以音近字记录之。

关键词:条脱　跳脱　条达　镯

引　言

“条脱”是古代文献中比较常见的一个词语。关于此词,宋、明时期的学者做过一些讨论,现转录于下:

(宋)吴曾《能改斋漫录》卷三“条脱为臂饰”条引唐《卢氏杂说》:

> 文宗问宰臣:条脱是何物?宰臣未对。上曰:《真诰》言,安妃有金条脱为臂饰,即金钏也。又《真诰》,萼绿华赠羊权金玉条脱各一枚。余按,周处《风土记》曰:仲夏造百索系臂,又有条达等织组杂物,以相赠遗。唐徐坚撰《初学记》,引古诗云:绕臂双条达。然则条达之为钏,必矣。第以达为脱,不知又何谓也?徐坚所引古诗,乃后汉繁钦《定情篇》云:何以致契阔,绕腕双跳脱。但跳脱两字不同。①

(明)顾起元《客座赘语》卷四“女饰”云:

> 饰于臂曰“手镯”。镯,钲也。《周礼》:“鼓人以金镯节鼓”,形如小钟,而今

* 本文得到国家社科基金项目(19BYY164)的资助。感谢匿名评审专家所提宝贵的修改意见。文责自负。

① 〔宋〕吴曾《能改斋漫录》,上海古籍出版社,1979年,第46页。

(23)《荆楚岁时记》:"赤、青、白、黑以为四方,黄居中央,名曰襞方,缀于胸前,以示妇人蚕功也。《诗》云'绕臂双条达'是也。"

(24)《月日纪古》卷五引《初学记》:"北人五日以彩缠臂,一名彩条达,又名彩条脱,织组杂物,以相赠遗,及日月星辰鸟兽之状,文绣金缕帖画贡献于所尊。"

二　"条脱"的构词理据及语义

从"条脱"的早期文献用例来看,如例(1)(11)(19)(20)(21)(22)(24)的"条脱(条达)等织组杂物""五彩丝条脱""杂色线织条脱""条脱闲揎系五丝""以彩缠臂,一名彩条达,又名彩条脱",说明"条脱"是用"织组""五彩丝""杂色线"或"彩"等编织的物品。

从使用的语境来看,"条脱"与"五月五日"(端午节)关系密切。闻一多在《端午考》(1968:221—238)中认为,臂上的彩丝饰物,是吴越之地文身俗的遗留。吴越先民"祝发文身"的习俗,在文献中有明确记载。

《庄子·逍遥游》:"宋人资章甫而适诸越,越人断发文身,无所用之。"

《史记·越王勾践世家》:"越王勾践,其先禹之苗裔,而夏后帝少康之庶子也。封于会稽,以奉守禹之祀。文身断发,披草莱而邑焉。"

《汉书·严助传》:"越,方外之地,劗发文身之民也。"

《战国策·赵策二》:"祝发文身错臂,瓯越之民也。"

《论衡·言毒篇》:"昔太伯见王季有圣子文王,知太王意欲立之,入吴采药,断发文身,以随吴俗。"

那么,吴越先民为何要"祝发文身错臂"呢?

《汉书·地理志下》应劭注:"(越人)常在水中,故断其发,而文其身,以象龙子,故不见伤害也。"

《说苑·奉使》:"彼越亦天子之封也,不得冀兖之州,处海垂之际,屏外蕃以为居,而蛟龙又与我争焉,是以剪发文身,灿然成章,以像龙子者,将避水神也。"

由此看来,"文身"的目的是"象龙子",而"避水神","不见伤害"。

闻一多先生进一步推断,"彩丝系臂,想来当初也是以象龙形的。这虽没有明证,但既是端午的风俗,而端午是个龙的节日,则结丝以象龙形是很可能的。龙形遗失后,便用五种颜色来象征五色龙。有时是用五种颜色的丝织物编成的"①。而

① 闻一多《闻一多全集》,香港远东图书公司,1968年,第234页。

后人佩带"五彩丝",与吴越之人"祝发文身"有着相同的寓意——避灾害。如《风俗通》所言"以五彩丝系臂者,辟兵及鬼,令人不病温";《荆楚岁时记》云"以五彩丝系臂,名曰辟兵,令人不病瘟";《初学记》卷四引裴玄《新语》曰"五月五日集五彩缯,谓之辟兵";《玉烛宝典》卷五引《风俗通》云"五采以厌五兵、游光、厉鬼光,知其名,令人不病疫温"。[①] 一直到现在,我国东北、山东、陕西、河南等地,端午节还有佩戴"五彩丝"的习俗,寓意"避凶邪,防五毒"。节后的第一个雨天或云"六月六",把"五彩丝"抛到河中,代表河水带走瘟疫疾病。

"条"字之本义,虽与"彩丝,丝带"不相关,但若循声以求,则其义明。"古字多假借",王引之《经义述闻》自序引其父王念孙之语曰:"训诂之指,存乎声音。字之声同声近者,经传往往假借,学者以声求义,破其假借之字而读以本字,则涣然冰释。"(1985:2)

"条脱"[②]中的"条"为"絛"的通假字。《说文·糸部》:"絛,扁绪也。从糸,攸声。"段玉裁注:"《广雅》作'编绪'……谓合众采也。"《广韵·豪韵》:"絛,编丝绳也。""絛"即"彩丝编织的带子"。作为"絛"的通假字,"条"亦可表此义。《周礼·春官·巾车》"革路、龙勒,条缨五就"汉郑玄注:"条读为绦(按:絛的正字),其樊及缨,皆以绦丝饰之。"《晏子春秋·外篇上十一》:"适脱衰绖,冠条缨,墨缘,以见乎公。"北周庾信《七夕赋》:"缕条紧而贯矩,针鼻细而穿空。"而"脱"字有"免脱灾祸"之义。《汉书·枚乘传》:"能听忠臣之言,百举必脱。"颜师古注:"脱者,免于祸也。"《论衡·幸偶篇》:"灾气加人,亦此类也,不幸遭触而死,幸者免脱而生。"且"脱"与"祸"亦常前后相连而用,如:

《太平御览》卷二十三"时序部八"引《风俗通》:"夏至着五彩辟兵,题曰游光厉鬼,知其名者无温疾。……又永建中,京师大疫,云厉鬼字野重游光。亦但流言,无指见之者。其后岁岁有病,人情愁怖,复增题之,冀以脱祸。"

《论衡·书虚篇》:"尧、舜操行多善,无移荧惑之效;桀、纣之政多恶,有反景公脱祸之验。"

《史记·项羽本纪》:"彼赵高素谀日久,今事急,亦恐二世诛之,故欲以法诛将军以塞责,使人更代将军以脱其祸。"

① 〔唐〕杜台卿《玉烛宝典》,遵义黎氏刊于日本东京使署,清光绪十年(1890)。

② "条脱"文献中有记作"絛脱"者,如宋廉布《清尊录》:"张固豪侈奇衣饰,即取臂上古玉絛脱与女。"元李裕《次宋编修显夫南陌诗四十韵》:"絛脱浓香暖,巾缨腻粉斑。"虽然"絛脱"出现时代明显晚于"条脱",但"絛"与"条"的通假,早在《周礼》《晏子春秋》中已见用例。

《史记·吕太后本纪》:"太后畏君等。君今请拜吕台、吕产、吕禄为将,将兵居南北军,及诸吕皆入宫,居中用事,如此则太后心安,君等幸得脱祸矣。"

《史记·张耳陈余列传》:"将军今以三千人下赵数十城,独介居河北,不王无以填之。且陈王听谗,还报,恐不脱于祸。"

(以上《史记》三例亦见于《汉书》,句中的"脱"字,颜师古注曰:"脱,免也。")

"条"与"絛"通,义为"彩色丝带;丝绳"(王基《毛诗驳》云:色不杂不成为絛);"脱"表"免祸"。从构词法的角度看,二字组合成一个定中式的合成词,中心语为"条",修饰语"脱"后置,义为"脱灾的彩色丝带"。定语位于中心语后,这种结构关系看似与汉语常规不同①,却与南方民族语言壮侗语的特征相合,是壮侗语的一个语法特点。"条脱"的这种构词方式在今天的壮侗语中依然比较常见,例如②:

布依语:zin^{1} pan^{2} 磨刀石 石磨	傣语:kɔŋ^{3} pau^{5} 吹火筒 筒吹	仫佬语:lau^{5} lø^{5} 蜗牛 螺伸
黎语:ploŋ^{3} khui^{3} hui^{2} 会议室 房子开会	黎语:do:i^{1} roŋ^{3} 钓鱼线 绳钓	黎语:ʦhai^{1} fɯ:k^{7} 织布机 木纺织

"端午节"本为吴越风俗(吴越人说的古越语,一般认为属壮侗语族。也有人认为属南亚语或南岛语,至今还有争议,但存在非汉语之底层,则为共识),"条脱"是端午期间佩戴的饰物,也应首先流行于吴越之地。另外,从"条脱"一词早期用例的时代和地域性看,汉代以前(东汉末)仅两见,且皆为后世的转引资料。一为《太平御览》《太平广记》等类书征引的东汉应劭《风俗通》佚文,一为《玉台新咏》卷一所引汉繁钦《定情诗》佚文,词语所记为何处之俗,现无从考证。但稍后的六朝文献,则带有明显的地域性,《初学记》引周处《风土记》所记为吴越之俗,《荆楚岁时记》所记为楚地节令时俗,而《和湘东王名士悦倾城》和《真诰》皆为南朝梁的作品。"条脱"最初流行于南方一带,应无问题。

秦汉以后,国家渐趋统一,政府在吴越之地设郡移民,加快了民族融合的进程,特别是东汉末以后,饱受战乱的中原汉人大批南下。在吴越文化和中原文明交流中,古越语与中原汉语自然相互影响,"条脱"的"中心语+定语"语序,当是语言接

① 关于古汉语中的定语后置现象,学界多有讨论。俞敏先生说:"原始汉语跟藏语都保留汉藏母语的特点:止词在前,动字在后;中心词在前,修饰词在后。汉人入中土以后,也不知道为什么(受被征服的民族影响?)词序演变得颠倒过来了。"《倒句探源》,《语言研究》1981年创刊号,第81页。王瑛先生认为:"如果把汉语的发展放在一个更广阔的背景上来考察,就会发现,这种现象实际上是原始汉藏语的语序在汉语中留下的残迹。"《古汉语定语后置问题的再探讨》,《徐州师范大学学报(哲学社会科学版)》2004年第2期,第74页。

② 壮侗语例证引自王均等编著《壮侗语族语言简志》,民族出版社,1984年。

触过程中留下的痕迹（直到今天，南方很多区域使用的词汇仍然受到壮侗语语法的影响，如莆田把“拖布”称为“布拖”，温州话把“拖鞋”称为“鞋拖”）。“条脱”的构词语序，若是“前无先导，后无类例”，“而只是孤零零的一个偶然现象，那么，它只能是史学、文学中的一件奇闻轶事，对于人类的理性认识来说，作用并不大”（朱晓农2008:170），但原始汉语中修饰语后置的词汇材料，以及今天南方诸方言的鲜活例证，使我们有理由相信，“条脱”看似违背汉语常规的语序，却有坚实的生成基础。

从文献用例来看，南北朝以后，“条脱”已“脱胎换骨”，由原来的“彩丝”编织品，变为“金玉”质地。功用也由原来的“脱灾免难”，成了装饰品的“臂钏”“手镯”。所佩带的部位主要在“腕”和“臂”，亦可悬挂于“项”，但用例不多，如例(6)《续资治通鉴长编》“金络项条脱”，例(8)《金瓶梅词话》中的“一付银项圈条脱”[①]。

现在常用工具书，《汉语大词典》释“条脱”为“臂饰”不误，但其下的注解“呈螺旋形，上下两头左右可活动，以便紧松。一副两个”（2001:①1485），显得“画蛇添足”。相比而言，《辞海》释为“手镯”（1979:1913），《辞源》释为“手镯、腕钏之类”（2015:2077），则更显简洁。但对“条脱”的本义“彩丝编织的臂饰”，三本工具书都未言及。

三 “条脱”“条达”“跳脱”之关系

“条脱”“跳脱”“条达”三种记录形式，在早期文献用例中已歧异纷出。如引《风俗通》中相同的文句，例(1)《岁时广记》卷二十一“五彩丝”条作“条脱”[②]，例(20)《太平御览》卷三十一“五月五日”条则为“条达”[③]。《能改斋漫录》“条脱为臂饰”条引《卢氏杂说》作“条脱”，而《太平广记》卷一九七“唐文宗”条引《卢氏杂说》则作“跳脱”[④]。王楙《野客丛书》卷十四“金条脱事”引《南部新书》作“玉条脱”[⑤]，而钱易《南部新书》“丁”卷原文却是“玉跳脱”[⑥]。

对这种记录形式的差异，以往的学者已心存困惑。如吴曾《能改斋漫录》云：“绕臂双条达。然则条达之为钏，必矣。第以达为脱，不知又何谓也？徐坚所引古

---

① 白维国编《金瓶梅词典》收有“条脱”一词，释为“手镯、腕钏、项圈之类”。中华书局，1991年，第524页。可见，当时白先生已注意到“条脱”可悬于“项”。

② 〔宋〕陈元靓《岁时广记》，《历代笔记小说集成》（第十三册），河北教育出版社，1995年，第18—19页。

③ 〔宋〕李昉《太平御览》，中华书局，1963年，第147页。

④ 〔宋〕李昉《太平广记》，新兴书局，1962年，第681页。

⑤ 〔宋〕王楙《野客丛书》，中华书局，1987年，第154页。

⑥ 〔宋〕钱易《南部新书》，中华书局，2002年，第50页。

诗,乃后汉繁钦《定情篇》云:何以致契阔,绕腕双跳脱。但跳脱两字不同。"

学者们对这个现象也进行过分析,其观点大致可分为两类:

1. 一物而三名,传写之误。王世贞、顾起元、陈继儒等持此观点。(明)王世贞《弇州四部稿》卷一百五十九"宛委余编四"和(明)顾起元《说略》卷二十一"服饰"有一段相同的文字记载:"条脱,臂饰也,见《真诰》,萼绿华赠羊权金玉条脱各一枚。周处《风土记》作条达。仲夏造百索系臂,又有条达等织组杂物,相赠遗。繁钦《定情篇》又作跳脱。云:何以致契阔,绕腕双跳脱。盖一物而三名,传写之误也。"(明)陈继儒在《枕谭·条脱》中亦云"盖传写之误也"。

2. 本无正字,皆以声呼(联绵词)。方以智、吴玉搢如是说。(明)方以智说"条脱或作跳脱、条达……此类之名,皆以声呼"[①]。(清)吴玉搢沿袭方以智之说,亦云"条达、跳脱,条脱也。……予谓此类物名,本无正字,皆以声呼"[②]。关于"条脱"的来源,(清)许瀚认为"二字之音,盖即肇于《诗》之挑达"[③],《诗·郑风·子衿》:"挑兮达兮,在城阙兮。"毛传:"挑达,往来相见貌。"可能许瀚认为"挑达"的"往来相见貌"与手镯、手链等饰物在手腕"上下滑动"有相似之处。但细思量之,虽然手镯类饰物在人运动过程中伴有偶尔的滑动,但这既非镯类特色,也非佩带目的,这种意义的推演和事理的联通未免过于牵强。而后来的有些工具书也把这一组词当作联绵词来处理[④]。

以上二说,王世贞等虽云"传写之误",但孰为"正体",孰是传写之"误体",以及致误原因,都未言及。而吴玉搢"此类物名,本无正字,皆以声呼"的解说,立论过于草率。其实,"除了一些'原始名称'以外,语言里的词往往有可能考出其内部形式或者理据"[⑤]。

我们认为"条脱""跳脱""条达"三种记录形式差异,是由于"条脱"内部形式暧昧不明(有别于汉语常规的定语后置结构),语义关系模糊,使得人们对该词的构词理据认识不足,故而以音近字(在上古音中[⑥],"條",幽部透母平声;"跳",宵部定母平声;"脱",月部透母入声;"达",月部定母入声。音近)记录之。"条达""跳脱"等,

---

① 〔明〕方以智《通雅》,中国书店据清康熙姚文燮浮山此藏轩刻本影印,1990年,第407—408页。

② 〔清〕吴玉搢《别雅》,《中华汉语工具书书库》(第50册),安徽教育出版社,2002年,第328页。

③ 〔清〕许瀚《攀古小庐全集》(上),齐鲁书社,1985年,第438页。此例为匿名评审专家见示。谨致谢意。

④ 高文达主编《新编联绵词典》,河南人民出版社,2001年,第395—398页。

⑤ 张永言《关于词的"内部形式"》,《语言研究》1981年创刊号。转引自《语文学论集》,语文出版社,1999年,第166页。

⑥ 以下三字的上古音,采用唐作藩《上古音手册》,江苏人民出版社,1982年。

是常体“条脱”①由于音转而形成的变体形式。

有一点值得注意的是，三个词语在魏晋以后的文献中，“条脱”的使用频率最高，“跳脱”居其次，而“条达”只出现在类书转述早期端午风俗时，未见其他新用例。清代以后，三个词语都渐渐退出了历史舞台。

参考文献

[1] 辞海编辑委员会《辞海》，上海辞书出版社，1979 年。
[2] 汉语大词典编辑委员会/汉语大词典编纂处《汉语大词典》（第一卷），汉语大词典出版社，2001 年。
[3] 何九盈、王宁、董琨《辞源》，商务印书馆，2015 年。
[4] 唐作藩《上古音手册》，江苏人民出版社，1982 年。
[5] 王引之《经义述闻》，江苏古籍出版社，1985 年。
[6] 闻一多《端午考》，《闻一多全集》（一），香港远东图书公司，1968 年。
[7] 朱晓农《方法：语言学的灵魂》，北京大学出版社，2008 年。

（田启涛：宁波大学人文与传媒学院，315211，宁波）

① 王云路先生提醒作者，“条脱”“跳脱”“条达”有没有可能是“倏”的切脚语。假如二者是切脚语的关系，也就意味着“倏”与“脱”“达”的韵母和声调相同，或相近，但“脱”“达”属于“月韵”“入声”，而“倏”是“幽韵”“平声”，无论是“韵”，还是“调”，都有较大差距。所以，“倏”与“条脱”“跳脱”“条达”构成“切脚语”的关系，还缺乏语音上的支持。

词语释读视角下的敦煌吐鲁番文书校例

夏国强

提要:敦煌吐鲁番文书形式繁多,内容丰富,涉及文史、社会、宗教、经济诸方面,是研讨中古中国状貌的重要资料。由于文书撰写、抄录者阶层各异,其中俗字俗语面貌多样,呈现出复杂的状态,词语释读对于深入了解文本信息尤为重要。试举敦煌卷子S. 1441、P. 2838《云谣集》,吐鲁番阿斯塔纳151号墓出土72TAM151:74(a)《晋阳秋》三则校例,简要阐述词语校订对妥善保留文本信息的重要性。

关键词:敦煌吐鲁番文书　文本信息　校订

敦煌吐鲁番写本文献不同于印刷书籍,抄录者并无抄写规范,兼之水平各异,文本中俗字、讹字甚夥。整理者常常需要校改原文,厘定讹误。除勘定字形、辨析异写之外,字句增删、倒换顺序也属常见,使校录工作更显复杂。写本中语词的释读不仅限于贯通文意,还要与文本整体信息保持一致。前辈学者在此方面成绩斐然,创见频出。本于此,举校例数则,略行叙论。

一　雪落渟梅

敦煌写本俗文学内容繁芜,是其时代文化的投射。其中唐词写本《云谣集杂曲子》一经发现,就引起了广泛关注。刘复、朱祖谋、董康、况周颐、杨铁夫、龙沐勋、冒广生、唐圭璋、王重民、任半塘、蒋礼鸿、饶宗颐、潘重规、沈英名、林玫仪、黄征、孙其芳诸家皆有校录。曲词多写闺怨、相思之情,是唐代民众日常生活的部分再现,因此,结合历史文化背景来研讨语词显得颇为重要。

其《破阵子》之二云:“日暖风轻住(佳)景,流莺似问人。正时(是)越溪花捧艳,独隔千山与万津,单于迷虑(虏)尘。雪落渟梅愁地,香擅(檀)往(枉)注歌唇。兰径萋萋芳草渌,红脸可知珠泪频,鱼笺岂易呈!”①

① 据英藏敦煌卷子S. 1441《云谣集杂曲子共三十首》录文,下同。中国社会科学院历史研究所、英国国家图书馆《英藏敦煌文献》第3册,四川人民出版社,1995年,第49页。

词中“雪落渟梅愁地”一句，解说纷纭。龙沐勋疑当作“梅雪落停”，唐圭璋以“渟”当作“亭”，任半塘则以“渟梅”作“梅庭”为是①。魏耕原、魏景波总结前论，考定“渟”为聚集之意，此处“雪落渟梅”指“雪落聚梅”②。就词义而言，确为的论。需要注意的是，龙、唐诸家之解，不仅围绕词义展开，同时也考虑到曲词语义的贴合，为此或破通假，或重整语序。故此，单凭词义解读于准确理解文本语义尚有不足，仍有必要把语词放入语境中做整体考察。

词中提到“日暖风轻”，正是春日。上阕写道“单于迷虏尘”，思念征夫，下阕描写思妇之情。“雪落”不指实景，应是梅如雪落。下句“香檀枉注歌唇”之“香檀”指描画口眉的化妆品，在此处名词作状语，犹“用香檀枉注歌唇”。以此类推，“雪落渟梅愁地”可释为“似雪落聚梅愁之地”。杜甫《丽人行》云“杨花雪落覆白苹，青鸟飞去衔红巾”，言杨花如雪之落，覆于白苹之上，与此用法相似。龙校“梅雪落停”，唐校“雪落亭梅”，任校“雪落梅庭”，都是把“雪落”二字作为主谓结构，而不是作为“如雪之落”的偏正结构看待，故有此改。若以下文“香檀”的偏正结构对看，则不需改动语序，句意也能通达。

此句描写春日梅花飞舞，似雪落之貌，倍添愁绪。徐铉《寄萧给事》有云：“今日城中春又至，落梅愁绪共纷纷。”“梅愁”盖指此景，唐宋诗词中多有描绘：元稹《生春》十二章云：“柳爱和身动，梅愁合树融。”胡翼龙《征召·苹花又绿江南岸》云：“几许落梅愁，渺暗香何处。”史达祖《水龙吟·梦回虚白初生》亦云：“江路梅愁，灞陵人老。”

“梅愁地”指落梅添愁之处，其结构与下句“歌唇”相同。歌唇，孟浩然《宴崔明府宅夜观妓》有云：“髻鬟低舞席，衫袖掩歌唇。”“歌唇”与“舞席”对举，也是偏正结构，意即用于歌唱之唇。前云愁绪纷纷如落梅，后云枉画歌唇，两者之间的联系可以进一步讨论。翻检同卷《柳青娘》其二，也有类似描述：“碧落冠子结初成，肉红衫子石榴裙，固（故）着烟脂轻轻染，淡施擅（檀）色注歌唇。含情唤小莺。”③本词中前四句中都指女子装扮，据此推想，《破阵子》中的“雪落渟梅愁地”或

① 任半塘编著《敦煌歌辞总编》（上），上海古籍出版社，1987年，第171—172页。

② 魏耕原、魏景波《敦煌〈云谣集〉词语考释》，《中国语文》2004年第2期；张金杰《〈云谣集〉字句新解》亦支持此论，《巢湖学院学报》2015年第4期。

③ 中国社会科学院历史研究所、英国国家图书馆《英藏敦煌文献》第3册，四川人民出版社，1995年，第50页。

与妆容有关。

《太平御览》卷三十《时序部》十五"人日"引《杂五行书》云:"宋武帝女寿阳公主,人日卧于含章殿檐下,梅花落公主额上,成五出花,拂之不去。皇后留之,看得几时,经三日洗之乃落。宫女奇其异,竟效之。今梅花妆是也。"①至唐则成为花钿,贴于额头。李复言《续玄怪录·定婚店》提到韦固妻"眉间常贴一花子,虽沐浴、闲处,未尝暂去"②,是其证也。

南朝的梅花妆,经唐至宋,犹有存留。周邦彦《丑奴儿·大石梅花》云:"肌肤绰约真仙子,来伴冰霜。洗尽铅黄。素面初无一点妆。寻花不用持银烛,暗里闻香。零落池塘。分付余妍与寿阳。"其妆盖仿梅花飘落于额头,唐人更以落梅妆与靥妆结合。段成式《酉阳杂俎》卷八《黥》述云:"近代妆尚靥如射月,曰黄星靥。靥钿之名,盖自吴孙和郑夫人也。和宠夫人,尝醉舞如意,误伤邓颊血流,娇婉弥苦。命太医合药,医言得白獭髓,杂玉与虎珀屑,当灭痕。和以百金购得白獭,乃合膏。虎珀太多,及差,痕不灭。左颊有赤点如痣,视之更益甚妍也。诸婢欲要宠者,皆以丹点颊,而后进幸焉。今妇人面饰用花子,起自昭容上官氏所制,以掩点迹。大历已前,士大夫妻多妒悍者,婢妾小不如意,辄印面,故有月点、钱点。"③《事物纪原》卷三《冠冕首饰部》十四"妆靥"引此条并云:"远世妇人喜作粉靥,如月形,如钱样,又或以朱若燕脂点者,唐人亦尚之。"又云:"宋武宫中效寿阳落梅妆,此其遗意也。"④这种组合,在敦煌榆林窟晚唐五代供养人壁画中尤为明显(见右图)。女性面部以花钿胭脂点染,形似落花覆面,适能呈现曲词中的愁情离绪。李煜《清平乐·别来春半》有云:"别来春半,触目愁肠断。砌下落梅如雪乱,拂了一身还满。"其中就把落梅比作愁绪,飘满全身。故此,曲词中的"梅愁地"既指梅花飘落之所,又化人情于自然之中,双关梅花妆:春日梅花如雪而落,飘落在思妇额头面颊之上,与妆容融为一体,更添愁闷。缀连下句"香檀枉注歌唇",表达了女子无法见到悦己之人,徒费心力打扮的无奈心情。

后两句"兰径萋萋芳草渌,红脸可知珠泪频",与之照应。上句"兰径"双关"拦径",说明路遥难度。下句描写虽描画妆容,但泪水难禁,离人难见,也是徒劳。《凤

① 李昉等《太平御览》,中华书局,1966年,第140页上。

② 李复言《续玄怪录》,中华书局,1982年,第181页。

③ 段成式《酉阳杂俎》,中华书局,1981年,第78—79页。

④ 高承《事物纪原》,中华书局,1989年,第144页。

归云》"怨"云:"岂知红脸,泪的(滴)如珠。往(枉)把金钗卜,卦卦皆虚。"①情与此同。此两句和"雪落渟梅愁地,香檀枉注歌唇"在表现手法上趋于一致。整首词更显往复,层见叠出,别有兴味。

二　拟塞雁行

体味曲词中的情绪,还可以帮我们解决具体的字词疑难。《云谣集》卷首《凤归云》其一云:"征夫数载,萍寄他邦,去便无消息,累换星霜。月下愁听砧杵,拟塞雁行。孤眠鸾怅(帐)里,枉(枉)劳魂梦,夜夜飞飏。想君薄行,更不思量。谁为传书与,表妾衷肠?倚牖无言垂血泪,暗祝三光。万般无那处,一炉香尽,又更添香。"②

"拟"字蒋礼鸿、刘毓盘、任半塘均属上句。刘改为"声"字;任校为"起",又从况、朱校本,补下句为"塞雁南行"③。孙其芳别有他解,云不当属下,校"拟"为"凝",谓"凝眸、凝伫"之意④。此字 S.1441、P.2838 均作"𢱢"⑤,当是"拟"字无疑,可释读为"计算、猜度"。全词描述征夫薄行,思妇无奈之情。"砧杵"代指捣衣,夜晚听到砧杵之声,联想到给远人缝制衣服。但又无从寄起,算计塞雁成行而返之时,或有家书能至。

大雁寄书在唐人诗中常见。刘威《早秋归》:"家书欲寄雁飞远,客恨正深秋又来。……茫茫归路在何处,砧杵一声心已摧。"崔道融《春闺二首》:"寒食月明雨,落花香满泥。佳人持锦字,无雁寄辽西。欲剪宜春字,春寒入剪刀。辽阳在何处,莫望寄征袍。"杜甫《寄高三十五詹事》:"天上多鸿雁,池中足鲤鱼。相看过半百,不寄一行书。"白居易《和微之诗二十三首·和晨兴因报问龟儿》:"仰头向青天,但见雁南飞。凭雁寄一语,为我达微之。"

"拟"有"猜度,计算"意,唐人诗歌习见。卢照邻《行路难》:"自昔公卿二千石,咸拟荣华一万年。"王建《宫词》:"内人相续报花开,准拟君王便看来。"思妇久俟消息不至,月夜听到砧杵声,猜测远人缺少征衣,理应鸿雁传书。可惜仍无书信,想自己寄信,又无人可托,只剩满腔无奈。孙校为"凝",释义为"凝眸"。唐人诗歌中

---

① 中国社会科学院历史研究所、英国国家图书馆《英藏敦煌文献》第3册,四川人民出版社,1995年,第47页。

② 同上。

③ 任半塘编著《敦煌歌辞总编》(上),上海古籍出版社,1987年,第58、65、67—68页。

④ 孙其芳《云谣集杂曲子校注》,《甘肃社会科学》1981年第1期。

⑤ 上海古籍出版社、法国国家图书馆《法藏敦煌西域文献》第19册,上海古籍出版社,2001年,第67页。

“凝”多作“凝结、形成、稳定”之意，并无例证可释为“凝眸、凝伫”，察其语义，似解为“形成”较妥，犹“成塞雁行”。如此过于曲折，且句意实与用“拟”相同，不必改动。

三　枷藏

出土文献中的典籍抄本，俗字较多，在分析时，尤需注意与传世典籍的对应关系。释读时，不仅求得文从字顺，还不能缺漏文本信息。王素曾就吐鲁番出土阿斯塔纳151号墓所出《晋阳秋》残卷作过详校，所论精审[①]。其中有涉及文字通假一例，偶有疏漏。现录文如下，略做补订：

81 山之。俄而作难，华身□，□口薄（簿）阅，家[无]▭

82 于枷藏。好属文，而无□难之才。其《鹪[鹩]□》▭[②]

《晋书·张华传》记其藏书之状云：“雅爱书籍，身死之日，家无余财，唯有文史溢于机箧。”[③]据此，王校“枷”为“伽”，并疑当作“箧”[④]。原卷抄作[illegible]，当非“伽”字。并且写本时代系十六国至隋唐间，语音类近中古，《广韵》“伽”群母戈韵平声，拟音为[giɑ]；“箧”溪母帖韵入声，拟音为[khiep]。两字读音尚有距离，不便通假。

此写本记录史事，所引文字与相关史籍的描述应有类似之处，我们可以从中找到他证。《张华传》所云“机箧”，系指“几阁”与“书箧”。《汉书·刑法志》有云：“文书盈于几阁，典者不能遍睹。”[⑤]“几阁”指书架，则“几、箧”犹“架、箧”，《北齐书·扬愔传》云：“架箧之中，唯有书数千卷。”[⑥]架用以摆放，箧用以收藏，陆游《渭南文集》卷二一《万卷楼记》云：“益务藏书，以栖于架、藏于椟为未足”[⑦]。书箧、书椟藏之不下，余书摆放在架，故“架、箧”又可称为“架、藏”。《隋书·经籍志二》云：“汉初，萧何定律九章，其后渐更增益，令甲已下，盈溢架藏。”[⑧]又《艺文类聚》序云：“夫九流百氏，为说不同。延阁石渠，架藏繁积，周流极源，颇难寻究。”[⑨]皆指典籍过多，充积盈塞于书架藏箧。准此，“枷”字应是“架”的异体，此处校为“架藏”，于义为安。

---

① 王素《吐鲁番所出〈晋阳秋〉残卷史实考证及拟补》，《中华文史论丛》1984年第2期。

② 唐长孺主编《吐鲁番出土文书》(图版)第二册，文物出版社，1994年，第115页。

③ 房玄龄《晋书》，中华书局，1974年，第1074页。

④ 王素《吐鲁番所出〈晋阳秋〉残卷史实考证及拟补》，《中华文史论丛》1984年第2期。

⑤ 班固《汉书》，中华书局，1962年，第1101页。

⑥ 李百药《北齐书》，中华书局，1972年，第457页。

⑦ 陆游《陆游集》，中华书局，1976年，第2179页。

⑧ 魏征《隋书》，中华书局，1973年，第974页。

⑨ 欧阳询《艺文类聚》，上海古籍出版社，1982年，第27页。

如释为"箧藏",一则"溢于箧藏"与原文传递的信息不符,虽然书籍从书箱中满溢出来,很有画面感,但于藏书家而言,并不利于整理和查阅;二则"箧藏"仅能反映书籍被封装在箱内,"置书于架"的信息被遗漏。一字之差或在小处,但就文本信息的完整性而言,还是颇有影响的。

(夏国强:新疆师范大学中国语言文学学院,830054,乌鲁木齐)

《说文》在深化古代汉语文选课词义教学中的作用

刘兴均

提要：《说文解字》是中国第一部成理论系统、有内在条理、有独到创见的文字学著作，也是探讨汉语字词本义、分析汉字字形结构的不朽名著。利用《说文解字》进行古代汉语文选课词义教学，可以提高课堂教学效果。论文结合笔者本人二十余年的教学实践，论述了《说文解字》在深化古代汉语文选课词义教学中四个方面的作用。

关键词：《说文》　古代汉语　文选　本义　通假

东汉许慎积二十年之功写成的《说文解字》(以下简称《说文》)是中国第一部成理论系统、有内在条理、有独到创见的文字学著作，也是探讨汉语字词本义、分析汉字字形结构的不朽名著，时至今日都还在熠熠生辉。笔者在二十余年的古代汉语教学实践中，摸索出利用《说文》进行古代汉语文选课的词义教学，以提高课堂教学效果的一条途径。教学一开始就要求学生人手一册《说文》，个个懂得查检《说文》。学生一开始觉得难度太大，初次面对毫无标点而字头又是以小篆为体的《说文》，可说是一筹莫展。经过启发和指导，一年下来，学生不但能自己查检《说文》，解决阅读中的词义障碍，还能以《说文》为据撰写课程论文，辨正《古代汉语》教材和中学文言文选文中的释义错误。因此，笔者认为，在深化古代汉语文选课词义教学、提高教学效果方面，《说文》有着无可替代的作用，主要表现在以下几个方面：

一　《说文》能使学生从源头上了解古代文献词义

古代汉语是一门工具性很强的课，又是学生进一步学习中国古典文学、了解中国古代文化的一门基础课。古代汉语文选课的教学目的就是要让学生学会利用工具书来辨析词义，自己分析古文的语言特点。因此，在讲文选词义时，应注意从源头上把握文献词义。因为，只要把源头义弄清楚了，文献中的使用义才有了落脚点。而要从源头上把握词义，《说文》就是一部必不可少的参考书。《说文》所释之义绝大多数就是该字所记录的词的本义，也就是文献词义的源头。我们以王力主编的《古代汉语》(校订重排本)(中华书局，1999 年，以下简称“王本”)为教材，参以《说文》，在教学中实行探本求源式的教学，取得了很好的教学效果。

例如：王本第一单元文选《郑伯克段于鄢》：“初，郑武公娶于申，曰武姜。”其中的“初”，教材注释为：“从前，是追溯往事的惯用语。”这样讲只接触到流。《说文·刀部》：“䄻，裁衣之始，从刀、从衣会意。”(大徐本[①]，91 页)“初”字的源头义是裁衣，而裁衣是做衣的第一道工序，因此，由这个意义出发就可引申出一切事件的开始。这样，“初”作为追溯往事的惯用语就有了落脚点。

同篇：“及庄公即位，为之请制”和“公曰：‘无庸，将自及’”中的“及”，前者可以释为“等到”，后者可以释为“赶上”。这两个意义之间的联系，也需要从源头上去梳理。《说文·又部》：“㞋，逮也。从又从人。”(大徐本，64 页)从构字来看，“及”从又从人会意，“又”是右手的侧面形，一个人的右手抓住另一个人的后衣襟，这就是“及”的原初构意，表示一个人追上并抓住了另一个人。所以，它可以引申出“等到”和“赶上”两个意义。结合《说文》训释，可把两个意义之间的联系梳理得十分清楚。

同篇：“君将不堪。”其中的“堪”可以讲为“忍受”，这也与它的源头义有关。《说文·土部》：“堪，地突也。”(见大徐本，287 页)学生对这一训释难以理解，我在广西师范大学文学院任教时就结合本校的一道风景——独秀峰来讲解这个词义，“地突”指的是像独秀峰一样的地貌，突然耸立一座高山，突然耸立的高山就像“木秀于林”一样，必然会受到风雨的摧折，它就比一般的小土堆要忍受更多的风雨的洗刷。这样讲，学生就明白了。

有的古今字关系也要追溯到某字的源头义上去。例如：《郑伯克段于鄢》：“姜氏欲之，焉辟害？”教材注释：“辟，躲避，这个意义后来写作避。”这是对的。但学生就不明白为什么“辟”与“避”会构成古今字的关系。就需要我们了解“辟”的源头义。《说文·卩部》：“辟，法也，从卩、从辛，节制其罪也。从口，用法者也。”(大徐本，187 页)原来“辟”与刑法有关，一从卩，卩有符节义，可直接引申出法典义。辛与刑具有关，辛从一䇂，“䇂”甲文作￼，就像一头是锥、另一头是铲的一种刑具。有法典，有刑具，又有打官司的口，“辟”就会意为法。后来从这一意义引申出躲避之

① 《说文》的版本我们采用中华书局 1963 年影印同治十二年(1873)番禺陈昌治本，此本以北宋徐铉校订本为底本，故俗称“大徐本”。

义,因为一个正常人是不愿意惹上官司的。为了区别“法”和“躲避”这两个意义,就造了一个从辵辟声的后起字“避”。所以,“辟”和“避”就构成古今字的关系。

对古今词义有差异的词也要追溯它的源头义。例如:《郑伯克段于鄢》:“多行不义必自毙,子姑待之。”其中的“毙”按今义就是死,“自毙”就似乎可以理解为“自己找死”。而此处“毙”的文献用义是“摔跟头”。要了解词义差别形成的由来,也需要从“毙”的源头义找依据。《说文·死部》无“斃(毙)”字,“斃(毙)”作为或体附于《犬部》“獘”字下:“獘,顿仆也,从犬敝声。《春秋传》曰:‘与犬,犬獘。’斃,獘或从死。”(大徐本,205页)由此可见,“獘”最初是指狗受到打击一下倒下去,但不一定就是死。后来才引申出死的意思,故改其形符为“死”。这种古今词义的差异引起字形更换形符的现象值得语言学者关注。

同篇:“爱其母,施及庄公。”“施”的今义是施行、措施,文献中的使用义是延伸和影响。要弄清古今词义的差异,也只有从“施”的源头义来找答案。《说文·㫃部》:“施,旗皃。从㫃,也声。”(大徐本,140页)《说文》只讲了是旗帜的一种状态,到底是一种什么状态,我们就要结合清人段玉裁的《说文解字注》(以下简称“段注”)才能知其所以然。按:段注本与大徐本的正文有字序和文字说解的不同,大徐本“旖”在“施”后,而段注本“旖”在“施”前,这是字头排序的不同。大徐本“施”字下说解曰“旗皃”,而段注本“施”下说解是“旗旖施也”。与上旖字“旖施,旗皃”说解同。据段注,“旖施”为叠韵联绵词,古音同在歌部。段注改大徐本字序正是按联绵字通例上字在前、下字在后而改的①,“旖施”的本义就是旗帜随风飘动的样子,它与《木部》之“檹施”、《禾部》之“倚移”,皆读如“阿那”,也就是后来的“婀娜”,“施”参与到“旖施”构词,其本义就是指旌旗随风飘动的样子,故有婀娜之柔顺义,柔顺飘逸,就像是在向外延伸,故此字可引申出延伸、影响之义。再进一步引申,就可引申出施行和措施之义。

利用《说文》,就会让学生明白,古今词义的差异多由于词义的辗转引申所致。也会让学生知道如何寻求汉语字词的本义并梳理本义与引申义之间的联系。

二　查检《说文》可帮助学生明辨通假字,指正教材的误判和漏判

通假字的判定是一个极其复杂的工作,需要具备深厚的语言文字功底才能做

① 段玉裁《说文解字注》,上海古籍出版社,1981年,第311页。

到万无一失。笔者近十年来一直在探索此问题，也发表过相关的学术论文①。在判定通假字的时候不仅要注意古音是否相同，更为重要的是看这两个字的意义有无联系。意义有联系的就不会是通假字。而要判定意义有无联系，就要以《说文》为依据。《说文》对某字的释义，往往能让学生明白该字与某字的真正关系。

王本是由全国顶尖学者所编，影响巨大。然在通假字的判定上亦有诸多失误。主要是误判和漏判。

误判的有：《墨子·非攻》："以亏人愈多。其不仁兹甚，罪益厚。"教材说"兹"通"滋"，这属于误判。《说文·艸部》："兹，艸木多益。"（大徐本，22页）草木多益，就有增加、加重之意，兹、滋应是古今字的关系。孙诒让《墨子间诂》亦曰"兹、滋为古今字"。

同篇："今有人于此，少见黑曰黑，多见黑曰白，则以此人不知白黑之辩矣。"王本注讲"辩"通"辨"，不确。辩与辨都从辡得声，亦皆有辨别义。《说文·辡部》："辡，辠人相与讼也，从二辛。""辯，治也，从言在辡之间。"（大徐本，309页）辡为罪人相与讼，即两个犯罪嫌疑人在相互撕咬，指责对方，作为司法者就要辨明谁在撒谎，谁说的是真的，因此辡本身就具有辨别之义。辨从辡得声，亦当有辡义，都有识别、判定之义，像这类形体上相关而又有意义联系的字应看成是同源通用字，而不能看成是同音替代的通假。

《冯谖客孟尝君》："孟尝君为相数十年，无纤介之祸者，冯谖之计也。"王本注说"介"通"芥"，也不妥。据《说文·八部》："介，画也。从八从人，人各有介。"（大徐本，28页）《说文》以"介"为界画之本字，这在先秦文献中有其用例。《诗·周颂·思文》："无此疆尔界。"陆德明《经典释文》"界"作"介"，黄焯《汇校》于"介"字下云："注疏本作'界'。严云：'《释文》不载别本，则陆所见本都作介。'"②可见"介"具疆界、界画之义，界画是将人们土地按等级各分划分成许多小块，让每人都分得到一小块土地。故作为界画之义的"介"本身就有小义。其实，"介画"还不是介最早的本义，从介的甲文字形来看，它所记录的词义应是铠甲：象一人身穿铠甲形。在先秦文献中也常用作铠甲义，并与胄连文属词。例如：《管子·小匡》："介胄执枹，立于军门。""介胄"即甲胄，这里是指穿着铠甲戴着兜鍪的将士。"介"由铠甲义还动静引

① 刘兴均《古代汉语教材中的"三字"问题（上）》，《钦州师范高等专科学校学报》2006年第2期；《古代汉语教材中的"三字"问题（下）》，《钦州学院学报》2007年第1期；《高中〈语文〉第一册（试验修订本）文言文注释指瑕》，《中国训诂学研究会论文集（2002）》，中国文史出版社，2002年。

② 黄焯《经典释文汇校》，中华书局，1980年，第85页。

申为动词义。例如:《左传·昭公二十五年》:“季氏介其鸡。”介,是给鸡戴上护甲。由于“介”最初记录的是铠甲义,我们知道铠甲是将犀牛皮或金属分割成小片,再用绳索穿连在一起的,这和田地划分成若干小块有同状关系,故又引申出介画、疆界之义。后人为了区别这两义,在表示疆界、界画时又造出一从田、介声的后起字——界。故介、界亦当为古今字。介是由小片犀牛皮和铁片穿连起来的,因此有小义。《周礼·地官·司市》:“胥师贾师,涖于介次,而听小治小讼。”郑玄注:“介次,市亭之属。”这里的介次就是指位于市井的小亭子,相比朝廷而言显得小,故加介于次(舍)之前,则介就有小义。介既具小义,用来记录草之小者的芥,就顺理成章了。介有小义还有旁证,就是介在上古文献中常用作个。例如:《左传·襄公八年》:“亦不使一介行李。”一介即一个。《说文》无单列“个”的字形,但从竹和支可得其意,是半竹之义[①],也就是半枝竹叶,其小义可知。因此,《战国策》此处用介表“纤芥”之“芥”,并不完全是同音替代的通假,有可能当时的读书人就是以介来记录芥草的,后来为了表意清楚,才另造了一从艸、介声的“芥”。或有人指出介亦有大的用例。例如:《尔雅·释诂》:“介,大也。”《易》:“受兹介福。”王弼注:“受兹大福。”《书·顾命》:“太保承介圭。”孔传:“大圭尺二寸,天子守之。”“介圭”即“大圭”。这当是词义的反向引申,不在本文讨论之列。

《国觞》:“操吴戈兮被犀甲。”王本注:“被”通“披”,其说也不可从。《说文·衣部》:“𧙐,寝衣也。长一身有半,从衣、皮声。”(大徐本,172页)从这个意义就可以引申出覆盖、横被之义。“披”的本义与此义相通。《说文·手部》:“𢪃,旁持曰披。从手皮声。”(大徐本,254页)通过“三礼”记载,我们知道旁持是指帝王或国君死后,出殡时送葬之人持棺之绳索,旁被于棺木之上,两边各由一人拽着绳头,这样来避免棺材的倾斜,其覆被之义显然。被、披都从皮得声,当有皮意。“皮”本为动词,是指剥离兽皮这一动作,后来指所剥离之物——皮。“皮”是横被于人(或动物)身上的,故与横被、横披义通。被、披为同源通用字无疑。

王本误判通假字还有一种情况是本字找错了。例如:《郑伯克段于鄢》:“命子封帅车二百乘以伐京。”王本注云:“帅,通率。”“帅”是一个通假字没错,但作为率领义,本字可不是“率”。《说文·率部》:“𠦌,捕鸟毕也。象丝罔,上下其竿柄也。”(大徐本,278页)捕鸟的罗网怎么也引申不出率领义,率领义的真正本字应是“逵”。《说文·辵部》:“𨓏,先道也。从辵率声。”(大徐本,39页)先道就是先

① 段玉裁《说文解字注》,上海古籍出版社,1981年,第189、117页。

导，此才是率领的本字。作为佩巾的“帅”和作为捕鸟的工具的“率”都不是率领的本字。

王本像这类误判通假字的还有不少，笔者已有多篇论文涉及，不在此赘述。

同样，王本也有漏注通假的。例如：

《晋灵公不君》：“《诗》曰：‘靡不有初，鲜克有终。’”这里“鲜”就是一个通假字，王本无注。《说文·鱼部》：“鱻，鱼名，出貉国，从鱼羴省声。”（大徐本，244页）作为鱼名与“少”义无关。表示少的当另有其字，这个字就是“尟”。《说文·是部》：“尟，是少也。”（大徐本，39页）可见，“鲜”通“尟”，王本漏判。

《冯谖客孟尝君》：“先生不羞，乃有意欲为收责于薛乎？”“羞”通“醜”，王本无注。《说文·丑部》：“羞，进献也。从羊，羊所进也，从丑，丑亦声。”（大徐本，310页）可见“羞”的本义是以手持羊以进献给天地神灵及祖宗，是与宗庙祭祀有关的一个事名词。“羞”当“耻辱”讲，通“醜”。按：“羞”为心纽、幽部字，“醜”为昌纽、幽部字，韵为叠韵，声为准旁纽。羞、醜声近，也合乎通假字的语音标准。

三 《说文》可以帮助我们纠正前人和今人释义中的误解

古代汉语文选课词义教学应当多参照前人的古注来校正今人的误注。如果我们站得高一点，用《说文》的训释来对照，就会发现，不管前人的注也好，还是今人大家的注，有时也会出现千虑一失的情况。

例如：《晋灵公不君》：“不忘恭敬，民之主也。”这里的“主”指的不是君王，而是指的晋国正卿赵盾。对此，杜预注云：“大夫称主。”杜注不妥。《说文·丶部》：“主，灯中火主也。”（大徐本，105页）灯中火苗为主，可引申出主心骨之意。民之主，就是老百姓的主心骨。直言敢谏昏君的赵盾早已被晋国老百姓及其臣僚们看成是主心骨，这样理解方与文意吻合。

《礼记·礼运》：“丘未之逮也，而有志焉。”志，王本注讲为“有志于此”，不确。志，《说文·心部》：“志，意也。从心之声。”“意，志也。从心，察言而知意也。从心从音。”（大徐本，217页）意、志互训，“志”似乎可以讲为志向。但是清人段玉裁注指出，大徐本非《说文》之原本，“志”字为徐铉等妄增。“志”应该是“识”的古文，见《周礼·保章氏》郑注，今《说文》“识”字下不载此古文“志”，有脱文[①]。段注可从。志

① 参见刘兴均《王力主编〈古代汉语〉第1～5单元文选注释商兑》，《广西师范大学学报（哲学社会科学版）》2009年第1期。

是记取之义。《周礼》曰“掌四方之志”，就是用的记识之义，今“县志”“方志”还保留古义。孔子原意是我没赶上那个时代，却有这方面的文献记载，比如“三坟五典”“八索九丘”之类。讲为“有志于此”，显然是以今律古。

《许行》：“禽兽偪人。”偪，王本注讲，后来写作“逼”。这是以为“偪”与“逼”为古今字，误。偪，最早出现在西汉扬雄作的《方言》中，解释为“满也”。“逼”出现在《晏子春秋》中，这两个字在《说文》中都不载。《说文》新附字收入“逼”，解释为“近也”，是“迫近”之义。“偪”的本字当作“畐”，《说文・畐部》：“畐，满也。从高省，象高厚之形。”（大徐本，111 页），禽兽偪人，猛兽迫近于人，也就是说禽兽与人类争夺生存的空间。“逼”与“偪”都从畐得声，应该是属于同源通用之字。

同篇：“北方之学者，未能或之先也。”教材注云：“先，超过。名词用如动词。”这个说法也是错的。《说文・先部》：“先，前进也。从儿从之。”（大徐本，177 页）可见，“先”本身就是一个动词，脚趾在人前，表示走在别人的前头。没有必要讲为名词活用作动词。

《静女》：“爱而不见，搔首踟蹰。”王本没有注“爱”字，可能是按郑《笺》和孔《疏》的讲法，认为是“爱之而不往（得）见”，误。“爱”的本义与行走有关，《说文・夊部》：“愛，行皃。从夊，㤅声。”（大徐本，112 页）大徐本只讲爱是一种行走的样子，至于是什么样子，我们就要从爱所从之部首字“夊”来考证了。《说文・夊部》：“夊，行迟曳夊夊，象人两胫有所躧也。”段注：“行迟者，如有所拕曳然，故象之。”[①]段氏注意是讲“夊”之字形，就像人的两脚被人用脚镣或绳子绊住一样，想走快都不行。可见，爱作为记录行走的动词义，自然也就具有行动迟缓义。戴震《毛郑诗考证》：“爱而，犹隐然。”则“而”是一个近似于词尾的东西。“爱而”就是行动迟缓，扭扭捏捏的样子。这样讲才与《诗经》文本贴近。喜爱义的爱当是爱的声符㤅，《说文・心部》：“㤅，惠也。”（大徐本，219 页）这说明我们的老祖宗都知道，爱一个人，是要全身心地付出的。

四　从本字本义切入讲解选文中的词义能收到引人入胜之效

笔者始终觉得从本字本义切入讲解选文词义，才能收到意想不到的效果。这也是始终坚持以《说文》来统帅文献词义教学的一个动力。

---

① 段玉裁《说文解字注》，上海古籍出版社，1981 年，第 232 页。

例如:《齐晋鞌之战》:“韩厥执絷马前,再拜稽首。”其中的“絷”就是套马索的意思。如果只讲到这一步,学生会觉得索然无味。其实“絷”非本字,“套马索”也非本义。《说文·马部》:“馽,绊马也。从马囗其足。《春秋传》曰:‘韩厥执馽前。’读若辄。絷,馽或从糸执声。”(大徐本,201 页)由《说文》可知,“絷”的本字应是“馽”,“馽”是一个形象性很强的字,像马的腿脚被绳子束缚起来的样子。用绳子套马,是古代征服野马的一种手段。絷的本义是绊住奔跑的马。韩厥即将拘捕口出狂言的齐顷公,犹如驯服一匹狂奔的野马。这样一讲,学生的兴趣就提起来了。

《冯谖客孟尝君》:“孟尝君使人给其食用,无使乏。”教材注释:“乏,匮乏。”如果一个老师照本宣科地这样讲,学生会无精打采。我们就可以问:乏为什么可以讲为物资匮乏?《说文》给我们提供了初步答案。《说文·正部》:“乏,《春秋传》曰:‘反正为乏。’”(大徐本,39 页)“正”与“乏”在古文字中有正写与反写的区别,而在汉语词汇中又有反义的用法。例如:正,在先秦文献中,特别是“三礼”中是指射箭的靶子中心部分,二尺见方处。“正”是从正面受矢的,而“乏”在《周礼》书中又称为“容”,是报靶的人举着挡在身前的牌子。从其上着箭的数量来看,“正”肯定比“乏”受箭数要多,而“乏”是挡箭牌,若其上有箭,是射箭练习的意外事故。所以,“乏”上中箭数显然会比“正”要少,所以,它可引申出匮乏之义。这样来讲文选中的词义,才能真正收到引人入胜的功效。

参考文献

[1]　〔汉〕许慎《说文解字》,中华书局,1963 年。
[2]　〔清〕段玉裁《说文解字注》,上海古籍出版社,1981 年。
[3]　〔清〕朱骏声《说文通训定声》,中华书局,1984 年。
[4]　王力《古代汉语》(重排修订本),中华书局,1999 年。
[5]　黄焯《经典释文汇校》,中华书局,1980 年。
[6]　刘兴均《王力〈古代汉语〉第 1～5 单元文选注释商兑》,《广西师范大学学报(哲学社会科学版)》2009 年第 1 期。
[7]　刘兴均《古代汉语教材中的“三字”问题(上)》,《钦州师范高等专科学校学报》2006 年第 2 期。
[8]　刘兴均《古代汉语教材中的“三字”问题(下)》,《钦州学院学报》2007 年第 1 期。
[9]　刘兴均《高中〈语文〉第一册(试验修订本)文言文注释指瑕》,《中国训诂学研究会论文集(2002)》,中国文史出版社,2002 年。

(刘兴均:三亚学院人文与传播学院,572022,三亚)

“缩砂蜜”考略*

闫 艳

提要:“缩砂蜜”自唐代以来进入中原,文献中多有收录。但长期以来学界对其名源、意义和文化内涵等缺乏梳理,作为一种外来本草,其大量的异名,如“缩砂蔤”“风味团头”“缩砂仁”“草砂仁”“风味”等命名理据,反映出“缩砂蜜”在中原受到广泛的接受和使用,并在中国传统的药用、饮食、合香等领域发挥了重要作用,因此结合文献系统地揭示其名源及功用,有助于全面认识和理解其丰富的文化内涵。

关键词:缩砂蜜　名源　产地　功用　文化

“缩砂蜜”是古代文献中常见的中药材,为姜科植物“缩砂蜜”的果实。今《汉语大词典》未收录此词条,本文拟结合文献对其进行全面考证。

一　缩砂蜜的异名及其命名理据

“缩砂蜜”一词最早见于唐代甄权《药性论》卷二《草木类·缩砂蜜》:“君。出波斯国,味苦、辛。”①说明唐朝时,“缩砂蜜”已被用来入药。唐宋以来的医书中又作“缩沙蜜”②和“缩砂蔤”③。

关于“缩砂蜜”的命名理据,国内外很多学者做过思考,但学界迄今并无公认的观点。如现代美国学者劳费尔对此有过深入思考,他说:“缩砂蔤 suk-ša-m'it(m'ir),日语叫 šukušamitsu(Amomum villosum 或 xanthioides),这名字无疑出自外国语,李时珍说其义未详。它肯定不是伊朗字,我知道 Amomum 不出在伊朗波斯。相反地,在缅甸、暹罗、柬埔寨和寮国都有这植物。所以李珣所说的波斯显然

---

* 本文系国家社科基金重大项目《中国古代通俗类书的文献整理及语言文学研究》(19ZDA248)的阶段性成果。

① 〔唐〕甄权撰、尚志钧辑释《药性论》(辑释本)卷二,安徽科学技术出版社,2006 年,第 51 页。

② 〔宋〕唐慎微撰、尚志钧等校点《证类本草》卷九《草部中品之下》,华夏出版社,1993 年,第 264 页。

③ 〔明〕李时珍撰,刘衡如、刘山永校注《本草纲目》卷十四《草部·草之三·芳草类·缩砂蔤》,华夏出版社,2002 年,第 603 页。

又是马来亚波斯；但是他附加的西海和西戎容易令人怀疑他自己把两个波斯混淆了，在此一事上他所想的是伊朗波斯。我还没有找到汉语译音所根据的外国字，但是我觉得它肯定不是伊朗字。"[①]按："缩砂蔤"即"缩砂蜜"，劳费尔认为"缩砂蔤"之名是根据外文音译过来的，且怀疑是马来亚波斯，但目前并未找到与"缩砂蔤"对应的马来亚波斯词源。

李时珍认为"缩砂蔤"因其植物生长形态而命名，他认为"缩砂蔤""名义未详。藕下白蒻多蔤，取其密藏之意。此物实在根下，仁藏壳内，亦或此意欤"。[②]李时珍运用联想思维，认为藕茎多藏在荷叶下，故藏在泥里的藕茎称为"蔤"，有密藏之意。于是推测"缩砂蔤"因果实长在密实的根部下方、果仁藏在壳内而得名，但他并未解释出"砂"的含义。

今按：劳费尔的说法缺乏材料支持，李时珍的说法也较为片面。"缩砂蔤"概因其子实形状和生长形态而命名。宋代苏颂《本草图经》卷七《草部中品之下·缩砂蜜》描述曰："五、六月成实，五、七十枚作一穗，状似益智，皮紧厚而皱如栗纹，外有刺，黄赤色。皮间细子一团，八漏可四十余粒，如黍米大，微黑色，七月、八月采。"[③]"皮紧厚"状如"缩"；"皱如栗纹，外有刺"说明"缩砂蔤"外壳粗糙，似"砂"。砂同沙，"沙"有"粗糙"之意。[④]"蔤"指其果实密藏在根茎之下，故名"缩砂蔤"。

图1 新州缩砂蜜图[⑤]

缩砂、砂仁：唐朝孙思邈《千金要方》卷五《少小婴孺方·咳嗽第六·杏仁丸》

① 〔美〕劳费尔著、林筠因译《中国伊朗编》，商务印书馆，2015年，第334页。

② 〔明〕李时珍撰，刘衡如、刘山永校注《本草纲目》卷十四《草部·草之三·芳草类·缩砂蔤》，华夏出版社，2002年，第603页。

③ 〔宋〕苏颂等编撰、尚志钧辑校《本草图经》卷七，安徽科学技术出版社，1994年，第228页。

④ 汉语大词典编辑委员会编《汉语大词典》第五卷，汉语大词典出版社，2001年，第950页。

⑤ 〔宋〕苏颂等编撰、尚志钧辑校《本草图经》卷七，安徽科学技术出版社，1994年，第228页。

"主大人、小儿咳逆上气方"下"又方"中配药中有"缩砂"。[①] 宋代陈文中《陈氏小儿病源方论》卷三《方药》中记载了"宽上实下,补脾,治痰,止泻"的长生元,[②]其中就有砂仁。

清朝李调元在《南越笔记》卷十五"阳春砂仁"中进行了分析:"阳春砂仁,一名缩砂蔤,新兴亦产之。而生阳江南河者大而有力,其种之所曰果山。曰缩砂者言其壳;曰蔤者言其仁。鲜者曰缩砂蔤,干者曰砂仁。八月采之,以嫩者蜜渍为货,售于岭外最珍,其税颇重。"[③]李调元认为"缩砂"主要是描述其果壳的形状收缩且粗糙,"蔤"指籽实;新鲜的带壳的果实称为"缩砂蔤",晒干脱壳的就是"砂仁"。

缩砂仁:宋朝陈敬《陈氏香谱》卷三《凝合诸香・百花香》配方中有"缩砂仁"。[④]

"缩砂仁"也作"宿砂仁",如宋代魏岘《魏氏家藏方》卷四《补益》收录的"小补髓汤"记载:"右每服,秤柴茸三钱,宿砂仁一钱,水一大椀,同煮至一盏半……"[⑤]今按:缩宿中古韵母相同,都是入声屋韵合口三等字。声母方面,缩为生母,宿为心母,按黄侃的说法,生母与心母是照二归精,属同类。这两个声母在今天的许多方言中仍是相同的,如"缩"北京话的旧读与"宿"完全相同。

风味团头:宋陶穀《清异录》卷二《侯宁极药谱》记载:"风味团头(缩砂)。"[⑥]

"风味",概指"缩砂蜜"具有特殊的辛香味。《药性论》卷二《草木类》言"缩砂蔤""味苦、辛"。[⑦] 李时珍也说它"内白而香,似白豆蔻仁"。[⑧]

团头有"第一、首领"之意,这里指的是"缩砂蜜"的香味非常独特,为香料中的翘楚,故名。《汉语大词典》曰:"宋时各行业都有市肆,叫做团行。行有行老、团有团头,是各自行业的首领。"[⑨]

草砂仁:清代吴其濬《植物名实图考》卷二十五《芳草・缩砂蔤》记载:"今阳江产者,形状殊异,俗呼草砂仁。"[⑩]

---

① 〔唐〕孙思邈撰、刘清国等校注《备急千金要方》卷五,中国中医药出版社,1998年,第92页。

② 〔宋〕陈文中著《陈氏小儿病源方论》卷三,江苏古籍出版社,1988年,第50页。

③ 〔清〕李调元撰、林子雄点校《南越笔记》卷十五,《清代广东笔记五种》,广东人民出版社,2006年,第371页。

④ 〔宋〕洪刍等著、田渊整理校点《香谱(外四种)》,上海古籍出版社,2021年,第145页。

⑤ 〔宋〕魏岘撰《魏氏家藏方》卷四,中医古籍出版社,1987年,第221页。

⑥ 〔宋〕陶穀撰《清异录》,中华书局,1991年,第132页。

⑦ 〔唐〕甄权撰、尚志钧辑释《药性论》(辑释本)卷二,安徽科学技术出版社,2006年,第51页。

⑧ 〔明〕李时珍撰,刘衡如、刘山永校注《本草纲目》卷十四《草部・草之三・芳草类・缩砂蔤》,华夏出版社,2002年,第603页。

⑨ 汉语大词典编辑委员会编《汉语大词典》第三卷,汉语大词典出版社,2002年,第664页。

⑩ 〔清〕吴其濬著《植物名实图考》,商务印书馆,1957年,第647页。

综上,"缩沙蜜""缩砂蜜"与"缩砂蔤"音同字异,均是按子实形状和生长形态命名;"宿砂仁""缩砂仁""砂仁",所指重点为脱水的果仁;"风味团头",则是因其气味与功效命名;"草砂仁",盖因"砂仁"属草本植物,故名之。

二 缩砂蜜的产地分布

1.东南亚

唐代的文献记载对其产地持不同看法。

甄权在《药性论》中认为"缩砂蔤""出波斯国"①,乃域外所产。但此观点未见于唐代其他文献,且并未指明波斯国是伊朗波斯还是马来亚波斯。美国学者劳费尔认为"缩砂蔤"来自于马来亚波斯等东南亚地区。② 今按:劳费尔的观点有理,李珣祖先为伊朗波斯人,且李珣经营香药多年,如果"缩砂蜜"确从伊朗波斯传来,《海药本草》中应该有具体的记载。

陈藏器《本草拾遗》卷三《草部·缩砂蜜》:"生西海及西戎诸国。又一种味辛、咸,平。得诃子、鳖甲、豆蔻、白芜荑等良。多从安东道来。"③五代李珣在《海药本草》中有相同的记录。④

按:依陈藏器的说法,"缩砂蜜"产地主要有两个:一个是西海、西戎,另一个是安东道。西海,《通典》卷一百九十三《边防九·西戎五·大秦》引杜环《经行记》云:"(拂菻国)西枕西海。"⑤史为乐认为此处"西海""指今地中海"。⑥ 西戎,唐代对吐蕃的泛称,泛指今西藏及藏族各聚居地区。

现代药学研究成果证明,"缩砂蜜"性喜热带南亚热带季雨林温暖湿润的气候,不耐寒。年平均气温19—22℃、年降水量在1000mm以上、空气相对湿度在80%以上时生长良好。⑦

从"缩砂蜜"的生长环境来说,西海和西戎分别属于地中海气候和高原气候,恐怕很难达到种植"缩砂蜜"的温度和湿度条件。此外,关于西海和西戎出产缩砂仁的记载,仅见于《本草拾遗》和《海药本草》,而且《本草拾遗》中关于西海和西戎的记

① 〔唐〕甄权撰、尚志钧辑释《药性论》(辑释本)卷二,安徽科学技术出版社,2006年,第51页。

② 〔美〕劳费尔著、林筠因译《中国伊朗编》,商务印书馆,2015年,第334页。

③ 〔唐〕陈藏器撰、尚志钧辑释《〈本草拾遗〉辑释》卷三,安徽科学技术出版社,2002年,第93页。

④ 〔五代〕李珣撰、尚志钧辑校《海药本草》(辑校本)卷二《草部》,人民卫生出版社,1997年,第29页。

⑤ 〔唐〕杜佑撰、王文锦等点校《通典》卷一百九十三《边防九·西戎五·大秦》,中华书局,1988年,第5266页。

⑥ 史为乐主编《中国历史地名大辞典》,中国社会科学出版社,2005年,第938页。

⑦ 南京中医药大学编著《中药大辞典》"砂仁"条,上海科学技术出版社,2006年,第2288—2289页。

载辑自《海药本草》。所以,极有可能是李珣并未详细考证,而陈藏器又继承了他的观点。

唐代安东指安东都护府。《旧唐书·高宗纪下》曰:“九月癸巳,司空、英国公勣破高丽,拔平壤城,擒其王高藏及其大臣男建等以归。境内尽降,其城一百七十,户六十九万七千,以其地为安东都护府,分置四十二州。”[①]《中国古今地名大辞典》“安东都护府”条云:“唐总章初平高丽。置安东都护府于朝鲜。治平壤城。以统海东诸国。仪凤初高丽余党复叛。移治于辽东故城。旋又移治新城。今辽宁省沈阳县西北一百八十里故辽滨城是。圣历初罢为安东都督府。神龙初复故。开元初移治平州。今河北卢龙县治。天宝初又移治辽西故郡。在今热河朝阳县东二百七十里。属平卢节度。至德后废。”[②]由此可知,唐朝所置的安东都护府在今朝鲜以及我国辽宁一带。但是陈藏器并未说清“缩砂蜜”是产自安东还是从安东传来。

朝鲜半岛的气候为温带季风性气候,即使唐代朝鲜半岛的气温高于现在,[③]但温度和降水量仍不可能达到“缩砂蜜”的生长需求。此外,在朝鲜半岛同中原交流的文献中,也未发现关于“缩砂蜜”的记载。因此,安东都护府的“缩砂蜜”极有可能是外来的。

从唐朝的对外交流历史中可以得知,“缩砂蜜”先由东南亚、西亚等地通过海路传入安东都护府,再沿着陆上交通路线,运往中原地区。

综上,“缩砂蜜”为域外本草药物,唐代主要从马来亚波斯与安东道南北两条路线分别传入中原。

2.湖北、广东、广西、湖南

宋代刘翰等编撰的《开宝本草》卷九《草部中品之下·缩砂蜜》记载其“生南地”,[④]南地所指笼统,范围较广,但是可以肯定的是“南地”主要指南方区域。

宋代乐史《太平寰宇记》卷一百四十五《山南东道四·襄州·土产》记载:“贡:咸干鱼。丹麞皮、火麻布、库路真、麝香、鳖甲、缩砂、弓弩材、漆器。”[⑤]按:襄州,在今湖北。

广东也是缩砂蜜的主产地之一,苏颂在《本草图经》中明确提出当时的广东是

---

① 〔后晋〕刘昫等撰《旧唐书》卷五,中华书局,1975年,第92页。

② 臧励龢等编《中国古今地名大辞典》,商务印书馆香港分馆,1982年,第306页。

③ 刘昭民《中国历史上气候之变迁》记载:“唐朝前后约有三百年,在此三百年中国气候比较暖湿……可知唐时西安洛阳之年均气温应比现世高1°C。”台湾商务印书馆,1994年,第100—108页。

④ 〔宋〕卢多逊等撰、尚志钧辑校《〈开宝本草〉辑复本》卷九,安徽科学技术出版社,1998年,第216页。

⑤ 〔宋〕乐史撰、王文楚等校点《太平寰宇记》卷一百四十五,中华书局,2007年,第2813页。

缩砂蜜产地,他说:"缩砂蜜,出南地,今惟岭南山泽间有之。"[①]按:岭南,包括今广东、广西、海南三省区及越南北部地区。书中还配图"新州缩砂蜜"。新州,在今广东新兴县。

清代广东肇庆仍是"缩砂蜜"的道地产地。据江藩《(道光)肇庆府志》卷二记载:"罗岭与珠环、蟠龙三山在雨霖之北……蟠龙山与阳春分界山种缩砂,比他处所产价常三倍。"[②]当时肇庆蟠龙山和阳春交界处种植的"缩砂蜜",因质量上乘,价格也远远高出其他同类产品。

元朝开始,广西的"缩砂蜜"种植面积逐渐扩大。如马端临《文献通考》卷三百二十三《舆地考九·古南越·郁林州》:"郁林州,秦为桂林郡,汉改为郁林郡……属广西路。贡银、缩砂。"[③]同卷"白州"条下还有:"白州秦属象郡……隶郁林州。贡银、缩砂。领县一,博白。"[④]按:郁林州、白州均在今广西。明代林希元《(嘉靖)钦州志·食货·药属》中收录"……草豆蔻、砂仁、桂皮、益母"等。[⑤] 按:钦州,在今广西钦州市。

清末湖南也有出产,曾国荃《(光绪)湖南通志·物产二·澧州》记载:"澧州产缩砂仁。(省志)"[⑥]按:澧州,在今湖南。

3. 南亚

暹罗:清代魏源《海国图志》卷八《东南洋·暹罗本国沿革一》记载:"土产金、银……槟榔、胡椒、豆蔻、砂仁……"[⑦]按:暹罗,即今泰国,属南亚地区。

南印度:魏源《海国图志》卷二十二《西南洋·南印度各国》记载:"内山为晏得尼加国,实回回种类。土产乳香、没药、鱼翅、棉花、椰子、苏合油、血竭、砂仁、诃子、大枫子。"[⑧]按:晏得尼加国,在今南亚。

综上,唐朝开始,"缩砂蜜"从马来亚波斯传入中原。宋元以来,湖北、广东、广西等南方地区陆续出产。清代,湖南地区也有出产。南亚等地仍然是主要产区。

---

① 〔宋〕苏颂等编撰、尚志钧辑校《本草图经》卷七《草部中品之下·缩砂蜜》,安徽科学技术出版社,1994年,第228页。

② 〔清〕屠英等修、〔清〕江藩等纂《(道光)肇庆府志》,清光绪重刻道光本。

③ 〔元〕马端临撰《文献通考》卷三百二十三,中华书局,2011年,第8872页。

④ 同上,第8875—8876页。

⑤ 〔明〕林希元纂修《(嘉靖)钦州志》卷二,明嘉靖十八年刻本。

⑥ 〔清〕李瀚章等修、〔清〕曾国荃纂《(光绪)湖南通志》卷六十一《食货志七》,清光绪十一年刻本。

⑦ 〔清〕魏源撰《海国图志》卷八,岳麓书社,2011年,第474页。

⑧ 〔清〕魏源撰《海国图志》卷二十二,岳麓书社,2011年,第788页。

三　功效

1.药用

“缩砂蜜”可以治脾胃虚寒、气滞。唐代甄权《药性论》卷二《草木类·缩砂蜜》云:“能主冷气腹痛,止休息气痢劳损,消化水谷,温暖脾胃。”①

“缩砂蜜”可以治疗霍乱,心腹疼痛。唐代大明《日华子本草》卷八《草部中品之下·缩砂蜜》云:“治一切气,霍乱转筋,心腹痛……”②

“缩砂蜜”可以排脓解毒。唐代陈藏器的《本草拾遗》卷三《草部·缩砂蜜》:“胃酸,主上气咳嗽,奔豕鬼疰,惊痫邪气。”③鬼疰,即流窜无定随处可生的多发性深部脓疡。宋代陈元靓和刻本《事林广记》辛集卷五《医学类·解毒备急·解一切毒》记载:“缩砂仁、生韭汁、蓝实各单用水调下。”④

“缩砂蜜”还有安胎功效。宋代唐慎微《证类本草》卷九《草部中品之下·缩沙蜜》引孙尚药曰:“治妇人妊娠偶因所触或坠高伤打,致胎动不安,腹中痛不可忍者。缩沙不计多少,熨斗内盛,慢火炒令热透,去皮用仁,捣罗为末,每服二钱,用热酒调下。须臾觉腹中胎动处极热,即胎已安。神效。”⑤

当误吞金属或鱼骨等异物卡在喉咙时,古人用“缩砂蜜”催吐。明代李时珍《本草纲目》卷十四《草部·草之三·芳草类·缩砂蔤》认为它可以“止女子崩中,除咽喉口齿浮热,化铜铁骨哽”。⑥ 李时珍还在“附方”中记载了“鱼骨入咽”和“误吞诸物”的治法:“缩砂、甘草等份,为末,绵裹含之咽汁,当随痰出矣。(《王璆百一选方》)金银铜钱等物不化者,浓煎缩砂汤饮之,即下。(《危氏得效方》)。”⑦

2.饮食调味

“缩砂蜜”具有独特的香辛气味,古代常被用来作各种饮馔调味品。

酿酒:唐大明《日华子本草》卷八《草部中品之下·缩砂蜜》就提到其“能起酒香味”。⑧ 明宋诩《宋氏养生部(饮食部分)》卷一《酒制·缩砂仁酒》:“(《本草》云:下

① 〔唐〕甄权撰、尚志钧辑释《药性论》(辑释本)卷二,安徽科学技术出版社,2006年,第51页。
② 〔唐〕大明撰、尚志钧辑释《日华子本草》(辑释本)卷八,安徽科学技术出版社,2005年,第84页。
③ 〔唐〕陈藏器撰、尚志钧辑释《〈本草拾遗〉辑释》卷三,安徽科学技术出版社,2002年,第93页。
④ 〔宋〕陈元靓编《事林广记》辛集卷五,中华书局,1999年,第473页。
⑤ 〔宋〕唐慎微撰、尚志钧等校点《证类本草》卷九,华夏出版社,1993年,第264页。
⑥ 〔明〕李时珍撰,刘衡如、刘山永校注《本草纲目》卷十四,华夏出版社,2002年,第603页。
⑦ 同上,第604页。
⑧ 〔唐〕大明撰、尚志钧辑释《日华子本草》(辑释本)卷八,安徽科学技术出版社,2005年,第84页。

气消食，暖胃温脾。)同木香酒制，用缩砂仁粗屑。"①关于"木香酒"的做法，书中记载："取木香切片，瓮中先贮沸腊酒，瓮口蒙以轻縠，上置木香，绵纸竹箬重幂，又泥涂之，香自下走。"②说明在酿木香酒时，需把木香片放在瓮口，用以调味，缩砂仁酒则是用粗屑状"缩砂蜜"蒙在瓮口。

制糖：宋吴自牧《梦粱录》卷十三《诸色杂货》中记载当时市场上的小吃有"花花糖、荔支膏、缩砂糖、五色糖……"③

在加工各种熟食时，人们也喜欢用"缩砂蜜"调味。如元朝佚名《居家必用事类全集》庚集《肉下饭品》记载"干咸豉"的加工方法："精羊肉，每斤切作块或梃子，盐半两、酒醋各一椀、砂仁、良姜、椒、葱、橘皮各少许，慢火煮汁尽。晒干，可留百日。"④同卷记载的"团鱼羹"："先剁去头，下锅，入大料物，……下酱清汁内煮软。擂胡椒、川椒、红豆、杏仁、砂仁极烂……"⑤明宋诩《宋氏养生部饮食部分》卷二《面食制・鼈汤》记载："用切肥猪肉为脍，水煮加酱醋、施椒、葱白、缩砂仁，调和。"⑥

3. 炮制其他药材

"缩砂蜜"在中医药领域中常用来炮制其他药材。如李时珍《本草纲目》卷十六《草部・草之五・湿草类・地黄・熟地黄・修治》记载了地黄的炮制过程："近时造法：拣取沉水肥大者，以好酒入缩砂仁末在内，拌匀，柳木甑于瓦锅内蒸令气透，晾干。再以砂仁酒拌蒸晾。如此九蒸九晾乃止。盖地黄性泥，得砂仁之香而窜，合和五脏冲和之气，归宿丹田故也。今市中惟以酒煮熟售者，不可用。"⑦这里是用"缩砂蜜"的香气来中和五味，保持地黄的阴阳平衡。

4. 合香

人们喜欢"缩砂蜜"辛香馥郁的气味，将它作为各种香药的配方。如前文提到的陈敬《陈氏香谱》中的"百花香"，⑧宋代洪刍《香谱》卷下《香之法》记载的"窨酒龙脑丸法"："龙脑(一味用研)、丁香、木香、官桂、胡椒、红豆、缩砂，白芷(已上各一分)，马勃少许。右除龙脑令研外，同捣罗为细末，蜜为丸和，如樱桃大，一斗酒置一

---

① 〔明〕宋诩著、陶文台注释《宋氏养生部(饮食部分)》卷一，中国商业出版社，1989年，第21页。

② 同上。

③ 〔宋〕吴自牧撰、周栢鸣标点《梦粱录》卷十三，王国平主编《西湖文献集成》第2册，杭州出版社，2004年，第179页。

④ 〔元〕无名氏编、王云路等点校《居家必用事类全集》庚集，浙江大学出版社，2020年，第396页。

⑤ 同上，第400页。

⑥ 〔明〕宋诩著、陶文台注释《宋氏养生部(饮食部分)》卷二，中国商业出版社，1989年，第37页。

⑦ 〔明〕李时珍撰，刘衡如、刘山永校注《本草纲目》卷十六，华夏出版社，2002年，第705页。

⑧ 〔宋〕洪刍等著、田渊整理校点《香谱(外四种)》，上海古籍出版社，2021年，第145页。

丸于其中,却封系令密,三五日开饮之,其味特香美。”①

四　文化意义

“缩砂蜜”是具有较高观赏性的植物,从唐代开始,传统文人就逐渐形成了开辟药栏的风习。“缩砂蜜”也是文人药栏中常见的植物。如杜甫《将赴成都草堂途中有作先寄严郑公五首·其四》:“常苦沙崩损药栏,也从江槛落风湍。”②按:诗中的“药栏”即“花药之栏”,兼具观赏与实用价值。③ 南宋著名词人姜夔《有送》诗:“怜君归橐路迢迢,到得茅斋转寂寥。应叹药栏经雨润,土肥抽尽缩砂苗。”④诗人的好友到家里探望,但此时诗人家里却非常寂寥。因为大雨把药栏冲毁,即使土地肥沃,缩砂苗也不能继续生长。这也从侧面说明南宋时“缩砂蜜”的种植普及度已经很高了,它不仅是一种名贵的贡品药材,也已经走入了寻常百姓家。

“缩砂蜜”因其功效显著,为民间所重视。因此在启蒙教育中也可以发现“缩砂蜜”的身影。《俄藏敦煌文献》(第十册)“蒙学字书(Дx02822)”《药物部第十》中记载:

1 龙眼	荔枝	荳(豆)蔻	槟榔	柴槲(胡)
2 鳖甲	当归	茱萸	蛇皮	远志
3 生姜	地榆	牛膝	丁香	鱼酥
4 赤(射)千	硇砂	阿魏	玄胡黄	芍药
5 硫磺	木香	牛黄	沉香	檀香
6 茅麝香(香 麝)香	乳香	马芹	人参	
7 茯蓉	缩砂	细辛	荭(红)豆	虎骨

……⑤

《蒙学字书》共十九个叶片,该卷与敦煌卷子 S. 617,P. 2609,P. 5001 等识字类蒙书《俗务要名林》非常相似。敦煌写本《俗务要名林》是一部兼有蒙书功能的日用通俗词小词典。⑥《蒙学字书》同《俗务要名林》一样,也是用来开启童蒙、识字泛学

---

① 〔宋〕洪刍等著、田渊整理校点《香谱(外四种)》,上海古籍出版社,2021 年,第 37 页。

② 〔唐〕杜甫著、〔清〕仇兆鳌注《杜诗详注》卷十三,中华书局,1979 年,第 916 页。

③ 俞香顺《唐诗“药栏”考辨》,《中国韵文学刊》2015 年第 1 期,第 101 页。

④ 〔宋〕姜夔撰、孙玄常笺注《姜白石诗集笺注》,山西人民出版社,1986 年,第 281 页。

⑤ 袁仁志《敦煌吐鲁番医药卷子校勘及其文献研究》,南京中医药大学博士学位论文,2010 年,第 110—111 页。

⑥ 高天霞《从〈俗务要名林〉看我国唐代乡村的聚会宴饮与娱乐——以词语考释为主》,《陇东学院学报》2014 年第 6 期,第 31 页。

的普及读物。[①] 在药物部中，我们可以看到第七行第二个就是缩砂，可见当时"缩砂蜜"已经是一种常用药品。

"缩砂蜜"的消费量非常可观，经济价值也不可忽视。明代郑明选《郑侯升集》卷二十四《为解官突遇风涛漂流官物乞赐查例酌处事》记载了万历二十四年，一广东官员在押运朝廷货物途中，在南京扬子江上新河遇风浪，船倾覆致使官物丢失之事。其中丢失的药物有"史君子五十四斤、益智子六百二十斤、官桂四百五斤、缩砂三百六十斤、草果一百三十斤……"[②]，这仅仅是明朝政府使用"缩砂蜜"的冰山一角，可见当时"缩砂蜜"的市场占有量是相当大的。

清代，朝廷对"缩砂蜜"的需求依旧不曾减少。阮元《(道光)广东通志・经政略十三・光禄寺》记载："圆眼一万三千二百斤，每斤价银七分，共银九百二十四两……缩砂六百斤，每斤价银二钱三分，共银一百三十八两……"[③]从以上列举的几个数字就可以看出，缩砂蜜的价格是圆眼价格的三倍。那缩砂蜜"每斤价银二钱三分"到底是什么概念呢？以米价为例，道光年间，每公石3314文，[④]一公石等于一百五十斤，相当于一斤米22文。一钱等于十分，一分等于十文，一斤"缩砂蜜"可以买100斤米，可见"缩砂蜜"在当时是价格十分昂贵的中药材。"缩砂蜜"的课税也非常严重，清朝李调元《南越笔记》卷十五"阳春砂仁"记载："八月采之，以嫩者蜜渍为货，售于岭外最珍，其税颇重。"[⑤]

综上，"缩砂蜜"传进中原后，便成为传统中草药的重要组成部分，在古代社会入药、食疗、合香等方面发挥了不可忽略的作用。

(闫艳：内蒙古师范大学文学院，010022，呼和浩特)

① 李应存、李金田、史正刚《俄藏敦煌文献Дx02822"蒙学字书"中之医药知识》，《甘肃中医学院学报》2006年第4期，第38页。

② 〔明〕郑明选撰《郑侯升集》卷二十四，明万历三十一年郑文震刻本。

③ 〔清〕阮元修《(道光)广东通志》卷一百七十，清道光二年刻本。

④ 贾允河《对鸦片战争前银钱比价问题的一点思考》，《西北民族学院学报(哲学社会科学版)》1998年第1期，第71页。

⑤ 〔清〕李调元撰、林子雄点校《南越笔记》卷十五，《清代广东笔记五种》，广东人民出版社，2006年，第371页。

“风马牛不相及”旧注阐微

王卯根　王　娟

提要：针对《左传》“唯是风马牛不相及也”，孔颖达引服虔注为杜预注纠谬补阙，阐明“风”义为“牝牡相诱”，“风马牛”喻指不可能发生的事，用以譬喻齐楚两国互不相干的关系。本文在分析训诂条例和梳理旧注材料的基础上进一步指出，“风”义为牝牡交媾，“风马牛”属使动用法，“风马牛不相及”使用了倒喻修辞格。

关键词：风马牛　旧注　训诂条例　词义引申　倒喻

《左传·僖公四年》：“楚子使与师言曰：‘君处北海，寡人处南海，唯是风马牛不相及也。不虞君之涉吾地也，何故？’”其中“唯是风马牛不相及也”一句，历代诠释林林总总，而传世旧注当数孔颖达《春秋左传正义》纂聚故训最早，考辨最为全面，因而也最接近原文的语言事实，惜至今尚未阐明旧注中的合理内核，以致释者聚讼纷纭，莫衷一是。[①] 今试加以辨析钩稽，以期对原文做出合乎作者原意的训释。

《正义》首先列举杜预注：“牛马风逸，盖末界之微事，故以取喻。”

杜注之疑窦显而易见：用同义复词形式“风逸”对释原文“风”，取“奔跑”之义，[②]“风马牛”意即使马牛奔跑或走失。如此释义，无论“不相及”表示互不相干，抑或表示不能相互达到，都无以同“牛马风逸”构成比喻关系。换言之，“牛马风逸”与“互不相干”之间在性质或状况等方面都不存在相似之处；“牛马风逸”与“不能相互达到”属于假设条件关系，看不出丝毫的譬喻意味。如此，杜注“故以取喻”便无从着落。由此可见，杜预意识到原文使用了比喻手法，但既没有给“风马牛”的喻义准确定位，也没有揭示出喻体同本体之间的内在联系。正是由于这一原因，后世采

---

① 李艳(2010)概括为下列八种：a. 马牛走失说；b. 马牛不同类而不致相诱说；c. 牛走顺风、马走逆风，两不相及说；d. 风疾而马牛所不及说；e. 人们难以追及如风奔之马牛说；f. 两国马牛相隔太远而无法相诱说；g. 牝牡相诱而逐说；h. 笼统解释，不能直观其采用了哪说。

② “逸”在奔跑的意义上与“风”同义。《国语·晋语五》：“(张侯)乃左并辔，右援枹而鼓之，马逸不能止，三军从之。”韦昭注：“逸，奔也。”

取杜预释义或以杜注为主的注本均不言及比喻。

针对杜注不能自圆其说的情况，孔颖达疏引服虔云：“风，放也。牝牡相诱谓之风。《尚书》称‘马牛其风’，此言‘风马牛’，谓马牛风逸，牝牡相诱，盖是末界之微事。言此事不相及，故以取喻不相干也。”服注实际上对“风”有两条释义：“风，放也。牝牡相诱谓之风。”同样的训释内容又见《尚书·费誓》“马牛其风”孔颖达疏：“《僖四年·左传》云：‘惟是风马牛不相及也。’贾逵云：‘风，放也。牝牡相诱谓之风。’”王泗原（1988：70—71）认为：“贾、服以一‘风’字并具二义，非确诂。”其实不然。训诂既具本义与引申义并列之条例，也自有引申义与再引申义并列之条例，随文而出，不拘一格。词义系统呈现固有的引申序列，犹如家族谱系，脉络分明。以本义为起点，每个引申义都处于一定的层级和环节，一旦确定它的直接来源，便可知其所以然。服注两义并列，恰恰显示出它们在引申链条中的前后衔接关系，“风，放也”乃为说明“牝牡相诱”之来源而设。前一注以“放”释“风”，取“奔跑”之义，由其本义“空气流动的现象”直接引申而来。风具有动荡疾速的特性，用于描写马牛之类，便体现为“放逸奔跑”，杜注“牛马风逸”正取此义。此义确定，似乎已经找到“牝牡相诱”的引申线索，因为“牝牡相诱”的表现形式恰为追逐奔跑。但从语言的社会性原则审度，“风”表示“牝牡相诱”毕竟是一个孤例，如此训释似欠精当。服虔此训或许顾及斯文，讲究委婉，点到为止，不便说透；孔疏照录服注而不加申说，恐怕也是出于对“性”问题讳莫如深的缘故。其实“风马牛”字面上的意思原本是“使异性的马和牛交配”，不妨将“风”释作“牝牡交媾”，如此便无孤例之嫌。清儒洪亮吉《春秋左传诂》、惠栋《春秋左传补注》以及刘文淇《春秋左氏传旧注疏证》，都在引述服注下列举了高诱注释《吕氏春秋》的一条材料，这对于进一步解读和概括“风”的这一引申意义颇有启发。材料如下：

(1)乃合累牛腾马游牝于牧。○高诱注：“累牛，父牛也。腾马，父马也。皆将群游从牝于牧之野风合之。”（《吕氏春秋·季春纪》）

按：高注唯训“游”为“游从”误，其余甚确。“风合”同义复用，风犹合也，乃异性交配之谓。下列高诱注《淮南子》亦然：

(2)乃合骡牛腾马游牝于牧。○高诱注：“骡牛，特牛也。腾马，腾驹，趾蹠善将群者也。游从牝于所牧之地风合之。”（《淮南子·时则训》）

按：以上两注串讲中，“风合”皆与原文之“合”相对应。依高注，原文意即“于是使公牛与母牛及雄马与雌马在牧地交配”。两书原文同出《礼记·月令》，其文云：“是月也，乃合累牛腾马游牝于牧。”郑玄注：“累、腾，皆乘匹之名。是月所合牛马，谓系在厩者。其牝欲游,则就牧之牡而合之。"下文又说:"牺牲驹犊,举书其数。"郑玄注:"以在牧而校数书之,明出时无他故,至秋当录内,且以知生息之多少也。"按:"牺牲驹犊,举书其数"显为计算秋后母牛雌马"生息多少"而做准备,秋后"生息"产乳即为季春"合累牛腾马游牝于牧"之结果。又《周礼·牧师》:"中春通淫。"郑玄注:"中春阴阳交,万物生之时,可以合马之牝牡也。"注文"合"正与原文"通淫"相对应,其牝牡交合之义甚明。惠栋《春秋左传补注》评高诱此注云:"其说与贾侍中盖同,汉儒相传有是语也。"由此可知"风马牛"盖秦汉时俗语,所谓丑诋之辞,故楚使随手拈来而用以取喻。

"风"在这个意义上,也可以描述人类之两性关系,只不过通常用于贬义而已。例如:

(3)〔刘苌〕出入颠覆,风淫于家,娉取人妻,馈遗婢妾。(《后汉书·乐成靖王党传·安帝〈贬乐成王苌诏〉》)

王先谦《释名疏证补》引"风淫于家"曰:"风淫,谓放淫也。风、放声相近。《左·僖四年传》:'风马牛不相及也。'服虔注:'风,放也。'"依王说,"风"义为放纵,恐不确。"风淫"当为同义复用,承上文"出入颠覆",表示"如禽兽般群居淫乱",下文"娉取人妻,馈遗婢妾"正是列举"风淫"的具体表现,可为佐证。

"风"表示"异性交媾"的意义还可以从它的下行引申义"男女间的情爱"中得到证实。例如:

(4)元兰楚芳《四块玉·风情》曲:"双渐贫,冯魁富,这两个争风做姨夫。"《儒林外史》第四五回:"凌家这两个婆娘……争风吃醋,打吵起来。"朱自清《中国歌谣》二:"好姊(呀)好妹吃了(什么儿的)醋,好兄好弟抢了(谁的)风,(郎呀!)大量要宽洪。"(《汉语大词典》缩印本,7366页)

马牛发情期间表现为狂奔疾驰,嘶鸣踢咬,牝牡之间相互追逐,调情嬉戏,这样的场面在"动物世界"司空见惯。抓住"动荡疾速"的词义特点和"追逐奔驰"这一联想中介,从"奔跑"派生出"异性交媾"的内在联系便显而易见。所以服注两训并列,其实际效果是使读者对陌生晦奥的词义知其所以然。孔颖达对此心领神会,引述服注,意在纠正杜预释义之误。

在此基础上,孔疏又进一步申说:"《尚书》称'马牛其风',此言'风马牛',谓马牛风逸,牝牡相诱,盖是末界之微事。"注语形式采用了并提手法:"马牛风逸"与《尚书》"马牛其风"相对应,"牝牡相诱"则与"此言'风马牛'"相对应。这就清楚地表明《尚书》"马牛其风"与本文"风马牛"的语境不同。"马牛其风"之"风"

义为“走失”，[①]而“风马牛”之“风”则义为“牝牡相诱”。将此处的“马牛风逸”与杜注“牛马风逸”联系起来看，孔疏似乎意在提示杜注对于语境不加区分，误以《尚书》“马牛其风”之“风”来理解《左传》“风马牛”之“风”。既然孔疏否定杜注“牛马风逸”之说，那么“盖是末界之微事”当主要就“牝牡相诱”(即异性交媾)而言。所谓“末界之微事”，即动物界微妙之事，也是注家不便明言之事。下列钱锺书(1993:9—10)评黄山谷诗句“花里雄蜂雌蛱蝶，同时本自不作双”的一段话正揭示出其中“微妙”的道理：

> 窃谓汉人旧说。《左传·僖公四年》“风马牛不相及”，服虔注：“牝牡相诱谓之风。”《列女传》卷四《齐孤逐女传》：“夫牛鸣而马不应，非不闻牛声也，异类故也。”《易林·大有之姤》：“殊类异路，心不相慕；牝豕无猳，鳏居室家。”又《革之蒙》曰：“疏类异路，心不相慕；牝牛牡猳，鳏无室家。”《论衡·奇怪篇》曰：“牝牡之会，皆见同类之物，精感欲动，乃能授施。若夫牡马见雌牛，雄雀见牝鸡，不相与合者，异类故也。”

同类相求，异类相攘，此自然界之原理。《庄子·齐物论》“麋与鹿交，鳅与鱼游”，乃因麋与鹿、鳅与鱼尚属近亲；《诗·关雎》“关关雎鸠，在河之洲”，更自在情理之中。然而马牛本属不同物种，马牛之间牝牡交合，犹如“海鸟和鱼相爱”那样不可思议，所以用来譬喻齐楚两国之间互不相干的关系十分恰当。齐国和楚国，一处北海，一处南海，相距遥远，这样的客观条件决定了两国没有产生冲突的可能性，如同异性的马和牛之间不会相互吸引而交媾那样。孔疏“言此事不相及，故以取喻不相干也”，意在分析原文用“风马牛”譬喻“不相及”的原因，同时表明喻体“风马牛”与本体“不相及”的比喻关系。“此事”实指异性的马和牛交配这种违背常理而不可能发生的事；“不相干”则于串讲之中附带解释“不相及”，即齐楚之间互不相干的关系。由孔疏可知，“风马牛不相及”属于比喻修辞格中的隐喻类型和倒喻格式。称其隐喻，是因为喻词没有出现，且此句可纳入判断句活用的形式来考虑；称其倒喻，则由于喻体“风马牛”在前，本体“不相及”居后。在“风马牛不相及”一句中，喻体和本体的次序同状语修饰中心语的句法结构恰好一致。如上所述，“不相

① 《尚书·费誓》：“马牛其风，臣妾逋逃，勿敢越逐。”孔安国传：“马牛其有风佚，臣妾逋亡，勿敢弃越垒伍而求逐之。”孔颖达疏：“马牛其有放佚，臣妾其有逋逃，汝无敢弃越垒伍而远求逐之。”“《僖四年·左传》云：‘惟是风马牛不相及也。’贾逵云：‘风，放也。牝牡相诱谓之风。’然则马牛风佚，因牝牡相逐而遂至放佚远去也。”按：“因牝牡相逐而遂至放佚远去”，针对《尚书》“马牛其风”和孔传“马牛其有风佚”，而并非针对《左传》“风马牛”。有的注本据此解释“风马牛不相及”，实误。

及"表示齐国和楚国互不相干,它既是喻体"风马牛"的譬喻对象,又是状语"风马牛"的修饰对象。

综上所述,"唯是风马牛不相及也"一句似应如下作释:唯,句首语气词;是,指代上文"君处北海,寡人处南海"的情形;风,异性交媾;风马牛,使动用法,使异性的马和牛之间交配;及,关涉、牵连;不相及,表示齐楚两国互不相干的关系。这是一个特殊的压缩判断句,意谓:"这样的情形(决定了两国的关系)就像使异性的马和牛交配一样互不相干。"

参考文献

[1]　王泗原《古语文例释》,上海古籍出版社,1988年。
[2]　李艳《再说"风马牛"不相及》,《陕西广播电视大学学报》2010年第2期。
[3]　钱锺书《谈艺录》(补订本),中华书局,1993年。

(王卯根、王娟:太原师范学院文学院,030619,晋中)

黄季刚文学著述训诂特色考*

张玉梅

提要：以《文心雕龙札记》《文选平点》《诗品笺》《黄季刚诗文集》等为代表的黄季刚先生文学著述，具有鲜明的训诂特色：以小学根基贯通文学研究与文学创作。季刚先生认为，小学，群书不能离之；治学不可无条例，无证据。其文学训诂重音训、形训、义训等。《文心雕龙札记》之训诂特色：诠释阐发刘勰本意；训理源流，阐发己见；对于纪昀之见多所辨正，亦抒发己见。以诗为例而见季刚先生文学创作之特色：兼有家国情怀之大和儿女情长之小；以"清浊通流，口吻调利"为准则；文采庶几达于不"繁"、不"浮"、不"晦"之境；古风诗作守上古韵，辞赋宗法屈原，格律诗用平水韵，格律对仗严整等，总体贯彻"本之性情，协之声音，振之以文采，齐之以法度而已"的文论观。

关键词：黄季刚文学著述 《文心雕龙札记》 《文选平点》 《诗品笺》 《黄季刚诗文集》 训诂特色

章太炎先生所作季刚先生墓志铭有云："季刚不轻著书，余数趣之曰：'人轻著书，妄也；子重著书，吝也。妄，不智；吝，不仁。'答曰：'年五十，当著纸笔矣。'"①可惜天不假年，季刚先生五十岁驾鹤西去，未及潜心著述。幸赖其子、侄及学界陆续整理出版，今日可见季刚先生学术专著近三十种，学术论文三十多篇，杂文、诗、词两千多篇。季刚先生在传统小学、选学、龙学、诗词文章等方面均创获丰硕，堪称近代中国学术发展的奠基者之一，其治学之淹博、宏通世所公认。季刚先生之著述可总括为古代小学、古代文学、古诗文创作三端，且三者之间融会贯通。他认为，历代各类古籍对于小学研究均具重要意义，从未将音韵、文字、训诂之学的小学割裂或者单独看待。比如他师承章太炎先生习古音学，早年倡"古声十九纽"之说，其推求古音之法，亦借助于包括文学文本之故籍："本之音理，稽之故籍之通假，无丝毫不

---

* 本文为教育部规划基金项目"近代域外训诂学文献整理与研究(欧洲卷)"(19YJA740080)的阶段性成果。

① 湖北省人民政府文史研究馆《〈黄季刚诗文钞〉校订说明》，黄侃《黄季刚诗文钞》，湖北人民出版社，1985年。

合,遂定为十九。"[①]又如,他阐述经、史、子、集于小学之作用,由《诗经》"日之夕矣,羊牛下来"知"牛""来"为韵,因此于古音有三得:知古音,知古人用韵,知古人押韵不限句末。由《屈原列传》"其志洁,故其称物芳;其行廉,故其死而不容,自疏濯淖污泥之中,蝉蜕于浊秽,以浮游尘埃之外,不获世之滋垢,皭然泥而不滓者也"之断句,指出向来由"自疏"处句读不妥,因此于用字有三得:古人行文也用假借字,古人行文正字借字杂用,古人行文不必复语。由杜甫《曲江对酒诗》"且看欲尽花经眼,莫厌伤多酒入唇"之"欲"与"伤"对仗看,知"伤"不宜解为本义而当解为"太",李商隐诗"柳讶眉伤浅,桃猜粉太新"是其证,由此可知历代皆有熟语。由吴文英词、马致远曲等,皆可以有所得。"总而论之,古今异时,南北异地,治小学者所以合千载于一朝,萃万里于一地者也"。[②]

本文赞同季刚先生贯通传统典籍而治训诂的态度与做法,拟从其文学研究与训诂研究之关系、文学训诂特色、文学创作特色三方面,研究讨论季刚先生文学著述的训诂特色。

一　季刚先生文学研究与其小学研究之关系

学界对季刚先生文学著述评价甚高,已有公论。"真正将《文心》研究引向科学道路的,是黄先生的《文心雕龙札记》"。[③] 在《文心》文学批评史上,"系统而具有卓见的著作,则推黄季刚先生的《文心雕龙札记》为其先河"。[④] 作为新选学的前驱,"黄侃(字季刚)先生的《文选平点》是近代选学研究发展史上一部重要的著作"。[⑤]《诗品笺》"集中展现了黄侃在《诗品》研究方面的精辟见解,在现代《诗品》研究史上有开创性意义。"[⑥]季刚先生原创诗文两千余篇,其诗词作品呈现"情真意浓,恻恻动人"的特点。[⑦] 以下拟从季刚先生小学研究、文学研究之间关系的角度,探讨其文学著述之特色。

---

① 黄侃《黄侃论学杂著》,中华书局,1964年,第69页。

② 黄侃述、黄焯编《文字声韵训诂笔记》,上海古籍出版社,1983年,第10—11页。

③ 李开金《读〈文心雕龙札记〉》,《武汉大学学报(社会科学版)》1986年第1期,第17页。

④ 吴调公《〈文心雕龙〉学的奠基人——黄季刚先生——读〈《文心雕龙》札记〉》,《南京师大学报(社会科学版)》1986年第1期,第65页。

⑤ 王书才《黄季刚先生文选学成就述论——以〈文选平点〉为中心》,《名作欣赏》2010年第7期,第72页。

⑥ 杨焄《黄侃〈诗品讲疏〉探原》,《安徽大学学报(哲学社会科学版)》2016年第4期,第55页。

⑦ 周勋初《论黄侃〈文心雕龙札记〉的学术渊源》,《文学遗产》1987年第1期,第115页。

1. 季刚先生之见：小学，群书不能离之

小学是研读包括文学在内的群书的利器，“小学之于群书，由经史以至曲词，皆不能离之”。[①] 对于文学研究来说，小学的三科均很重要，它们对于研究包括文学在内的古代典籍不可偏废，音韵、文字、训诂“三者有一不明，则不足以论小学，不足以读古籍”。[②] 对于文学作品的遣词造句、文辞表达来说，传统文字之学亦很重要，“今欲明于练字之术，以驭文质诸体，上之宜明正名之学，下亦宜略知《说文》《尔雅》之书，然后从古从今，略无弊故；依人自撰，皆有权衡；厘正文体，不致陷于卤莽”。[③] 文学之兴衰与小学之兴衰亦关系密切，“自小学衰微，则文章痟削”，二者相辅相成。

文学审美、文学批评亦与小学研究关联。自古文章皆有用字不定的情况，原因概有三端：“一曰缘形而不定”，字有正字、借字之分，有随意书写问题，有古今字体不同，有通假字等问题；“二曰缘义而不定”，有同训之字即同义词选用，有同物异名者，还有散言、通言之别即同义词类属问题等；“三曰缘声而不定”，比如诗歌协韵用字，声偶对仗句变易字之常位等[④]。属文写作之人，则应矫正由此而来的四弊：“是古而非今”“慕难而贱易”“崇雅而鄙俗”“趋奇而厌常”。[⑤] 季刚先生之文学批评在标点、校勘、训释、辨伪、阐微、评议等时兼容二者之长，能“根极理要，探赜索隐，究明文例，曲得作者之匠心。既无文人蹈虚之弊，复免经生拘泥之累”。[⑥]

反过来说，文学研究于小学研究也很重要，季刚先生之治学观，文学文本与小学文本统为一盘，不可或缺。与传统以解经为主的训诂学不同，季刚先生将文学文本也纳入小学重要研读书目中，其开列二十三部“吾国书籍之要者”，以十三经为首，还有《国语》《大戴礼》，《说文》《广韵》，《史记》《汉书》，《荀子》《庄子》，文学类则有《文选》《文心雕龙》，所开列治小学之“辅助书籍”中，李善注《文选》亦在其中。[⑦]

无论小学还是文学，季刚先生治学重“史”之观念，“音韵在于就音史、音证言之”，“音韵在于史证。凡一事一物，有繁难者则简提之，固也。音韵中之讲表谱学者如是耳。空言易于实证，故言音理者多。然一则失于燥而无味，一则失于虚而难求。折衷言之，当言理而得之史证，言表谱而纲之以音理也。故音韵之中约分三

① 黄侃述、黄焯编《文字声韵训诂笔记》，上海古籍出版社，1983 年，第 8 页。

② 同上，第 35 页。

③ 黄侃《文心雕龙札记》，中华书局，2016 年，第 168 页。

④ 同上，第 165—166 页。

⑤ 同上，第 167 页。

⑥ 黄侃著、黄念容整理《文选黄氏学》，台北文史哲出版社，1977 年，第 2 页。

⑦ 黄侃述、黄焯编《文字声韵训诂笔记》，上海古籍出版社，1983 年，第 5 页。

端:一音理,二音史,三音证。古人言学,皆不能离事而言理,余之言音韵,就音史,音证言之,而音理在焉。盖音韵之学,重在施于训诂,而不在空言也”。[①] 理论与史证、实证相结合的研究,理论并运用于训诂实践的做法,既在于音韵,亦在于经、史、子、集的研究。

2.季刚先生治学:不可无条例,无证据

作为朴学大家,季刚先生秉承传统小学之法治学,这在《文字声韵训诂笔记》中有明确表述。“治小学不可讲无条例之言与无证据之言”。[②] 其重规矩,讲证据,“读先儒之书不宜改字以迁就己说”;[③]其重客观,不主观,“凡读古书遇有所疑须展转求通,不可遽断为误而轻加改易”;[④]其不武断,不轻改,“诠释旧书不能离已有之训诂而臆造新解”;[⑤]其重原典,不臆造。凡此种种,皆可见其小学家法风貌:扎扎实实、严谨自律。

以小学家法做文学训诂,季刚先生治学态度与方法是一致的,其于《文心雕龙札记·题辞及略例》曰:“自媿迂谨,不敢肆为论文之言,用是依旁旧文,聊资启发,虽无卓尔之美,庶几以弗畔为贤。”[⑥]其重视古籍语料,所发个人见解必有依据。“《文心》旧有黄注,其书大抵成于宾客之手,故纰缪宏多,所引书往往为今世所无,展转取裁而不著其出处,此是大病。今于黄注遗脱处偶加补苴,亦不能一一征举也”。[⑦] 其对于黄叔琳注中大量纰缪、引书不明等问题,尽力加以批注补苴。“瑞安孙君《札迻》有校《文心》之语,并皆精美,兹悉取以入录。今人李详审言,有《黄注补正》,时有善言,间或疏漏,兹亦采取而别白之”。[⑧] 其对于孙诒让、李审言可取之处,加以采录或加注。“《序志》篇云‘选文以定篇’,然则诸篇所举旧文,悉是彦和所取以为程序者,惜多有残佚,今凡可见者,并皆缮录,以备稽考。唯除《楚辞》《文选》《史记》《汉书》所载,其未举篇名,但举人名者,亦择其佳篇,随宜迻写。若有彦和所不载,而私意以为可作楷槷者,偶为抄撮,以便讲说,非敢谓愚所去取尽当也”。[⑨] 其勤于“缮录”残佚,“迻写”佳篇,“抄撮”不载之楷槷等编选工作。

---

① 黄侃述、黄焯编《文字声韵训诂笔记》,上海古籍出版社,1983年,第149—150页。
② 同上,第12页。
③ 同上,第219页。
④ 同上,第221页。
⑤ 同上,第222页。
⑥ 黄侃《文心雕龙札记·题辞及略例》,《文心雕龙札记》,中华书局,2016年,第1—2页。
⑦ 同上。
⑧ 同上。
⑨ 黄侃《文心雕龙札记》,中华书局,2016年。

以小学家法做文学训诂，辨别字书与古注正误乃常事，比如《札记·原道》篇下："重以公旦多材，振其徽烈，剬诗缉颂，李详云：案张守节《史记正义·论字例》云：制字作剬。缘古字少，通共用之。《史》《汉》本有此古字者，乃为好本。据此则剬即制字，既不可依《说文》训剸为齐，亦不必辨制、剬相似之讹。谨案李说是也。"[①]又如《札记·徵圣》篇下："泛论君子，则云'情欲信，辞欲巧'。"季刚先生曰："郑曰：巧，谓顺而说也。孔疏言辞欲得和顺美巧，不违逆于理，与巧言令色之巧异。案此《诗》所谓有伦有脊者也。《毛传》：伦，道也。脊，理也。"季刚先生引《郑笺》《孔疏》《毛传》，最终说明的是"巧"之义当为合理、和顺之美巧，而非巧言令色之巧异。又如《文选·归去来兮辞》"园日涉以成趣"下有李善注引《尔雅》及郭璞注："《尔雅》曰：堂上谓之行，堂下谓之步，门外谓之趋，中庭谓之走。郭璞曰：此皆人行步趋走之处，因以名。趋，避声也。"季刚先生《平点》[②]甄别注疏，改"趣"为"趋"，并曰："成趋谓成径路也。"其说可从。

3.季刚先生文学训诂：重音训、形训、义训等

季刚先生特色鲜明的文学训诂表现在多方面，以下从音训、形训、义训等方面择要析之：

(1)以音训辨义。《札记·原道》篇："察人文以成化；然后能经纬区宇，弥纶彝宪，发挥事业。"季刚先生引《周易·乾音义》曰："发挥，音辉，本亦作辉，义取光辉也。"以辉训挥，同音词为训，揭示该字光大事业之词义，是也。《文选·离骚经》"扈江离与辟芷兮"下，王逸注曰："扈，披也。楚人名披为扈。""辟，为幽也。"季刚先生疏曰"扈即幠也"，"辟即僻也"。[③] 扈、幠二字，古韵均在鱼部。《说文》："幠，覆也。从巾无声。"季刚先生之训，既为音训，亦为义训，从音韵、词义两个角度透彻训释楚人用"扈"为"披"义之原因。同理，王逸注"辟"为幽，也少了一个中间环节，季刚先生释"辟"为"僻"，以音训释义，所释甚明。

(2)以音断韵。"韵书之作本不施于文学……盖用韵本属文学范围，韵书则以辨音，不为临文用韵而设。故许敬宗奏定《切韵》，其为诗亦不拘守《切韵》。杜工部反而谨守。韩文公每于窄韵有意谨守，宽韵有意通协。盖韩氏小学甚深，非宋人可

① 本文由此往后，将《文心雕龙札记》一律简称为《札记》。

② 黄侃著、黄延祖重辑《文选平点》(两册)，中华书局，2006年。本文后面行文，将《文选平点》一律简称为《平点》。

③ 《平点》，第179页。

比”。[①] 季刚先生朴学功底深厚,又深谙诗歌做法,因而将小学家之韵书与文学家用韵之关系,看得通透,论得明白。《平点·归去来》于“寓形宇内复几时”下曰:“‘时’与下句‘之’为韵。”依此断韵,陶潜诗则为:“已矣乎!/寓形宇内复几时?/曷不委心任去留?胡为乎遑遑欲何之?/富贵非吾愿,帝乡不可期。/怀良辰以孤往,或植杖而耘耔。/登东皋以舒啸,临清流而赋诗。/聊乘化以归尽,乐夫天命复奚疑!”矣、时、之、期、耔、诗、疑,古音皆在之部,季刚先生以韵断句是矣。

(3)训释异体字。“朝搴阰之木兰兮”,王逸注“搴,取也”,“阰,音毗”,“山名”。《平点》:“搴即攓也,阰即陛之别字。”王逸注搴乃直训,季刚先生此训搴、攓为异体字。《说文》:“攓,拔取也。南楚语。从手寒声。”《说文》无搴字。王逸注阰为山名。观此句上下文,“朝搴阰之木兰兮”与“夕揽洲之宿莽”对应,“阰”与“洲”对应,“洲”即水中可居者,非某山名,阰亦不应为具体山名,故季刚先生之疏可取。观王逸注后文曰“言己旦起升山采木兰,上事太阳,承天度也。夕入洲泽采取宿莽,下奉太阴,顺地数也”,亦将阰释为升山,可证季刚先生是也。

(4)训释形近字。比如韰薤之辨:《文选·乐府》陆士衡《挽歌诗三首》“中闱且勿讙,听我薤露诗”句下,《平点》:“薤改韰。注中第一薤字亦误。”这里的“注中”指《文选》李善注所引崔豹《古今注》。季刚先生所言极是。韰、薤二字,词义虽近,然形似字异。韰,《说文》释为“菜也。叶似韭。从韭㲋声”。《玉篇》:“荤菜也。俗作薤。”《释文》:“韰,户界反。俗本多作薤,非也。”《玉篇》注从《礼记·内则》“脂用葱,膏用韰”而来,《玉篇》《释文》二书言“俗”作薤之因,可从。

(5)义训方面,季刚先生常常注列他训,实解引申义。比如《札记·原道》篇“仰观吐曜,俯察含章”条下:“《易·上经·坤六三爻辞》‘含章可贞’,王弼说为含美而可正,是以美释章。”[②]章之词义,“黑质而白章”中为本义花纹、文采意。“杂乱无章”中为有条理之花纹和文采义,因此章实有美意。季刚先生之训释含章,引王弼之说,以美释章,乃章明之美,此为训释引申义。

二　季刚先生《文心雕龙札记》之训诂特色

季刚先生之文学著述,主要有基于《文心雕龙》《昭明文选》《诗品》三书而成的《文心雕龙札记》《文选平点》《诗品笺》三种。此三种文学著述之间关系如何?季刚

① 黄侃述、黄焯编《文字声韵训诂笔记》,上海古籍出版社,1983年,第117页。

② 《札记》,第6页。

先生认为读《文选》者必须“于《文心雕龙》所说能信受奉行”，否则不得真解。[①] 其《诗品笺》之训诂常将《文心雕龙》《文选》《诗品》三书通贯而论，交引互证，如“古诗眇邈，人世难详。推其文体，固是炎汉之制，非衰周之倡也”诸条下，触处可见。也即，季刚先生之文学训诂并非局限于某一书，而是将三书兼通而训。限于论文篇幅，下文谨以《札记》为例，以点带面讨论季刚先生文学著述之训诂特色。

1.《札记》之于《文心》：诠释阐发刘勰本意

季刚先生总体肯定《文心》，《札记·题辞及略例》：“论文之妙，尠有专籍。自桓谭《新论》、王充《论衡》，杂论篇章。继此以降，作者间出，然文或湮阙，有如《流别》《翰林》之类；语或简括，有如《典论》《文赋》之侪。其敷陈详核，征证丰多，枝叶扶疏，原流粲然者，惟刘氏《文心》一书耳。虽所引之文，今或亡佚，而三隅之反，政在达材。”[②]季刚先生反对将《文心》说成陈旧过时的观点，认为作为大学讲义，《文心》足可堪任，而通理者自可从中受益：“今为讲说计，自宜依用刘氏成书，加之诠释；引申触类，既任学者之自为，曲畅旁推，亦缘版业而散见。”[③]季刚先生“诠释”《文心》，既有对刘勰文本的多方训诂，亦多有引申新见。

揭示《文心》本意方面，季刚先生常常以“彦和之意”行文疏解。比如《原道》篇“故形立则章成矣，声发则文生矣”下，季刚先生曰：“故知文章之事，以声采为本。彦和之意，盖谓声采由自然生，其雕琢过甚者，则寖失其本，故宜绝之，非有专隆朴质之语。”又如《体性》篇“古来文章，以雕缛成体”下，季刚先生曰：“此与后章文绣鞶帨离本弥甚之说，似有差违，实则彦和之意，以为文章本贵修饰，特去甚去泰耳。全书皆此旨。”

爬梳《文心》用字规律，也是季刚先生《札记》的主要内容之一，比如《徵圣》篇“书契决断以象夬，文章昭晣以象离，此明理以立体也”下，季刚先生疏解曰：“孙君云：元本晣作哲，哲为晣之讹。《说文》日部，昭晢，明也。《易》曰，明辨晢也。《释文》云，晢又作哲。后《正纬》《明诗》《总术》篇昭晣字，元本皆作哲。案彦和用经字多异于今本，如发挥作发辉是也。”

2.《札记》之于纷争，训理源流，阐发己见

《札记》之训诂，常常于《文心》各篇章首，训释、梳理所论源流，并进而阐发己见。比如《声律》篇下：“为文须论声律，其说始于魏晋之际，而遗文粲然可见者，惟

① 《平点》，第1页。

② 《札记》，第1页。

③ 同上，第2页。

士衡《文赋》数言。其言曰……齐陆厥《与沈约书》云……《典论论文》……至公干明体势者……后范蔚宗自谓识宫商…………然声律之论,实以永明为极盛之时。《南史·陆厥传》云……封演《闻见记》……戴君《声韵考》……"[①]季刚先生以历史线条纵向梳理之下认为:"即实论之,文固以音节谐适为宜,至于襞积细微,务为琐屑,笑古人之未工,诧此秘为独得,则亦贤哲之过也。"[②]之后,他从刘勰当时所处境况考察,并证以《南史·舍人传》记载,认为《文心》此篇有逢迎沈约之嫌,而沈约并不可取。纪昀于此亦混淆"声韵之学与声律之文",亦不可取。季刚先生之见,唯有钟嵘能不随波而靡,其《诗品》所发为"平心之论",并总结曰:"观夫虞夏之籍,姬孔之书,诸子之文,辞人之作,虽高下洪细,判然有殊,至于便籀诵、利称说者,总归一揆,亦何必拘拘于浮切,断断于宫徵,然后为贵乎?至于古代诗歌,皆先成文章,而后被声乐,谐适与否,断以胸怀,亦非若后世之词曲,必案谱以为之也。自声律之论兴,拘者则留情于四声八病,矫之者则务欲隳废之,至于诘屈蹇吃而后已,斯皆未为中道。善乎钟记室之言曰:文制本须讽读,不可蹇碍,但令清浊通流,口吻调利,斯为足矣。斯可谓晓音节之理,药声律之拘。"[③]此段总结要点在于,诗文之声律,不必准以"四声八病",只要"便籀诵、利称说""令清浊通流,口吻调利"即可。

《文心》之论声律,季刚先生并非完全不赞同,这一点从篇首按语"冲远此论,与彦和有如合符矣"即可见之。《文心》受沈约等人影响,其"和韵"论之"声有飞沉,响有双叠"探及汉语双声叠韵等规律,《声律》篇末"声不失序""音以律文"之总结有着积极的价值与意义。而季刚先生《札记》声律论洋洋千又五六百字,则可谓探源清晰,旁及人事,深及音理,结论中肯。篇尾,《札记》并附录沈约《宋书·谢灵运传论》、陆厥《与沈约书》、沈约《答陆厥书》、钟嵘《诗品》(下)等语料,还概括总结了永明体"四声八病"说及其诗例。如此训释方法,乃《札记》常有之态。

3.《札记》之于纪氏:多所辨正,抒发己见

纪昀之于《文心》评校有所贡献,学界多有梳理。[④] 季刚先生《札记》既有赞同纪氏观点之处,亦能发现纪氏之谬,阐发己见。

赞同纪氏之处,比如《明诗》:"至于张衡《怨篇》,清典可味;《仙诗缓歌》,雅有新

① 《札记》,第103—104页。

② 同上,第104页。

③ 同上,第104—105页。

④ 汪春泓《关于纪昀的〈文心雕龙〉批评及其文学思想之研究》,《北京大学学报(哲学社会科学版)》2001年第5期,第75—84页。

声。”《札记》于“《仙诗缓歌》”下曰：“黄引《同声歌》当之，纪氏讥之，是也。”疏解纪氏之未明，比如《总术》篇下，季刚先生曰：“此篇乃总会《神思》以至《附会》之旨，而丁宁郑重以言之，非别有所谓总术也。篇末曰：‘文体多术，共相弥纶，一物携贰，莫不解体，所以列在一篇，备总情变。’然则彦和之撰斯文，意在提挈纲维，指陈枢要明矣。自篇首至知言之选句，乃言文体众多。自此以下，则明文体虽多，皆宜研术，即以证圆鉴区域大判条例之不可轻。”季刚先生此乃通观全书之见，于《文心》篇章结构提炼清晰，而“纪氏于前段则云汗漫，于次节则云与前后二段不相属”，可知纪氏未明《文心》次第。季刚先生“取全文而为之销解，庶览者毋惑焉”，则做了逻辑清晰、譬喻形象、引证得当的概括陈述，最后以“欲为文者，其可不先治练术之功哉”[①]有力结句。

驳正纪氏之谬，比如《声律》篇下：“纪氏于《文心》它篇，往往无故而加攻难，其于此篇则曰：齐梁文格卑靡，独此学独有千古，两独字不词。”[②]此处季刚先生所指“独”字，确为纪昀用字小疵，其显然于修辞未当。对于《徵圣》篇，纪昀有刘勰以之“装点门面”说，季刚先生对此予以大篇幅的反驳，指出纪氏“不悟宣尼赞《易》、序《诗》、制作《春秋》，所以继往开来，唯文是赖。后之人将欲隆文术于既颓，简群言而取正，微孔子复安归乎……”。[③] 季刚先生之驳正，从孔子刊著《帝典》文辞之古、修撰《易传》文辞之美，到孔子研论明理、董正史文从而宗极九流、垂教后世之功等，说明“经史子集一概皆名为文，无一不本于圣”，以孔子之圣，“徵圣立言，固文章之上业”，可谓言之成理。纪昀“装点门面说”之谬，今人亦多有驳正，此亦不赘言。[④] 季刚先生还于《体性》篇下驳斥纪昀“不必皆墒”之说，认为其“不悟因文见人，非必视义理之当否，须综其意言气韵而察之也……”[⑤]，于《札记·风骨》篇曰“纪氏驳之谓气即风骨，更无本末。今试释其辞曰：风骨即意与辞，气即风骨，故气即意与辞，斯不可通矣”。[⑥] 季刚先生七百余字之驳论，可谓层层剖析，言之有据。

除了诠释《文心》原意，训理源流，抒发己见，季刚先生对于一些学术纷争，亦常常并列双方语料，呈请读者自断是非。比如《原道》篇下：“而乾坤两位，独制文言，言之文也，天地之心哉。”《札记》曰：“《周易音义》曰：文言，文饰卦下之言也。《正

① 《札记》，第182—183页。

② 同上，第104页。

③ 同上，第12页。

④ 安忆涵《〈文心雕龙·徵圣〉“装点门面”说辩》，《河北科技师范学院学报（社会科学版）》2015年第1期，第56—59页。

⑤ 《札记》，第83页。

⑥ 同上，第89页。

义》引庄氏曰:文谓文饰,以乾坤德大,故皆文饰以为文言。案此二说与彦和意正同。仪征阮君因以推衍为《文言说》,而本师章氏非之。今并陈二说于后。决之以己意。”

三　季刚先生文学创作之特色:以诗为例

季刚先生喜作诗、词,且创作极丰,盖源于其治小学效用之见:“治小学之效用为何?一、了解书籍;二、构造文辞;三、探讨语言。”[①]“构造文辞”之效用甚至排在“探讨语言”之前,可见下水实践带领学生写作,绝不止是季刚先生教书时的谋生之术。然而弥留之日,季刚先生却告诫家人,勿刻其诗词文章示人。人问其故,则以骨牌为喻曰:“设时无天九,则地八未始不可以致胜,然终为地八而已!”[②]季刚先生之自谦不言而喻,身兼写作者与文论家两重身份,季刚先生对文学创作群体和文学批评群体均有深入观察和认识,如其认为作家“气之强弱,不可强为”,学者“学之精粗,可以尽力”等[③]。《黄季刚诗文集》[④]收录的两千余篇诗文即其古代文论的实践性写作。

从《文心》产生的南朝,到季刚先生所生活的19世纪末,诗体变迁、世俗好恶、论诗之作等均改易甚多,然《札记·明诗》篇曰:“诗体有时而变迁,诗道无时而可易。”[⑤]季刚先生认为诗歌之道自有正轨,“固有共循之术焉”。这个“共循之术”即为“本之性情,协之声音,振之以文采,齐之以法度而已矣”。[⑥] 以下谨以诗为例,概要阐释季刚先生文学创作实践与其文学批评理论之关系。

1.本之性情

《札记·原道》篇下,季刚先生认为刘勰所言之道并非“文以载道”之道,而是自然之道:“彦和之意,以为文章本由自然生,故篇中数言自然,一则曰:心生而言立,言立而文明,自然之道也。再则曰:夫岂外饰,盖自然耳。三则曰:谁其尸之?亦神理而已。寻绎其旨,甚为平易。盖人有思心,即有言语,即有文章,言语以表思心,文章以代言语,惟圣人为能尽文之妙,所谓道者,如此而已。此与后世言‘文以载

---

① 黄侃述、黄焯编《文字声韵训诂笔记》,上海古籍出版社,1983年,第8页。

② 湖北省人民政府文史研究馆《〈黄季刚诗文钞〉校订说明》,黄侃《黄季刚诗文钞》,湖北人民出版社,1985年。

③ 《平点》,第238页。

④ 黄侃《黄季刚诗文集》,中华书局,2016年。后文将《黄季刚诗文集》一律简称为《诗文集》。

⑤ 《札记》,第24页。

⑥ 同上。

道'者截然不同。"通过钩沉淮南王书《原道》篇及高诱注、《韩非子·解老》篇、《庄子·天下》篇等，季刚先生认为"韩子之言，正彦和所祖也"，并没有所谓的"一家之道"，原道之道，"即万物之情，人伦之传，无小无大，靡不并包"。作为季刚先生之弟子，范文澜承继师说，亦深以此观点为然："读《文心》当知崇自然、贵通变二要义；虽谓为全书精神也可。"[①]由此，季刚先生提倡自然为文，其作品大至家国情怀，小至儿女情长，整体均与此文论思想一致。

陆宗达先生曾如是评价其师："季刚先生的诗文，我以为可以用九个字来评论，那就是：爱国志，民族魂，才人笔。"[②]季刚先生之爱国志、民族魂不仅体现在其于革命关键时刻振聋发聩的《专一之驱满主义》《大乱者，救中国之妙药也》《论立宪党人与中国国民道德前途之关系》等政论文中，也体现在大量诗词作品中。《诗文集》收录的 11 篇辞赋创作中，总体可见季刚先生以屈子、孙卿二人为"辞人之宗，开赋体之先"[③]文论思想的贯彻，以骚赋笔法为"齐之法度"的创作准绳，比如《悼俗赋》写家国之恨，《伤乱赋》写忧时伤乱，《讯班赋》效《天问》而咏史，《南归赋》描归家伤国之情，此 4 篇可属"本之性情"之大者；《写怀赋》《别怨赋》《宫沟秋莲赋》《秋兴赋》4 篇咏怀，《桂华赋》《牡丹赋》《樱花赋》3 篇咏物，此 7 篇可属"本之性情"之小者。

《诗文集》中大量的古风诗作亦然。比如乐府古辞有《上留田行》，写同一父母而兄弟不相顾看，季刚先生于 1909 年创作同题古风，抒写乱世梁父悲吟。该诗首以小序交代戊戌变法前后作者背井离乡、东游日本前后之所见，"政令益繁，民生益敝，谋士益众，民困益深。夫宗国已沉沦，民生又复憔悴"，而作者"一念同伦日在水火，终不能噤而不言"，于是始"以幽忧之余，作为此曲，不敢比于国史之哀伤，亦庶几昔贤好吟梁父之意云尔"。正文诗句有"硕鼠亦已众，宁念烝人饥"之叹，"黄神歇灵绪，黔首空悲欷。悲欷伤肝肺，慨然求息肩"之痛，以及"篝火出丛祠，大泽揭长竿"之呼号，全诗整体形成质直古辞笔法、诗骚余绪之风貌。此亦"本之性情"之大者。

季刚先生乃俞平伯、龙榆生等人的词学开蒙老师，其词作整体艺术成就高超，叶恭绰、钱仲联、周勋初、刘梦芙等人皆有评论，此不赘述。《诗文集》中 423 首词中有三分之二以上写男女之情、离情别绪，形成颇具特色的花间风貌。此亦"本之性情"之小者。

---

① 范文澜《文心雕龙讲疏序》，黄侃《文心雕龙札记》，中华书局，2016 年，第 242 页。
② 陆宗达《〈黄季刚诗文钞〉序》，见《黄季刚诗文钞》正文前。
③ 《札记》，第 21 页。

2. 协之声音

《札记》基于《文心》声律论有中和之见，季刚先生赞同钟嵘之论，认为“文固以音节谐适为宜”，不应“襞积细微，务为琐屑”，并择要概括“四声八病”内容和所病之诗。所谓“四声八病”，即“平头、上尾、蜂腰、鹤膝、大韵、小韵、旁纽、正纽”，下面以其诟病之诗略加剖析，以探季刚先生之诗评与其诗歌创作之关系。

平头：如“今日良辰会，欢乐难具陈。朝云晦初景，丹池晚飞雪”中，一说，第一字不宜与第六字同声，第二字不宜与第七字同声，即“今”与“欢”同声，“日”与“乐”同声。另一说为句首二字并是平声，即“朝”与“云”均平声，“丹”与“池”均平声。与后来形成的格律诗平仄句法比较，格律诗基本上不讲究首一字的平仄，则第一字与第六字均为同为平声，实属常见。既不讲究首一字之平仄，则首一字与第二字同为平声，也就有了二分之一的概率，所以“平头”说的两条都被放弃了。倒是“第二字不宜与第七字同声”这一条被保留下来了，成为格律诗上下联平仄相“对”的讲究。格律诗之平仄格式自唐代形成并固定下来后，生命力持久，至今拥趸无数，从这方面说，是否具有长久的生命力，可以作为判别“四声八病”之弊的标准之一。

上尾：第五字不得与第十字同声，如“西北有高楼，上与浮云齐”之“楼”“齐”同声之病，被五言格律诗“平起平收”破了。

蜂腰：一说第二字不得与第五字同声，如“远与君别者，乃至雁门关”之“与”“者”同声之病，被五言格律诗“仄起仄收”破了。另一说第三字不得与第七字同声，如“徐步金门旦，言寻上苑春”之“金”“寻”同声之病，被五言格律诗“仄仄平平仄，平平仄仄平”破了，这两句诗恰好就是这对标准的五言律句格式。

鹤膝：以班婕妤《团扇》诗言之：“新裂齐纨素，鲜洁如霜雪。裁为合欢扇，团团似明月。出入君怀袖，动摇微风发。常恐秋节至，凉飙夺炎热。弃捐箧笥中，恩情中道绝。”沈约以“四声八病”说指陈该诗有“鹤膝”之弊，即该诗第五字——“新裂齐纨素，鲜洁如霜雪”之“素”字，与第十五字——“裁为合欢扇，团团似明月”之“扇”字同声。然班婕妤此诗冠盖一时，流传至今，并不因所谓“鹤膝”之说而锐减光芒。钟嵘“将百年间，有妇人焉，一人而已”之评几成定论。

大韵：五言诗两句中除韵外，余九字不得有字与韵犯，如“胡姬年十五，春日独当垆”中“胡”“垆”即有同韵相犯之病。

小韵：五言两句中除韵外，余九字有自相同韵者，如“薄帷鉴明月，清风吹我衿”中“明”“清”同韵相犯之病。

旁纽：双声同两句杂用，如“田夫亦知礼，寅宾延上坐”中“寅”“延”俱为双声之病。

正纽：一纽四声两句杂用，如“我本汉家子，来嫁单于庭”中“家”“嫁”声纽相同而杂用。

此“大韵”“小韵”“旁纽”“正纽”之病并未明确写入格律诗规范中，观唐及以后之旧体诗作，大多不论此道，亦有少数于此措意，明其为赞同之者。

自先秦以至两汉的诗歌，若依“四声八病”为据，大部分都是有“病”的，然而我们知道事实并非如此，《诗经》之为诗歌之源，《楚辞》之为楚韵之魂，乐府古辞之为诗府玉璧，乃至唐代格律诗、古风，宋词以及各朝赋体，我国古诗可谓各领时代风骚，各具风格与韵味。总观季刚先生两千余首原创诗歌，其中既有大量的古风诗作，亦有大量的格律诗作，整体呈现不偏一隅的风貌，从而显示出其于“协之声音”的实践，正所谓“清浊通流，口吻调利，斯为足矣”。

3. 振之以文采

除《明诗》篇中明确提出“振之以文采”以外，《札记》在多处讨论过“文采”问题。“文章”二字，除了写作而成之“文”这个意思，该词的构词字素“文”和“章”，本形本义均有花纹、纹饰之义。[①]《文心·情采》“总称文章，非采而何”的意思是，总的名称叫“文”“章”，这不是文采又是什么呢？为文之道，从最基本的字词到句法篇章，文采修辞均很重要，正《易》之所谓“无文不远”。季刚先生《札记·情采》篇强调刘勰之“文采”观乃“文质相剂”之意，乃“文质彬彬”的中庸之道，并非“侈艳”之过，亦非“朴陋”之不足，“盖侈艳诚不可宗，而文采则不宜去；清真固可为范，而朴陋则不足多”。[②] 季刚先生反对陷于“芜辞滥体”之“繁”“浮”“晦”。观于季刚先生《临江王节士歌》，庶几达于不“繁”、不“浮”、不“晦”之境：

> 对秋风，悲故国，可怜处处皆秋色。所思在何许？远望泪如雨。此意不可陈，寄予常畏人。临江节士多苦辛，旧恩终已矣，长剑枉随身。

《乐府诗集》有南朝陆厥《临江王节士歌》，其诗慷慨悲壮，曰：“木叶下。江波连。秋月照浦云歇山。秋思不可裁。复带秋风来。秋风来已寒。白露惊罗纨。节士慷慨发冲冠。弯弓挂若木。长剑竦云端。”[③]题解“节士”，有节操之士。李白亦有同题古风，诗曰：“洞庭白波木叶稀，燕鸿始入吴云飞。吴云寒，燕鸿苦。风号沙

① 张玉梅《论字象与修辞——以〈文心雕龙〉〈文心雕龙札记〉为例》，《当代修辞学》2020年第1期，第30页。

② 《札记》，第99页。

③ 郭茂倩《乐府诗集》，中华书局，1979年，第1184页。

宿潇湘浦,节士悲秋泪如雨。白日当天心,照之可以事明主。壮士愤,雄风生。安得倚天剑,跨海斩长鲸。”“长剑”,宋玉《大言赋》:“方地为车,圆天为盖,长剑耿耿倚天外。”“长鲸”,唐刘知几《史通·叙事》:“论逆臣则呼为问鼎,称巨寇则目以长鲸。”《汉书·艺文志》录《临江王及愁思节士歌诗》4 篇,清王琦认为陆厥诗是对 4 篇的误合,李白亦沿袭此误合,季刚先生亦如此。

《诗文集》载此诗作于壬子,即 1912 年。季刚先生是革命者,曾赤诚投身推翻清廷的旧民主主义革命,于 1911 年 7 月 15 日写下著名的时评文章《大乱者救中国之妙药也》,发表于《大江报》,文中疾呼:“爱国之志士乎!救国之健儿乎!和平已无可望矣。国危如是,男儿死耳!好自为之,毋令黄祖呼佞而已。”文章刊出,《大江报》被查处,报社詹大悲、何海鸣被收押。10 月 10 日武昌起义爆发,季刚先生先至汉口军政府分府参与义军,后回蕲春发动孝义会,清军水师追捕孝义会前锋至季刚先生家,打死数人,带走数十人,季刚先生等人辗转奔赴上海。1912 年 1 月 1 日中华民国临时政府成立,民国初年季刚先生沪上赁居,几无容身之地……[①]于此背景之下,可知季刚先生写悲秋望故国,节士多苦心,实兼家国之恨。

陆厥诗言感物化之秋士悲,李白诗演未会明主之壮士悲,而季刚先生此诗状家国飘零之志士悲,三首诗均以朴素之“文”,写悲情之“质”。朴素之“文”,并非无“文”,《文心·情采》总括文采为五色“形文”、五音“声文”、五性“情文”,则“处处皆秋色”“远望泪如雨”,形文是也;“国”“色”入声急促,“许”“语”鱼韵哽咽,“陈”“人”“身”平声哀鸣,声文是也;“客子”远望“故国”,“节士”仗剑涕泣,情文是也。季刚先生此诗袭乐府旧题,化陆厥、李白之典,以 50 字短篇写家国之大恨,可谓无铺张之“繁”,无蹈虚之“浮”,无迂回之“晦”,[②]正所谓文质彬彬也。

季刚先生诗词之文采,总体呈现文质彬彬之貌,具体到各种诗歌样式中,则有所对应之个性,比如四言古风尚正雅,五言古风率朴质,辞赋明显宗楚骚,格律诗平仄对仗工稳,以及词作婉约清丽,诸种诗体可谓文采各异。

4.齐之以法度

格律诗亦属于另一种的“协之声音”,《札记》有对沈约“四声八病”说的训释和评判,季刚先生对“协之声音”的诠释与格律诗规范并不矛盾,观其诗作本身,谨守旧体诗格律为其创作层面的“齐之法度”。

---

① 司马朝军《黄侃评传》,湖北人民出版社,2019 年,第 82—85 页。

② 《札记》第 99 页:“繁者,多征事类,意在铺张;浮者,缘文生情,不关实义;晦者,窜易故训,文理迂回。”

《诗文集》有《扫叶楼》一诗："成毁知何世？荣枯闻此间。居然逃劫火，还得对青山。烟远湖光定，林深鸟语闲。劳生暂休息，又趁暮笳还。"[①]首联以问答形式入题，似言扫叶楼本身成毁，实写人生荣枯起伏。第二联回忆扫叶楼遭劫故事，回到现实劫后清明。第三联描摹周遭幽静自然风貌。尾联以离开扫叶楼结束全诗，并发游历者之感叹。全诗平仄合律，中间两联对仗工整，押中古删韵。

季刚先生《诗品笺》于"东京二百载中，惟有班固《咏史》，质木无文"下加按语曰："盖学古之术，先求形似，乃能神似也。"[②]察季刚先生诗文作品亦能呼应所倡"形似""神似"之论，比如《古意》一诗："秋清城阙高，日晚郊原古。西风吹驼铃，遥遥度禾黍。有恨对斜阳，斜阳不能语。"[③]该诗五言六句，使用拗粘、拗对，顶针修辞，押上古鱼韵。不仅诗意自然，内蕴哲理，景语情语呼应，且古风神韵自然，技法浑熟。

《札记》赞同《文心·练字》篇"言语之体貌，而文章之宅宇也"的文字观，具体到诗文训释，季刚先生用字亦严格贯彻"齐之法度"之则。比如《平点·前缓声歌》"肃肃宵驾动"[④]条下，季刚先生曰："五臣宵作霄，非也。"考于古文字，"宵"之金文字形为[illegible]，从宀从夕。《说文》："宵，夜也。从宀，宀下冥也；肖声。""霄"之汗简字形为[illegible]，从雨从肉。《说文》："雨霓为霄。从雨肖声。齐语也。"可见，"宵"义夜晚，为"良宵"用字；"霄"义雨杂雪霰，为"云霄"用字。"宵""霄"二字形异义异，不可混用。古人"宵""霄"二字区分甚明，比如孙兴公《游天台山赋》有"昼咏宵兴"，此为夜晚之"宵"；陶潜《时运》有"山涤余霭，宇暧微霄"，此为"云霄"之字。具体到创作实践，这"云霄"二字在季刚先生诗句中亦泾渭分明，秋毫无犯。如夜晚义而用"宵"者："宵发轫于阊阖兮，夕辍驾于沙河。"(《南归赋》)"行役讵几时，良宵月初满。"(《咏怀》)云霄义而用"霄"字者："隋家崇佛事，壮观逾南朝。峨峨崒堵波，千载峙烟霄……"(古风《隋舍利塔》)

综而论之，季刚先生诗作，古风诗作守上古韵，形神浑然；骈赋宗法屈原，骚赋特点突出[⑤]；格律诗则用平水韵，格律对仗严整；属文则合体适度，文质彬彬；词作当属花间一派，力主"诗庄词媚"，向得好评。无论文论训诂还是撰文写实，季刚先生均格外注意字之形音义、字之本字别字、词之本义引申义等。

---

① 《诗文集》，第 14 页。

② 《诗品笺》，第 10 页。

③ 《诗文集》，第 118 页。

④ 《平点》，第 140 页。

⑤ 《札记·诠赋》篇："故或谓赋至唐而遂绝，由其体尽变，非复古义也。今之作者，亦惟取法挚、刘之言，以合六义之恉斯可矣。"此为季刚先生之辞赋值观，辞赋之法度观。见《札记》第 52 页。

结 论

总前文所述,季刚先生文学著述之训诂特色可以一言蔽之:以小学根基贯通文学研究与文学创作,其小学训诂根底深厚,其文学评论富有卓见,其诗文创作既饱含家国情怀,亦个性鲜明独特,艺术造诣高超。(季刚先生文学创作特色,拟专文另做深入探讨。)

参考文献

[1] 湖北省人民政府文史研究馆《〈黄季刚诗文钞〉校订说明》,黄侃《黄季刚诗文钞》,湖北人民出版社,1985 年。
[2] 黄侃《黄侃论学杂著》,中华书局,1964 年。
[3] 黄侃述、黄焯编《文字声韵训诂笔记》,上海古籍出版社,1983 年。
[4] 李开金《读〈文心雕龙札记〉》,《武汉大学学报(社会科学版)》1986 年第 1 期。
[5] 吴调公《〈文心雕龙〉学的奠基人——黄季刚先生——读〈《文心雕龙》札记〉》,《南京师大学报(社会科学版)》1986 年第 1 期。
[6] 王书才《黄季刚先生文选学成就述论——以〈文选平点〉为中心》,《名作欣赏》2010 年第 7 期。
[7] 杨焄《黄侃〈诗品讲疏〉探原》,《安徽大学学报(哲学社会科学版)》2016 年第 4 期。
[8] 周勋初《论黄侃〈文心雕龙札记〉的学术渊源》,《文学遗产》1987 年第 1 期。
[9] 黄侃《文心雕龙札记》,中华书局,2016 年。
[10] 黄侃著、黄念容整理《文选黄氏学》,台北文史哲出版社,1977 年。
[11] 黄侃著、黄延祖重辑《文选平点》(两册),中华书局,2006 年。
[12] 汪春泓《关于纪昀的〈文心雕龙〉批评及其文学思想之研究》,《北京大学学报(哲学社会科学版)》2001 年第 5 期。
[13] 安忆涵《〈文心雕龙·徵圣〉"装点门面"说辩》,《河北科技师范学院学报(社会科学版)》2015 年第 1 期。
[14] 黄侃《黄季刚诗文集》,中华书局,2016 年。
[15] 范文澜《文心雕龙讲疏序》,黄侃《文心雕龙札记》,中华书局,2016 年。
[16] 张玉梅《论字象与修辞——以〈文心雕龙〉〈文心雕龙札记〉为例》,《当代修辞学》2020 年第 1 期。
[17] 郭茂倩《乐府诗集》,中华书局,1979 年。
[18] 司马朝军《黄侃评传》,湖北人民出版社,2019 年。

(张玉梅:上海交通大学人文学院,200240,上海)

章太炎对三体石经之认识与其《尚书》研究

虞万里

提要:章太炎从李根源处初见光绪显世三体石经《君奭》残石剪裱拓本,已是三十年之后。初得时认识不深刻,与于右任、胡朴安诸人有书信讨论。及至得到洛阳新出《尚书·无逸》和《春秋》大块残石,才得以深入研究。太炎研究之重点原在古文字体,因弟子吴承仕询问《尚书》诸问题,书函往复讨论,乃重视《古文尚书》作者问题,提出《古文尚书》始于郑冲,三体石经书者为邯郸淳及其弟子的先后转写。

关键词:章太炎　三体石经　书者　《古文尚书》作者

章太炎1908年在日本讲授《说文》,以段注为教本,融文字、声韵、训诂于一炉,旁征博引,酣畅淋漓。唯对《说文》中之古文,颇少涉及。及1922年年底洛阳出土大块三体石经《尚书》与《春秋》残石,引起太炎先生关注。太炎与于右任、胡朴安、吴承仕等往复讨论石经文字、石碑形制行款,引起他对古文《尚书》的新看法,当时写下著名的《新出三体石经考》一书,之后又有《太史公古文尚书说》和《古文尚书拾遗定本》诸作。可以说,三体石经残石之出土,是引起太炎先生对《古文尚书》认识与研究之关键,故有必要对其接触三体石经残石之前后做一番梳理探究。关于太炎与三体石经之关系,予友蒋秋华教授有《章太炎与魏三体石经》一文,从文献学角度梳理太炎经眼拓本前后及所著《新出三体石经考》,搜罗资料非常详尽。笔者拟在蒋文基础上,略予增补,并着重阐发太炎对三体石经认识发展和《尚书》研究。

一　章太炎所见三体石经拓本之时间脉络

光绪十八年(1892)在洛阳龙虎滩发现一块三体石经《君奭》残石,拓本流传于学者与古董商之间,范围有限。虽时有见解和题跋,而真正著成文章者,则是二十多年后的王国维《魏石经考》。1922年年底洛阳出土三体石经《尚书·无逸》《君奭》和《春秋》残石,却是轰动一时,整个学界为之振奋,传拓、著录、研究者不乏其人。作为学术领袖、众望所归的魁首章太炎先生,自然有人会将残石拓本赠予过目。就今所见资料,是李根源(1879—1965)最早赠予,且是光绪残石《无逸》。太炎与易培基书翰云:

> 近三体石经忽有数碑现世,此实怪绝。先是民国十一年,李印泉赠我一册,乃《尚书·君奭篇》百廿余字,字颇蠹蚀,而纸墨不过三数十年。然《君奭》为《隶续》所未录。怪问李君,则云:"从长安作客得之,终不能寻其根也。"①

后著《新出三体石经考》则云:

> 民国十年,友人腾冲李根源以长安肆中所得石本《君奭》古文、篆、隶一百有十字赠余,独出《隶续》外,余甚奇之。恨已翦戳成册,无由识碑石形状。久之,知其石出洛阳龙虎滩民家,尝以系牛,印师刘克明始识之,卒归黄县丁氏。后得摄影本,于是识其行列部伍也。②

李根源赠其《君奭》拓本,与易培基书谓在民国十一年,后云民国十年。立足于1923年5月17日,谓"近三体石经忽有数碑现世",当指1922年年底出土之大块石经,而云"先是民国十一年",则即1922年,无须用"先是"表示,《新考》改为"民国十年",于文理较顺,是知李根源在民国十年(1921)在长安旧肆中获得《君奭》拓本,以赠太炎。由于拓本已经剪裱,无法"识碑石形状",以询李氏,亦无能明其所以。后始获知是出于龙虎滩民家,为篆刻手刘克明率先识得。由上得知,光绪发现之《君奭》拓本,太炎迟至二十九年后方始获睹,时已在洛阳大块《无逸》《君奭》残石发现之后。

太炎获睹大块《无逸》《君奭》三体石经拓本,系由于右任赠送。前文与易培基书又云:

> 今年三月,偶以此事语于右任,右任即取六大幅见赠。《尚书》则《多士》《君奭》《无逸》,《春秋》则僖公经、文公经,悉《隶续》所不载,而完好过于李本。问其故,则云:"去岁有人在洛阳厕牖中,见其石壁有古篆文,设法坏壁,得一石,以示人,知为三体石经。洛阳居民转相传告。或云:某庙某寺亦有石壁,文

① 章太炎《章太炎论魏正始三体石经书》,《国学丛刊》第一卷第三集,1923年,第153页。《章太炎全集·书信集》下册,上海人民出版社,2017年,第868页。

② 章炳麟《新出三体石经考》,《华国月刊》第一卷第一期,1923年,第1页。《章太炎全集》,上海人民出版社,2014年,第536页。按:太炎此文先在《华国月刊》发表,时间在1923年,后几经修订,成今所见本,对照两者,文字颇多异同,今文字从后者。

> 字相近。因共坏之,复得二石。此即得石后所拓也。其石或入官,或归富人,分散矣。"因歎清世诸老校剔石经,不为不勤,独于此未及,真所谓椅(掎)检星宿,遗一羲娥者也。[①]

于右任所赠六张大块石经拓本,《新考》谓"十二年,新安张钫又属三原于右任以石经拓本六纸未装者赠余",[②]可揣张钫欲于右任转赠在 1923 年 3 月之前,及太炎与于右任谈起石经一事,于氏"即取六大幅见赠"。然据于氏转述石经发现原委,也是人云亦云,含混不清。所谓在洛阳厕牏中所发现,系光绪《无逸》残石。赵汉臣之说,"某庙某寺亦有石壁,文字相近,因共坏之,复得二石",系《多士》《君奭》《无逸》《春秋》大石一剖为二者。传说将前后相差三十年之事绾合为一,可见当时传说之纷纭。及其撰写《新考》,已问过张钫。钫告之云:

> 民国十一年十二月二日,洛阳东南碑楼庄下朱圪塔郜民斸药,得石经于土中,为巨石一,其文表里刻之,以其重,斫为二,他碎石亦一散于公私。[③]

千唐志斋主人张钫本河南新安人,所收皆精品,[④]其所闻最近事实。[⑤] 太炎亦认为与史实相符,故舍弃于说,而将张说写入《新考》。

此后,太炎屡委王广庆代为搜集石经拓本,1923 年 12 月 21 日致王书云:

> 未出石经,既在黄霜地中,正应设法。彼既不敢发掘,应厚与工赀。如其未餍,宜将原地照时价二三倍买得,则发掘之权,亦在己矣。凡此不宜惜小费也。[⑥]

太炎之所以函商王广庆不惜工本,竭力搜集,实因充分认识到三体石经之价值。在 1924 年 3 月 24 日与王函中表露得更坦诚:

> 叔治来,惠致手书并丁氏所得石经摹本及三体鼎足书各件。丁氏本甚佳,向来未得原型,今始获之,欣喜之至。……望与伯英熟商,更筹良策。如能更有所得,则宝藏尽出,非徒以为美观,实于经学有无穷之益;所谓一字千金者,并非虚语。如其难得,来书所谓已出土者尚有八十余字,望设法摹得之。[⑦]

---

① 章太炎《章太炎论魏正始三体石经书》,《国学丛刊》第一卷第三集,1923 年,第 153 页。

② 章太炎《新出三体石经考》,《章太炎全集》,上海人民出版社,2014 年,第 536—537 页。

③ 同上,第 537 页。

④ 张钫所收魏三体石经之精美程度远过于孙海波所影印者,见潘永耀《张钫旧藏三体石经考述》,载《东方艺术》2009 年第 6 期。

⑤ 据王广庆题三体石经未裂本跋文,谓"张伯英(钫)商之公私各界拟建亭于城西北隅武庙中覆之",可见张钫于碑石情况知之甚悉。未裂本题跋藏上海图书馆。

⑥ 章太炎《与王宏先书》,《文献》1991 年第 2 期。此据《章太炎全集·书信集》下册,上海人民出版社,2017 年,第 1050 页,下同。

⑦ 章太炎《与王宏先书》之二,《章太炎全集·书信集》下册,上海人民出版社,2017 年,第 1051 页。

前从李根源处获得丁氏《君奭》拓本并不清楚,此时王广庆为重觅佳拓,并寄赠《尧典》品字式拓本。所谓于经学有无穷之益,其价值一字千金,是其已深刻认识到三体石经发现的重要意义。故会如前函敦促王广庆不惜工本搜求之。

太炎先生自得三体石经以来,由古文字形更引及《古文尚书》,浸润之而不能忘怀,恒四处搜寻不已。1932 年 7 月于潘景郑书云:"仆自得三体石经及《释文》残卷后,亦颇欲穷问斯事。"①1936 年潘景郑赠其洛阳续出三体石经《尚书·无逸》和《春秋·僖公》一石二面拓本两张。太炎于《书洛阳续出三体石经后》云:"民国二十五年春,余因潘生承弼得洛阳续出三体石经拓本两纸……此石出土后,为人携至上海,故潘生由上海碑估得之。其年四月,章炳麟记。"②此残石亦与大块相衔接,在大碑之左下端。因为所获在太炎去世前数月,未补入《新考》。

就所见太炎自述而言,其由友朋、学生处所获睹之三体石经,大致集中在《尚书·无逸》《君奭》和《春秋》之僖公、文公残碑。其他入品字式《尧典》等,必有所闻亦有所见,然未为其专门记述者,盖另有原因。

二　章太炎对三体石经拓本之认识过程

当太炎初得李根源所赠《君奭》拓本时,并未做任何研究。及从张钫转手王广庆、于右任获得《无逸》《君奭》和《春秋》僖公、文公拓本时,始有感想。1923 年 5 月 17 日致易培基函,附以两点感想:一谓《春秋》残石中古文"狩""晅""介"三字之古文形体,经与《说文》校核,皆不见收,认为"非独裨助小学,亦庶窥麟笔古书"③;二是据已剖开的残石以每面十五行、行三十三字计算字数,谓一碑九百九十字,《水经注》记载四十八碑,足以容《尚书》《春秋》二经。又谓宋代苏望所得《桓公》篇有《传》,而《左传》有十七万字,则绝非四十八碑所能容。先生此时计算,未能将一字三体考虑在内,故不可为典要。

至 6 月 7 日在《国学周刊》上发表《与于右任论三体石经书》,计算与前略异,谓:

> 按,今所谓碑石皆中断,每面各十五行,每行只三十余字。就本经文字对质,原石一行当有六十字。碑面各十五行,则千八百字,而三体相除则一碑只经文六百字也。《春秋》万八千字,已须三十石,益以《尚书》二十九篇,当得六十余石。且皇祐苏望所摹,今见于《隶续》者,《春秋》亦兼有传,左氏全传十七

① 章太炎《与潘景郑书》之一,《章太炎全集·书信集》下册,上海人民出版社,2017 年,第 1186 页。

② 章太炎《书洛阳续出三体石经后》,《制言》第十六期,第 1 页。

③ 章太炎《章太炎论魏正始三体石经书》,《国学丛刊》第一卷第三集,1923 年,第 153 页。

万言，合之《春秋》《尚书》，当三百余石矣。[①]

此翰与前引致易翰相差仅二十天，已着眼于上下中断，校核经文，算出每行六十字。然因赠者未告明缘由，仍懵于残石已经直断中剖，依前以每面十五行计之。又相信苏望所说有《左传》，遂推算需三百余石，而谓"《御览》引戴延之《西征记》称碑三十五枚，表里《尚书》《春秋》二部；郦道元《水经注》称碑四十八枚，以今验之，戴、郦已不见全部矣"。至于古文字形，谓"皀""乂"二字与《说文》合；而"狩""卢""潮""蔡""濮""款"皆用古文声近通假之字。另"夏""咺"皆用《说文》未录、钟鼎未见之古文。他由此得出结论："以此知《书》本壁中，《春秋》本张苍所献。"而感叹"汉世秘府所藏，特于斯一见之也"。此较之前翰计算，已注意一字三体，其他则仍不明底里。太炎之推算曾遭致胡朴安质疑。胡氏从陈巢南处获得拓本，以《水经注》所载尺寸较量拓本大小，仅得其半，因谓每面当有三十行以上，若以三十行行六十字计，须得一百八十三石。[②] 胡氏又谓论者谓《左氏传》当未刻尽，仅刻至桓公，故其碑与《水经注》所记相近。[③] 胡朴安所谓论者，当指王国维《魏石经考》之说，然此时太炎似未见王《考》。

胡氏书翰刊于 8 月 15 日，[④]章太炎接受其意见，于 9 月 15 日《华国月刊》创刊号上刊登《新出三体石经考》之一，云："行列不坏，每面无虑三十三行。"[⑤]其与于右任书亦云："前示胡君朴安论三体石经书，以事多未理。其云每面至少当三十行者，是也。"自述其所以以十五行计者，是"前得拓本时，以纮先述之不详，[⑥]未知其直断，后始发觉，故于《新出三体石经考》中已为更正"。[⑦] "大致以每面三十三行，以

① 章太炎《与于右任论三体石经书》，《国学周刊》，上海国学研究社，1923 年 6 月 7 日。

② 胡朴安在 1923 年 12 月 23 日题于拓本下方之跋文亦云："前见太炎与右任论三体石经书，知三体石经新近出土。即从右任处捆得拓本六纸，顾皆断裂，唯《尚书》两纸存字稍多。以文字排比求之，知每行六十字。太炎谓每碑十五行，碑之都数当为三百石。余证以碑之尺寸，意拟每碑三十行或三十行以上。碑之都数当为一百八十余石。曾作书与右任论之详矣。今右任得横断未直裂拓本，出以示余。受而读之，每碑果三十四行，窃喜意拟之不谬。"此跋见上图藏三体石经未裂本拓本真迹，见附图。

③ 胡朴安《与于右任论三体石经书》，《国学周刊》，上海国学研究社，1923 年 8 月 15 日。

④ 胡氏书翰自署八月十一日。

⑤ 章炳麟《新出三体石经考》，《华国月刊》第一卷第一期，第 2 页。

⑥ 按：纮先，王广庆字。王氏于 1923 年 12 月写成《洛阳先后出土三体石经记》，并于同月 25 日题跋于未裂本三体石经拓本，二文皆记及未裂本十三张，为谢荣章命白姓者凿裂之。太炎谓其述之未详，当在 12 月前也。

⑦ 章太炎在未裂拓本上题云："是轴乃未斫本也。凡三十二行，石经初出时所摹。未几，以私运不便，即被凿裂，故所见皆中断。"可见太炎见此拓本时，亲验其行款，谓为三十二行，前此《华国月刊》上云三十三行，已当纠正。章太炎题跋本藏上海图书馆，见附图。

百六十余碑容《尚书》《春秋经传》,与朴安说不甚异”。[①]《华国月刊》第二期《新考》之二云:“盖一百六十余碑而后足容古文篆隶六十三万字。以校戴、郦所见,三四倍有余。”[②]与《与于右任书》合。然太炎仍不同意胡朴安所说《左传》刻至桓公而止之说,原因是“唐叔手文曰‘虞’,见《左氏·昭公传》,而《传》首《孔疏》引此石经‘㕦’字,则知唐时尚见石经《昭公传》也”。[③]

至于三体石经之书者,所关甚重。太炎与于右任书云:“《魏略》称邯郸淳善许氏字旨,是其征也。”[④]似以正始三体石经为邯郸淳所书。胡朴安谓三体石经为邯郸淳所书一说,顾炎武、冯登府、万斯同等早已否定,尤其是万斯同据胡三省《通鉴注》推算邯郸淳元嘉元年(151)为度尚作《曹娥碑》,元嘉至正始(241)九十余年,所书已不可能。谓:“太炎先生认邯郸淳所书,仅据《魏略》,未偏核各书也。”[⑤]但太炎仍坚持己见,云:“淳之年寿,吾尝以《魏略》考之,黄初初为博士,据《艺文类聚》录淳所作《受命述》及《上受命述表》,是淳存于黄初时甚明,其年且九十矣。下逮正始之中,亦财二十余年,其弟子逮事淳者,是时尚众,得据淳所写古文经典,因以移书上石。是故江式直称石经为淳所建,明文字指授所自也。”[⑥]虽然坚持,但已从淳书降而为“得据淳所写古文经典,因以移书上石”。谁移书上石,含混不清。至在改本《新考》中,又详考邯郸淳生平行历及师传弟子,云:

《魏志》:颍川邯郸淳附王粲传,注引《魏略》:淳一名竺,字子叔,善苍雅虫篆、许氏字指、四体书势。又称建初中,扶风曹喜篆书少异李斯,而亦称善。邯郸淳师焉,略究其妙。韦诞师淳而不及也。蔡邕亦采斯、喜之法,为古今杂形,然精密闲理不如淳。此则淳书独步汉魏。尝写壁经,而弟子移以入石,其笔法渊茂,弟子所不能至,故云‘转失淳法’,非谓字体有失也。[⑦]

指出淳之书法独步汉魏,壁经为其早已写就,正始上石,乃是弟子移入。之所以要写《古文尚书》,是因为与卢植一样,不满于熹平时蔡邕专刊今文经。故其继考蔡邕与邯郸淳之年齿相若,淳、邕(蔡邕)同时而有声闻,邕仕而淳隐。淳在黄初初,被文

① 章炳麟《与于右任论三体石经书》,《华国月刊》第一卷第四期,1923年,第44页。按:十年后,钱玄同为之抄录时,改为“每面三十二行”,见章炳麟《新出三体石经考》,《章太炎全集》,上海人民出版社,2014年,第538页。

② 章炳麟《新出三体石经考》,《华国月刊》第一卷第二期,第1页。

③ 章炳麟《与于右任论三体石经书》,《华国月刊》第一卷第四期,1923年,第44页。

④ 章太炎《与于右任论三体石经书》,《国学周刊》,上海国学研究社,1923年6月7日。

⑤ 胡朴安《与于右任论三体石经书》,《国学周刊》,上海国学研究社,1923年8月15日。

⑥ 章炳麟《与于右任论三体石经书》,《华国月刊》第一卷第四期,第2页。

⑦ 章太炎《新出三体石经考》,《章太炎全集》,上海人民出版社,2014年,第541—542页。

帝立为博士，石经古文本淳所写，及二十多年后之正始立石，淳或卒或老不能书，乃由其弟子东海王霖、韦诞、江琼之辈移淳所写上石。邕立一字石经，用今文经传，卢植已非之。故“淳之写古文经以待摹刻，其亦与植同旨而近规邕之失”。① 三体石经之书者，因史阙有间，问题极为复杂，非一时所能厘清。太炎详考邯郸淳之师承及学脉，是除王国维之外最早也最详尽的考证文字，可备石经学史之参证。

1922年年底大块三体石经出土后，洛阳家家掘地寻宝，作伪之事也趁势而起。当时传拓交流，真伪莫辨。太炎较早认识到流传中有伪石。1924年9月与弟子吴承仕书时即指出：“前岁之冬，石经既出，随有伪作残片者，自洛阳来。仆因与原石相比，往往取三四字摹刻之，以是不信。”可见其特别警惕伪刻残石。三体石经竖刻体式外，另有一种品字式，罗振玉、王国维皆信其真，且多方解释。太炎与吴承仕云：“随有伪作三体，以‘品’字式作之者，其篆体肥俗，或疑宋时嘉祐石经，然此不应出于洛阳，且行列亦不合，决知其伪。乃罗叔蕴、王国维等尚信之，岂真不辨篆法工拙邪？盖习于好奇，虽伪者必仞之也。”②又与王广庆云：“鼎足书者，恐出后人伪造，观其篆法拙滞，唐人尚不作此体，梦英、张有时带此种笔法，然亦不尽尔也。若非土人炫三体石经之奇，赝作欺人，则必金元人书，适与正始石经同沉地窟耳。”③因谓古董商作伪，致使流传拓本真伪参半，所以他特别警惕，对识别残石拓本有自己的一个准则，谓“仆意除丁氏所得者及朱圪塔村所得二石外，如有残余，必其篆法瘦逸，而又非在曾得之石之中者，且其文义可读者，然后始信为真”。④ 故其《新出三体石经考》所论所考，不及其他碎石拓本，即秉持此原则。

三　章太炎《新出三体石经考》初刊与修订本异同

从太炎先生与易培基书中提及《春秋》残石中《说文》所无之“狩”“晅”“介”古文，知其对三体石经古文形体极感兴趣。1923年8月胡朴安《与于右任论三体石经书》已从于右任口中得悉“太炎尚有考证七千余言，于文字学极有发明”，⑤可见其获睹三体石经伊始，即与友朋粗论其形制行款时，已对古文进行了较为细致的考证。故《新考》以古文字形为重心，兼及《古文尚书》字体书写者、碑石形制、行款及

① 章太炎《新出三体石经考》，《章太炎全集》，上海人民出版社，2014年，第548页。

② 章太炎《与吴承仕书》之四十五，《章太炎全集・书信集》上册，上海人民出版社，2017年，第440页。

③ 章太炎《与王宏先书》之二，《章太炎全集・书信集》下册，上海人民出版社，2017年，第1051页。

④ 章炳麟《与弟子吴承仕论三体石经书(一)》，《华国月刊》第二卷第四期，1925年，第31—35页。

⑤ 胡朴安《与于右任论三体石经书》，《国学周刊》，上海国学研究社，1923年8月15日。

史实。该文首在《华国月刊》第一期刊出，后复连载三期，共约八千字许，与于右任所说相较，略有增补，主要为回应胡朴安质疑而后有所修正与增益。前面三千余字系形制行款及史实考证，后有113条古文考证，一条疑文。刊出后，太炎仍续有修订。1933年钱玄同代为用隶书重抄修订本，刊入《章氏丛书续编》。修订本与《华国月刊》本相校，形制行款及史实部分增益一二千字，主要补入邯郸淳弟子一节与“清末郑珍作《汗简笺正》”以下论字形一节，其他亦略有增删。古文考证部分增入14条，总计127条，阙文2条。所增条目文字如下：

1. 年(二，初刊本疑文移入)

2. 用(八)

3. 至(十一)

4. 罔(十五)

5. 卫(三十二)

6. 后(三十七)

7. 猷(四十四)

8. 醢、酒、哉(五十四)

9. 保、惠(五十五)

10. 绰(六十五)

11. 道(七十七)

12. 平(八十九)

13. 丑(九十九)

14. 瑕(一百十)

15. 葬(一百十八)

16. 蘦(一百十九)

17. 震(一百二十六)

18. 女(一百二十七)

删去三条：

1. 公(八)

2. 无(十八)

3. 罔(八十六)

就修订本127条而言，其中有一条而涉二字三字者，故实际所考订古文字形不止此数。对古文字形考释，大多先从《说文》入手，与《说文》古文、籀文字形校核异同，再加以解释，时引钟鼎铭文、秦汉石刻、敦煌残卷字形对照作解，对孙星衍所说及清儒说字有不同者，亦随文驳斥。《华国月刊》所刊系早期初稿，所作诠解较为简单。兹选取较详者一条为例，如：

> 四十一、《无逸》文王卑服。服作[illegible]，《春秋·文公经》叔服，亦作[illegible]。
>
> 考释：[illegible]本从用。此笔势小异。中似女字。然《说文》"备"之古文作[illegible]，正从女。则意古文[illegible]字亦或有从女者也。女上加一横画，犹秦权安字作[illegible]，女旁又加一直画也。[illegible]服古同声相借。《易》服牛乘马，《说文》作犕牛。《左氏》伯服，《史记》作伯犕。

太炎先生从初接触三体石经拓本，开始撰写《新考》中古文考释，到刊登于《华国月刊》，仅半年许。或因拓本模糊，字形不清，或因一时思虑未周，仅与《说文》勘同异，大辂椎轮，显得粗疏。后经十年磨勘，在文字考释上有很多新的突破。有原未详其字形，而后做出新解者，如：

> 《华国月刊》本一百：狄侵齐，狄作[illegible]。释云："未详。《汗简》右旁形小异。"《续编》本对"[illegible]"字有认识，解云："古狄、翟互相借。翟本雉名，引伸为羽饰衣。此盖羽饰衣正字。从半羽，一者，题识也，与卒同意。借为狄字。凡三见。"

有在原来条目上增解一字者，如：

> 《华国月刊》本六十五、远念，远作[illegible]，仅诠释远字。《续编》本七十二改成：弗永远年天畏，远作[illegible]，畏作[illegible]，既解远，又释畏。

有修正石经文句者，如：

> 《华国月刊》本六十八、天难忱，忱作[illegible]，"天难忱斯"，乃《诗·大雅·大明》文。《续编》本七十五改成：天难谌，难作[illegible]，谌作[illegible]。"天难谌"乃《君奭》文。

更多的是，在原考释之基础上进一步增益证据，加强论证，使古文字形之构形与流变更加清晰。如其最初与易培基书中提及的"介葛卢"一条，介字在《华国月刊》上云：

> 介作[illegible]。从攴从柰。柰下古文示也。按《汉司隶校尉杨淮碑》隶字皆作[illegible]。隶介声不甚近，当由夷音变迁。《周官》夷隶掌役牧人养牛马与鸟言。郑司农引介葛卢闻牛鸣事为证。然则葛卢实夷隶之长官，犹司隶隶本职役，因以为国名。犹汉时司隶校尉，后遂以名其所统尔。徒以夷语侏离，呼隶为介。《春秋》书从中国，读从主人。故书隶而音介。此篆隶所以仍作介也。《公羊》《穀梁》经由口授，则直以介代隶矣。①

① 章炳麟《新出三体石经考（四）》，《华国月刊》第8页。按：此段文字修订本亦有字句改动。

至《续编》本又增加一段云：

> 或问隶何以音转为介。答曰：示声之字多变作喉音，如狋作牛肌切，祁作渠脂切是也。隶字声变则如计，再由脂部转泰，遂读如介。此在华夏亦有之，《桓公传》：大夫有贰宗，士有隶子弟，隶即介字。《记·曾子问》所谓孝子某为介子，某荐其常事。传所谓寡君之贵介弟，是其义也。贰、介皆训副，非与隶之义。以隶为介，则声转相借明矣。①

初稿只是引证文献，修订稿乃为解释声韵关系及互转音理，使介、隶两字之声韵通转关系得以清晰明了。个别考证增补量较大。如“宁于上帝，宁作𢜛”一条，《华国月刊》本只云“从衣从心，未详其说”，《续编》本则衍成363字之完整考证。② 一百多字的古文考释，类此不少。太炎作《新考》，似未见王国维《魏石经考》一文，至少初撰时未见，故其所释与王国维所考互有出入。

四　章太炎对三体石经《尚书》研究

与一字隶书的熹平石经不同，三体石经以古文、篆文、隶书一字三体直下排列。一字而有三体，颇令人遐想自战国至秦汉之古本《尚书》因应不同时代通行不同字体抄录流传之轨迹。1924年，弟子吴承仕致翰太炎，谓正整理敦煌本《尧典释文》，涉及马郑异文，并问石经古文。此时太炎正与于右任、胡朴安等往复讨论三体石经碑式、文字，得絸斋之说，不仅首肯，更提出一个奇特而未经人道之想法：

> 恐当时说经，与宋人钟鼎款识相近。首列摹本，次则真书，后则释文。行款虽不必同，而三者必皆完备。摹本者，即移写壁经也。真书者，即以己意训读本也。释文者，即己所作传注也。是故马郑本见于《经典释文》者，皆其训读之本，而非其移写壁经之本也。东晋之时，马郑所移写者已亡，然尚知训读之本非真壁经。而梅氏所献，多与石经相会，是以信之不疑尔。③

汉代经师传经，文本分摹本、真书、释文，此前人所未言。然此时尚云“恐当时说经”，乃即兴而谈，是未定之辞。两月以后，絸斋再上书，提出“古今《尚书》，原本皆古文，传习一皆今字”之想法。太炎覆书重申此说，定义更加周延，谓：

---

① 章太炎《新出三体石经考》，《章太炎全集》，上海人民出版社，2014年，第636页。

② 章太炎在1924年10月14日覆吴承仕翰中已对三体石经“宁”字有解释，《续编》本应是在此基础上引而伸之。《章太炎全集·书信集》上册，上海人民出版社，2017年，第43页。

③ 章太炎《与吴承仕书》，《章太炎全集·书信集》上册，上海人民出版社，2017年，第442—443页。此翰末署十月十四日。

鄙意昔人传注本与经文别行。古文家每传一经，计有三部，与近世集钟鼎款识者相类。其原本古文，经师摹写者，则犹彼之摹写款识也。其以今字移书者，则犹彼之书作今隶也。其自为传注，则犹彼之释文也。但彼于一书中分作三列，而此乃分为三书耳。①

同一古文本，经师在研习、传授过程中，演而为三：摹录本与古文本同，移写隶书成今文本，自为传注则成释文本。摹写之古文本和移写之今文本、传注之释文本虽与三体石经之古文、篆文、隶书不一一对应，但确从三体石经得到启发。此一启发所得，使经典古文本之流传拥有更广阔之途径，而不再像传统所认为的古文本流传一线单传，不绝如缕。他继而云：

伏书旧简，盖未尝传之其徒，所传者只其移书今字之本。孔书旧简虽入秘府，而摹写古文之本，与移书今字之本，必并存之。

其之所以如此认为，是从卢植不满熹平石经所刊今文而上疏所说"古文科斗，近于为实，而厌抑流俗，降在小学。中兴以来，通儒达士，班固、贾逵、郑兴父子，并敦悦之"得到启发。因为摹写古文与今字之本并存，所以东汉初年班固、贾逵、郑兴、郑众并能见而敦悦。既然连班、贾、两郑亦能见而敦悦，则孔安国所传《古文尚书》一系能持有古文本更在情理之中。一师而多徒，故一本散化多本，东汉时古文学之兴起，并非无源之水。许慎能在《说文》中广泛记录壁中古文字形，是其必见摹写本之证。所以"追论原始，则古今文皆是古文。据汉世所传授者，则古文家皆摹写原文，而今文家直移书今字，实有不得强同者矣"。

今古文文本分界清晰之后，进而论其注释训读。太炎提出："至同一古文经典而诸家文字或异，此乃其训读之殊，非其原文之异，《经典释文》所云某家作某者是也。"②训读之字代入经文，则成为一种变异的文本。③ 这种文本，太炎亦认为是古文本。他强调云：

古文家所读，时亦谓之古文。此义为余所摘发，治古文者不可不知。盖古文家传经必依原本钞写一通，马融本当犹近真，郑玄本则多改字。

① 章太炎《与吴承仕论尚书古今文书》第一书，诸祖耿整理《太炎先生尚书说》附录，中华书局，2013年，第205页。章太炎《与吴承仕书》之五十，《章太炎全集·书信集》上册，上海人民出版社，2017年，第446页。

② 章太炎《与吴承仕论尚书古今文书》第一书，诸祖耿整理《太炎先生尚书说》附录，中华书局，2013年，第206页。

③ 笔者于2013年撰写《六朝〈毛诗〉异文所见经师传承与历史层次——以陆德明〈毛诗音义〉为例》（刊第四届国际汉学会议论文集《出土材料与新视野》，台北"中研院"，2013年12月），发现数十例经师以训读改写经文例子。太炎所说某家作某，是尚未改写经文，而《毛诗释文》中直有将训读之字代入经文，另成一种文本者。

从理论上说，古文家所读，总属于古文系统。然此处太炎所说，乃指其文本，即古文家释读而成之文本，亦谓之古文本。其之所以特别强调，是针对清人治《尚书》者皆以马郑为宗，以马郑为古文，因马郑与史公文不同，故指史公为今文。太炎先举马郑之不同为例云：

案马与郑不同，同出壁中，马读曰某，郑读曰某，读不同即曰马作某郑作某，此读法不同，非原本不同也。史公与马郑异者，亦以此故。杜林精小学，马从之，故与史公不同也。譬如钟鼎拓片，各人读不同，录为文章，或作甲，或作乙，非拓片不同也。孙星衍《续古文苑》录钟鼎，严可均书亦录钟鼎而文不同，此其例也。史公与马郑不同，其故在此。[①]

以孙、严钟鼎录文为例，此孙严以后下至今日所有研治钟鼎铭文者皆能了然明白者。各家同释一铜器铭文，恒各据其文字通假与文义理解而写成释文，虽互不相同，而铭文仍是一种，摹录之文亦相同，非因各家所读之释文而异。以此况马郑异读，以此况马郑与史公异读，皆可明了乃"读法不同，非原本不同"。立足于此，乃可以证史公与马郑不同，并非今文。太炎以为，史公从孔安国问故，其必得安国古文之传，故《史记》所传必有古文在其中，援据其证云：

杜林精小学，然谓史公更可信者，于时孔壁初出，史公得从安国问故也。《汉书》云迁书五篇皆古文，今案《殷本纪》录《汤诰》，《汤诰》伏生所无，世称逸书，马融以为绝无师说者也。又录《汤征》，《汤征》孔壁所无，汉人亦称为逸书，而史公均载之，则史公所见古文，不仅五篇矣，以故古文之学，史公为可信。[②]

所有以上证词，全为段玉裁而发，皆因段氏划然分别汉代《尚书》今古文派别，而将马迁归为今文派，以为"马、班之书皆用欧阳、夏侯字句，马氏偶有古文说而已"也。[③] 以三体石经之古文篆隶序次启发西汉经师摹本、师传训读和释文本，而后知古文家所读，亦谓之古文本。从而推知史公从安国问故，故《史记》所存多古文。《史记》所存多古文，并非可以腾口说，故复撰著《太史公古文尚书说》一卷，搜辑引证二十五条，谨录一例以明之：

① 章太炎《尚书略说》，诸祖耿整理《太炎先生尚书说》，中华书局，2013年，第17页。

② 同上。

③ 段玉裁《古文尚书撰异序》云："若两汉博士治欧阳、夏侯《尚书》，载在令甲，汉人诏册章奏皆用博士所习者。至后汉卫、贾、马、郑迭兴，古文之学始盛。约而论之，汉诸帝、伏生、欧阳氏、夏侯氏、司马迁、董仲舒、王褒、刘向、谷永、孔光、王舜、李寻、杨雄、班固、梁统、杨赐、蔡邕、赵岐、何休、王充、刘珍皆治欧阳、夏侯《尚书》者，孔安国、刘歆、杜林、卫宏、贾逵、徐巡、马融、郑康成、许慎、应邵、徐干、韦昭、王粲、虞翻皆治《古文尚书》者，皆可参互钩考而得之。"复又揭示马迁偶用古文。《清经解》(第四册)卷五六七，上海书店，1988年，第1页中。

《周本纪》述《书序》:“成王既伐东夷,息慎来贺,王赐荣伯,作贿息慎之命。”

太炎说云:马本亦作“息慎”,《大戴礼记·五帝德》,史公谓之古文,固作息慎矣。《少间》篇及《春秋》内外传则作肃慎,今本作肃慎,后人依《春秋传》改读。①

今本是否必依《春秋传》改,更可广征而定,然史公之用古文,似可无疑。经此引证,他更进而谓“史公所录,乃壁中原本,马郑各以训诂改本经,故各不同”。② 当然,仅仅二十余条之证,是否可以得出如此结论?刘向云《尚书》异文七百余条,朝前省视,是否史公皆用古文,朝后印证,是否马郑皆系训故改经本?此乃至今无法解决之历史文献悬案。但太炎先生之思路,完全颠覆了清以来对《尚书》今古文学者传承之认识,开拓了《尚书》学史研究之视野。此种启迪性很强的思维,得之于他对三体石经古文篆隶直行而下之体味,得之于钟鼎铭文与摹录本与释文本启发。

此种认识与启发,他在所著《古文尚书拾遗后序》中有所表述:

余始以为《尚书》必不可通,未甚研精也。弟子歙吴承仕独好古文,先以敦煌所得《尧典释文》推定枚氏隶古,又参东方足利诸本增损文字,以为壁中书虽亡,其当与此不远。尝以质余,余甚是之。其后自洛阳得三体石经残碑,发见古文真迹,以校枚氏《尧典》,多相应,知其所以取信士大夫者,非妄而获是。恨清时段、孙诸师未见也。③

太炎先生年轻时以《尚书》必不可通,故未甚研精,而专精《左传》。所说吴承仕好《古文尚书》,参核章吴往返书翰,1924 年太炎覆吴翰云:“接手札及《尚书集释自序》,烽火之中尚能弦歌不辍,真不愧鲁诸生矣。《尚书》今古文除《说文》所引、正始石经所书者,难信为古文真本。”④同年 10 月 14 日覆吴翰云:“两接手书,云将唐本《尧典释文》补证吴阙,此事仆先亦有志为之,以伪古文不足卲,故未着笔。”⑤《后序》所谓以《尧典释文》质余,时当 1924 年 10 月。此时太炎已著《新出三体石经考》,⑥《后序》所谓“其后自洛阳得三体石经残碑,发见古文真迹,以校枚氏《尧典》,多相应”,实际当是先得三体石经并著《新考》,复屡得吴氏书翰讨论《尚书》,又得其

① 章太炎《太史公古文尚书说》,《章太炎全集》,上海人民出版社,2015 年,第 254 页。

② 章太炎《尚书略说》,诸祖耿整理《太炎先生尚书说》,中华书局,2013 年,第 17 页。

③ 章太炎《古文尚书拾遗后序》,《章氏丛书续编》,第 1 页。

④ 章太炎《与吴承仕书》之三十一,《章太炎全集·书信集》上册,上海人民出版社,2017 年,第 421 页。

⑤ 章太炎《与吴承仕书》之四十七,《章太炎全集·书信集》上册,上海人民出版社,2017 年,第 442 页。

⑥ 前此 8 月 9 日《与吴承仕书》之三十五已云:“年来著述颇稀,唯《三体石经考》《清建国别记》自觉精当。”可见于《新考》颇为自得,今观续后时有增订。且亦已告知吴氏。

《尧典释文》书而切磋之。今《古文尚书拾遗》有二十四条讨论《尧典》古文,即此翰所谓"以校枚氏《尧典》,多相应"。《拾遗》著成于1932年7月(据《后序》),未在杂志上发表,1933年收入《章氏丛书续编》,后续有修订增补。1936年6月太炎去世,于9月间出版《制言》第二十五期"太炎纪念专号",将《古文尚书拾遗定本》置于卷首,既为纪念,亦示不能再修订而成最后定本。

由以上所述太炎先生研精《尚书》历程,可知其对今古文《尚书》之态度。当时很多人因为三百年《古文尚书》公案之终结,多认为《尚书孔传》不足信而不可读。太炎自得三体石经之后,审思两汉经师文本传写和流传方式后认为:

> 古文可见者惟三体石经,三体石经宋时出土,今洛阳又有出土者,然仍不全。其解说有史公之书在。马郑注虽不全,近人有辑本,古文较今文易讲,然进路不能离开伪孔,离即不能知真本如何也。①

他觉得,无论如何,世所谓伪《古文尚书》,因为与三体石经有关,还存有西汉孔安国与司马迁之一脉,所以讲《尚书》"进路不能离开伪孔,离即不能知真本如何"。太炎之所以认为古文较今文易讲,是因为三体石经与《古文尚书》有密切关系。之所以认为三体石经与《古文尚书》关系密切。与他对《古文尚书》之作者指认有一定关联。而他对《古文尚书》作者之认定,又与三体石经拓本和弟子吴承仕《尚书传孔王异同考》有关。

《古文尚书》及《孔传》之作者,三百年来诸说纷纭,有指为皇甫谧、王肃、孔安国、孔晁等,尤以丁晏指证王肃伪造说最为流行。1924年10月14日与吴承仕书曾云:"以三体石经相校,伪古文相类者多,盖其书本出于郑冲,冲于文帝初已仕,则石经之立,其所亲见,因是作伪亦多取于石经。是以东晋献书时,人不疑其妄。"②云郑冲文帝时已仕,尚未深考其行历,故云"盖"者,亦临书即兴之语。12月26日太炎致吴承仕翰,已有进一步认识:

> 枚氏伪《古文尚书》本之郑冲。冲于魏文帝为太子时已官文学,至晋泰始十年而殁。何氏《论语集释》与冲同集,而正始石经立于是时,正冲所亲见。伪古文都取石经文字,事势宜然。东晋时所谓马郑《尚书》者,但作今字,而真本典型已绝,伪书乃适与石经相似,由是被人尊信。③

① 章太炎《尚书略说》,诸祖耿整理《太炎先生尚书说》,中华书局,2013年,第21—22页。

② 章太炎《与吴承仕书》之四十七,《章太炎全集·书信集》上册,上海人民出版社,2017年,第442页。

③ 章太炎《与吴承仕论尚书古今文书》,诸祖耿整理《太炎先生尚书说》,中华书局,2013年,第206—207页。

太炎为何在此重提伪《古文尚书》本之郑冲，主要是三体石经刊刻时，为郑冲所亲见，而伪《古文尚书》与石经文字相似。然此话题之起因，尚可深究。1925年3月5日太炎致吴承仕翰云：

> 所论《伪孔传》作于何人，昔人或疑为郑冲，或曰王肃。肃之说与伪孔既有异同。冲在魏世，与何晏同纂《论语集解》，而孔氏《论语训说》世所不传，独于斯时见之，疑《论语训说》与《尚书传》皆冲所托也。冲年最老寿，逮晋世为三公，三体石经之立，正冲所亲见者，其多所采亦宜。肃卒于甘露元年，亦在石经立后，《论语集解》引肃说已多。肃之视冲，则行辈为先，故《伪传》亦多取肃义。肃善贾马而薄郑氏，今伪书文字顾有异于马同于郑者，宜必冲所定也。①

就所引"所论《伪孔传》作于何人"一句思之，似吴承仕上书中有所问。吴致章书今不可见。然观下文"《伪传》亦多取肃义""伪书文字顾有异于马同于郑者"而揣摩之，是吴上书确有此问。何以言之？吴承仕于1920年前后撰写《经籍旧音辨证》，太炎先生尝"叹其精审"，由撰《辨证》而关注孔传、王肃注异同，进而作《尚书传王孔异同考》，初刊于1925年5月《华国月刊》第二卷第七期，推算其3月5日前上书太炎时已成稿。《异同考》罗列王、孔异同一百多条而辨析之，以证明《伪孔传》与王肃无关。《孔传》既非王肃所伪造，必另有其人。何人克堪此任，此吴氏所以欲问于乃师者。再朝前推移，1924年12月26日太炎覆书时，吴氏《异同考》已在撰著中，既以别白王肃非《伪孔传》之撰者，亦必有究为何人之问，故太炎前书"枚氏伪《古文尚书》本之郑冲"之语亦可能是答吴氏所问。二书前后相隔三月，期间正是太炎专注三体石经《无逸》《君奭》古文字形和古文文本之时。因吴所问，遂逐渐形成郑冲伪造《古文尚书》之思想。此后一个月间，太炎沉思伪《古文》作者，一再致书吴检斋以畅谈自己观点。4月6日致书云：

> 郑志欲知孔书为谁作，当梅之前事，不容以赜事相质。案《尧典正义》引《晋书》云："晋太保公郑冲，以古文授扶风苏愉，愉字休预，授天水梁柳，字洪季，柳授城阳臧曹，字彦始，曹授汝南梅赜，字仲真，遂于前晋奏上其书而施行焉。"又引《晋书·皇甫谧传》云："姑子外弟梁柳边得《古文尚书》，故作《帝王世纪》，往往载孔传五十八篇之书。"此载籍实事也。疑王肃曾见其书者，陆孔二家推度之辞也。然则孔书出于郑冲，此为诚证。冲上《论语集解》，已伪造孔安

① 章太炎《与吴承仕论尚书古今文书》，诸祖耿整理《太炎先生尚书说》，中华书局，2013年，第207页。

国训,亦其比例也。①

所谓“疑王肃曾见其书者,陆孔二家推度之辞”,亦即回答吴承仕已考出《孔传》绝非王肃伪造,而另求伪造者之问。然《古文尚书》牵涉面太广,要一言定鼎,势必有各种歧出而难以解释者。如甘露元年,帝幸太学问郑冲、郑小同《尧典》“粤若稽古”一事,王肃解为“尧顺考古道而行之”,与孔传同。高贵乡公曹髦之称王肃而不称孔安国,是郑冲授帝读时未云是孔传。太炎解释云:“冲虽伪作《孔传》,未敢以是授帝,盖时有郑小同同授《尚书》,不可欺也。”诸如此类,太炎也多方解释,以证成己说。此是《古文尚书》公案之大问题,无法在此一一细辨。

五 结语

1992年第一块三体石经《尚书·君奭》残石被发现,适当太炎撰写《膏兰室札记》时,《札记》四卷四五百条,仅第二五九《御衡不迷》、第四七四《一人冕执刘》两条涉及《尚书》。前一条是同意刘申受之说,后一条则释刘即矛也。太炎先生自谓早年于《尚书》“未甚精研”,亦有以也。自民国十年李根源将《君奭》拓本赠予太炎,引起其注意,旋即又收到张钫请于右任转赠的新出三体石经《尚书·无逸》《君奭》残石拓本,开始对残石古文和《尚书》进行研究,撰写《新出三体石经考》一书。在研究过程中,他深刻认识到三体石经对经学研究之价值,敦请王广庆不遗余力地为他搜集三体石经残石。太炎对三体石经之研摹,始而由古文字体之考释,追寻石经古文之书手,衍及两汉经师写本于传授,继而辨析司马迁《史记》所用今古文,因而有《太史公古文尚书说》和《古文尚书拾遗定本》二书。当其接触浸润于三体石经时,弟子吴承仕正研究《经典释文》和《尚书》,撰成《尚书传王孔异同考》,否定了丁晏所定的王肃伪造说,上书乃师请问伪《古文尚书》作者,促使其思考此棘手问题。王肃伪造说既被事实否定,三体石经用三体尤其是古文书写《古文尚书》,其所立正当曹魏中期,与王肃同时既负硕望又为高贵乡公曹髦讲授经典的经师郑冲是亲见石经镌刻,熟知古文字形者,因怀疑其为伪《古文尚书》之作俑者,并收集多方事例来证成其说。尽管伪《古文尚书》之造作、流传是一个极其复杂的历史公案,未必就此定谳。但在二十世纪二三十年代,章太炎、吴承仕师弟因接触、研精敦煌《尚书释文》残卷,尤其是三体石经《尚书·无逸》《君奭》等残石,由检斋否定王肃伪造说,因而太炎提出郑冲作俑说,成为《尚书》学研究史上一个不容忽视的节点。

① 章太炎《与吴承仕论尚书古今文书》,诸祖耿整理《太炎先生尚书说》,中华书局,2013年,第211页。

附图：

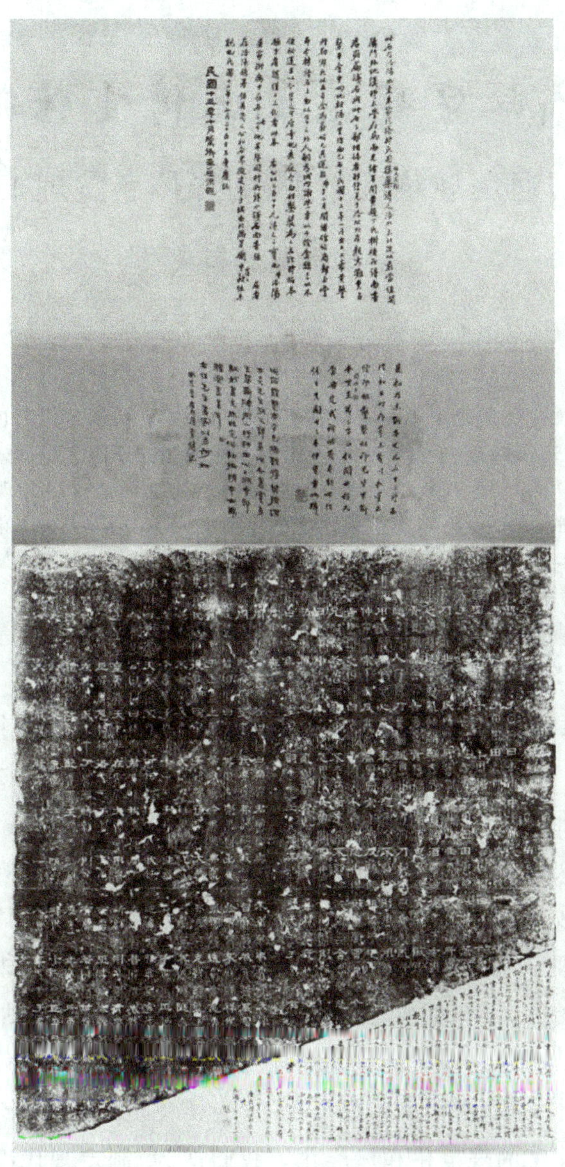

（虞万里：上海交通大学人文学院，200240，上海）

制定现代汉字规范也需倚重传统训诂学

——从《通用规范汉字表》的异体字整理工作说起

邵文利　杜丽荣

提要:"训诂为文化传承须臾不可离的重要工具",制定现代汉字规范也需倚重传统训诂学。《通用规范汉字表》的异体字整理工作存在问题的原因之一即未能重视传统训诂材料。本文认为,制定现代汉字规范要充分利用传统训诂材料和现代汉语语料库来验证字际关系,既不能将本不是异体字的字组确定为异体字,如"券"与"劵"、"諂"与"謟",也不能将事实上的异体字排除在整理范围之外,如"为(爲)"与"為"、"廄"与"厩"。希望《通用规范汉字表》将来的修订工作能注意到这一点。

关键词:《通用规范汉字表》　异体字整理　传统训诂材料

教育部和国家语言文字工作委员会组织制定、国务院2013年6月5日公布的《通用规范汉字表》(以下简称《通规表》)是一个整合、完善多个原有汉字规范的综合性国家汉字标准,异体字整理是其研制工作的一个重要组成部分。《通规表》坚持科学、稳定、求实的原则,对《第一批异体字整理表》(以下简称《一异表》)所收全部异体字进行了较为审慎的重新整理,具有重要意义。但其异体字整理范围只限于《一异表》已整理字,在实际甄别《一异表》原有收字的过程中未能将科学、稳定、求实的原则贯彻始终,没有重视能充分说明字际关系的传统训诂材料,在相当程度上沿袭了《一异表》研制之初从俗、从简的做法,从而将个别完全不具备异体字条件的字组确定为异体关系,对很多客观存在的《一异表》表外异体字未予整理,这不利于国家通用语言文字的规范化和标准化。我们认为,制定现代汉字规范也需倚重传统训诂学,要充分利用传统训诂材料和现代汉语语料库来验证字际关系,既不能将本不是异体字的字组确定为异体字,也不能将事实上的异体字排除在整理范围之外。

一

《通规表》的异体字整理主要表现在所附《规范字与繁体字、异体字对照表》(以下简称《对照表》)上。《对照表·说明》指出:"本表对《第一批异体字整理表》进行了调整,收录了794组共计1023个异体字。"[①]这就等于确定了该1023字与其所对应规范字的异体关系。但实则不然,这794组(1023小组)异体字在现代用字层面有11组、在综合用字层面有8组是完全不具备异体字条件的。[②] 如《通规表》第1230字"券",《对照表》列有异体字"劵"。[③]《汉语大字典》(第二版)"券"字有quàn、xuàn两个音项,[④]"劵"则只有juàn一个音项,[⑤]二字的音、义均了不相涉。《汉语大词典》所释音义亦大略如此。[⑥] 能反映民国时期用字情况和汉字规范情况的《汉语词典》[⑦]和反映当前汉语汉字规范情况的《现代汉语词典》(第7版)[⑧]均只收"券"字,未将"劵"附列为"券"的异体字。查"券""劵"二字古即有别,《说文·刀部》:"券,契也。从刀,𢍏声。"[⑨]又《力部》:"劵,劳也。从力,卷省声。"徐铉校注:"今俗作倦,义同。"[⑩]《广雅·释诂一》:"劵,劳也。"[⑪]《周礼·考工记·辀人》:"终日驰骋,左不楗。"郑玄注:"书楗或作劵。玄谓劵,今倦字也。"[⑫]"券"字上古溪母元部去声,[⑬]中古溪母願韵去声,[⑭]《广韵·願韵》去願切;[⑮]"劵"字上古群母元部去声,[⑯]中古群母線韵去声,[⑰]《广韵·線韵》渠卷切。[⑱] 二字从古至今音形义俱异,实非异体字。《字汇·刀部》"券"字下辨曰:"券……下从刀,不从力,与劵字不同。劵,古倦字,下从力。"[⑲]《力部》"劵"字下亦辨曰:"劵……与券字异,券下从刀。"[⑳]在

① 《通用规范汉字表·说明》,见《通用规范汉字表》,语文出版社,2013年,第90页。
② 表中还有其他问题,我们另文讨论。
③ 《通用规范汉字表》,语文出版社,2013年,第108页。
④ 《汉语大字典》(第二版),四川辞书出版社、崇文书局,2010年,第364页。
⑤ 同上,第403页。
⑥ 《汉语大词典》(第二卷),汉语大词典出版社,1988年,第648、787页。
⑦ 《汉语词典》,商务印书馆,1957年,第604页。
⑧ 《现代汉语词典》(第7版),商务印书馆,2016年,第1086页。
⑨ 许慎《说文解字》,中华书局,1963年,第92页。
⑩ 同上,第292页。
⑪ 王念孙《广雅疏证》,江苏古籍出版社,2000年,第31页。
⑫ 郑玄注、贾公彦疏《周礼注疏》,阮元校刻《十三经注疏》本,中华书局,1980年,第914页。
⑬ 唐作藩《上古音手册》(增订本),中华书局,2013年,第130页。
⑭ 郭锡良《汉字古音手册》(增订本),商务印书馆,2010年,第358页。
⑮ 陈彭年等《广韵》(《宋本广韵》),北京市中国书店影印张氏泽存堂本,1982年,第377页。
⑯ 唐作藩《上古音手册》(增订本),中华书局,2013年,第79页。
⑰ 郭锡良《汉字古音手册》(增订本),商务印书馆,2010年,第357页。
⑱ 陈彭年等《广韵》(《宋本广韵》),北京市中国书店影印张氏泽存堂本,1982年,第390页。
⑲ 梅膺祚《字汇》,上海辞书出版社,1991年,第54页。
⑳ 同上,第57页。

国家语委现代汉语平衡语料库中“券”有 91 条用例,而“劵”为 0 条;[①]在北京大学 CCL 现代汉语语料库中“券”字用例高达 35 782 条 59 658 次,“劵”字用例为 14 条 20 次,[②]此中虽有个别“劵”字用同“券”,但均来自网络,行文极不规范,据此难以证明“券”“劵”为异体关系。故以“劵”为“券”之异体,当系形近而讹。如果《通规表》在甄别《一异表》第 434 组“券[劵]”时能充分考虑《说文》《广雅》等的训释、《广韵》的音切和《字汇》对二字的辨析,同时利用其他工具书和现代汉语语料库考察二字的使用情况,就不至于将这组讹误“异体字”确定为异体关系了。

再如《通规表》第 4677 字“谄”,《对照表》列有异体字“謟”。[③]《汉语大字典》(第二版)“谄(諂)”音 chǎn,[④]“謟”音 tāo,[⑤]二字音、义亦全然无关。《汉语大词典》《汉语词典》与之略同,《现代汉语词典》(第 7 版)只收“谄”字,未收“謟”,亦未将其附列为“谄”之异体。[⑥] 国家语委现代汉语平衡语料库和北京大学 CCL 现代汉语语料库均只检索到“谄”字而检索不到“謟”字。查“谄”“謟”二字古亦有别。《说文·言部》:“讇,谀也。从言,阎声。谄(諂),讇或省。”[⑦]邵瑛《群经正字》:“今经典多作或体。”[⑧]《玉篇·言部》:“讇,丑冉切,佞也。谄,同上。”[⑨]《尔雅·释诂下》:“謟,疑也。”[⑩]《玉篇·言部》:“謟,他劳切,疑也。”[⑪]《左传·昭公二十六年》:“天道不謟,不贰其命,若之何禳之?”杜预注:“謟,疑也。”[⑫]“謟”又指僭越,超越本分。《逸周书·酆谋》:“帝念不謟,应时作谋,不敏殆哉!”孔晁注:“謟,僭也。”[⑬]“谄”字上古透母谈部上声,[⑭]中古彻母琰韵上声,[⑮]《广韵·琰韵》丑琰切;[⑯]“謟”字上古透母幽部平

---

① 国家语委现代汉语平衡语料库,见 http://www.cncorpus.org/CCindex.aspx。
② 北京大学 CCL 现代汉语语料库,见 http://ccl.pku.edu.cn:8080/ccl_corpus。
③ 《通用规范汉字表》,语文出版社,2013 年,第 147 页。
④ 《汉语大字典》(第二版),四川辞书出版社、崇文书局,2010 年,第 4252 页。
⑤ 同上,第 4270 页。
⑥ 《现代汉语词典》(第 7 版),商务印书馆,2016 年,第 143 页。
⑦ 许慎《说文解字》,中华书局,1963 年,第 54 页。
⑧ 见《汉语大字典》(第二版),四川辞书出版社、崇文书局,2010 年,第 4252 页。
⑨ 顾野王《玉篇》(《宋本玉篇》),北京市中国书店影印张氏泽存堂本,1983 年,第 167 页。
⑩ 郭璞注、邢昺疏《尔雅注疏》,阮元校刻《十三经注疏》本,中华书局,1980 年,第 2575 页。
⑪ 顾野王《玉篇》(《宋本玉篇》),北京市中国书店影印张氏泽存堂本,1983 年,第 172 页。
⑫ 杜预注、孔颖达疏《左传注疏》,阮元校刻《十三经注疏》本,中华书局,1980 年,第 2115 页。
⑬ 见《汉语大字典》(第二版),四川辞书出版社、崇文书局,2010 年,第 4270 页。
⑭ 唐作藩《上古音手册》(增订本),中华书局,2013 年,第 17 页。
⑮ 郭锡良《汉字古音手册》(增订本),商务印书馆,2010 年,第 301 页。
⑯ 陈彭年等《广韵》(《宋本广韵》),北京市中国书店影印张氏泽存堂本,1982 年,第 314—315 页。

声，[①]中古透母豪韵平声，[②]《广韵·豪韵》土刀切。[③] 二字亦从古至今音义无关，非异体字。《字汇·言部》“謟”字下辨曰：“謟……从舀，……与谄谀字不同。”[④]故以“謟”为“谄”之异体，亦属形近而讹。与“券”“劵”一样，如果《通规表》在甄别《一异表》第 562 组“谄[謟]”时能充分考虑《说文》《尔雅》《玉篇》等的训释、《广韵》的音切和《字汇》的辨析，同时利用其他工具书和现代汉语语料库考察二字的使用情况，也就不会将这组讹误“异体字”确定为异体关系了。

与此相类的还有“咱”与“偺”“喒”。《通规表》第 1508 字“咱”，《对照表》列有异体字“偺”“喒”。[⑤]《汉语大字典》(第二版)“咱”有 zá、zán、zǎ、zan 四个音项；[⑥]“偺”则音 jiù，义为“毁谤”；[⑦]“喒”音 ǒu，同“呕”。[⑧] 三字音、义亦全然无关。《汉语大词典》[⑨]、《汉语词典》[⑩]和《现代汉语词典》(第 7 版)[⑪]均只收“咱”字，未收“偺”“喒”二字，亦未将其附列为异体字。国家语委现代汉语平衡语料库和北京大学 CCL 现代汉语语料库均只能检索到“咱”而检索不到“偺”“喒”。查“咱”与“偺”“喒”亦古皆有别。“咱”字不见于上古，《改并五音类聚四声篇海·口部》引《俗字背篇》：“俗称自己为咱。”[⑫]《字汇·口部》：“咱，我也。”[⑬]《说文·人部》：“偺，毁也。”[⑭]《方言》卷十三：“咎，谤也。”钱绎笺疏：“偺……与咎并声义相同。”[⑮]《玉篇·人部》：“偺，毁也。”[⑯]“喒”亦中古始见，《集韵·厚韵》：“欧，《说文》：‘吐也。’或作呕、喒。”[⑰]“咱”字中古从母曷韵入声，[⑱]《改并五音类聚四声篇海》引《俗字背篇》子葛切(今音 zá)，[⑲]

---

① 唐作藩《上古音手册》(增订本)，中华书局，2013 年，第 152 页。
② 郭锡良《汉字古音手册》(增订本)，商务印书馆，2010 年，第 249 页。
③ 陈彭年等《广韵》(《宋本广韵》)，北京市中国书店影印张氏泽存堂本，1982 年，第 136 页。
④ 梅膺祚《字汇》，上海辞书出版社，1991 年，第 455 页。
⑤ 《通用规范汉字表》，语文出版社，2013 年，第 112 页。
⑥ 《汉语大字典》(第二版)，四川辞书出版社、崇文书局，2010 年，第 667 页。
⑦ 同上，第 [illegible] 页。
⑧ 同上，第 695 页。
⑨ 《汉语大词典》(第三卷)，汉语大词典出版社，1989 年，第 329 页。
⑩ 《汉语词典》，商务印书馆，1957 年，第 978 页。
⑪ 《现代汉语词典》(第 7 版)，商务印书馆，2016 年，第 1631 页。
⑫ 见《汉语大字典》(第二版)，四川辞书出版社、崇文书局，2010 年，第 667 页。
⑬ 梅膺祚《字汇》，上海辞书出版社，1991 年，第 74 页。
⑭ 许慎《说文解字》，中华书局，1963 年，第 167 页。
⑮ 钱绎《方言笺疏》，上海古籍出版社，1984 年，第 728 页。
⑯ 顾野王《玉篇》(《宋本玉篇》)，北京市中国书店影印张氏泽存堂本，1983 年，第 54 页。
⑰ 丁度等《集韵》，北京市中国书店影印扬州使院重刻本，1983 年，第 904 页。
⑱ 丁声树《古今字音对照手册》，中华书局，1981 年，第 4 页。
⑲ 见《汉语大字典》(第二版)，四川辞书出版社、崇文书局，2010 年，第 667 页。

《字汇·口部》庄加切(今音 zán);[①]“咎”字上古群母幽部上声,中古群母有韵上声,[②]《广韵·有韵》其九切;[③]“嗒”字中古影母厚韵上声,[④]《集韵·厚韵》於口切。[⑤] 由此可见,“咎”“嗒”与“咱”音形义俱异,无法成为异体字。如果《通规表》在甄别《一异表》第 647 组“咱[喒嗒偺咎]”时能充分考虑《说文》《方言》《玉篇》《改并五音类聚四声篇海》等的训释和《广韵》《集韵》的音切,再通过其他工具书和现代汉语语料库加以考察,也就不会将“咎”“嗒”确定为“咱”的异体字了。

二

由于《通规表》在整理异体字时未能重视可说明字际关系的传统训诂材料,所以对很多客观存在的《一异表》表外异体字未予整理。如《通规表》第 165 字“为”,《对照表》中无异体字。[⑥] 其实“为”的繁体“爲”有一个很常见的异体字“為”。《汉语大字典》(第二版)、《汉语大词典》、《汉语词典》和《现代汉语词典》(第 7 版)均以“为”“爲”“為”有 wéi、wèi 二音,其音义完全相同。在北京大学 CCL 现代汉语语料库中“为”有 1 794 035 条用例,“爲”有 29 条,“為”有 233 条,各例皆为常见用法。另看三字之古代用法。“爲”字早出,见于甲骨文、金文,《说文·爪部》:“爲,母猴也。”[⑦]罗振玉《增订殷虚书契考释》据甲骨文字形案曰:“(爲)从爪,从象,绝不见母猴之状,卜辞作手牵象形,……意古者役象以助劳。”[⑧]罗说是,故其本义当为做、干。“為”字后出,《玉篇·爪部》:“《尔雅》曰:‘造、作,爲也。’俗作為。”[⑨]《广韵·支韵》:“為,俗(爲)。”[⑩]“为”系草书楷化字形,汉代居延简、敦煌简中即有不少用例,1935 年南京国民政府教育部颁布的《第一批简体字表》亦收录了“为”字。[⑪] 查“爲”字上古匣母歌部平声,[⑫]“爲”“為”中古均云母(喻三)支韵平声又云母(喻三)寘韵去

① 梅膺祚《字汇》,上海辞书出版社,1991 年,第 74 页。
② 郭锡良《汉字古音手册》(增订本),商务印书馆,2010 年,第 288 页。
③ 陈彭年等《广韵》(《宋本广韵》),北京市中国书店影印张氏泽存堂本,1982 年,第 303 页。
④ 见《汉语大字典》(第二版),四川辞书出版社、崇文书局,2010 年,第 695 页。
⑤ 丁度等《集韵》,北京市中国书店影印扬州使院重刻本,1983 年,第 904 页。
⑥ 《通用规范汉字表》,语文出版社,2013 年,第 93 页。
⑦ 许慎《说文解字》,中华书局,1963 年,第 63 页。
⑧ 见《汉语大字典》(第二版),四川辞书出版社、崇文书局,2010 年,第 2181 页。
⑨ 顾野王《玉篇》(《宋本玉篇》),北京市中国书店影印张氏泽存堂本,1983 年,第 128 页。
⑩ 陈彭年等《广韵》(《宋本广韵》),北京市中国书店影印张氏泽存堂本,1982 年,第 22 页。
⑪ 见张书岩、王铁昆、李青梅、安宁《简化字溯源》,语文出版社,1997 年,第 81、172 页。
⑫ 唐作藩《上古音手册》(增订本),中华书局,2013 年,第 161—162 页。

声,[1]《广韵·支韵》薳支切(今音 wéi),[2]又《寘韵》于伪切(今音 wèi),[3]可见“为”“爲”“為”自古至今音义完全相同,为多音全同异体字。

再如《通规表》第 7571 字“廒”[4]不见于《对照表》,这等于说“廒”字既无繁体亦无异体。但实际上它有一个全同异体字“厫”。《汉语大字典》(第二版)对“廒”“厫”的诠释是:“廒:áo《五音集韵》五豪切。粮仓。”[5]“厫:同‘廒’。”[6]《汉语大词典》的诠释略同于《汉语大字典》:“廒:áo《字汇》五牢切。贮存粮食的库房。”[7]“厫:同‘廒’。”[8]《汉语词典》以“廒”为字目,以注音字母注 áo 音,括注“厫”字,释曰:“仓廒,藏米谷之所。”[9]《现代汉语词典》(第 7 版)亦“廒”字单立字目,将“厫”作为异体字附列其后:“廒(*厫):áo〈书〉贮藏粮食等的仓库。”[10]由此可见,《汉语大字典》(第二版)、《汉语大词典》、《汉语词典》和《现代汉语词典》(第 7 版)均认为“廒”“厫”音义完全相同。北京大学 CCL 现代汉语语料库中“廒”有 19 条用例,18 条为“仓廒”义,另 1 条为地名“西廒”,未检索到“厫”字;古代汉语语料库中“廒”有 158 条用例,“厫”有 7 条用例,均为“仓廒”义。“廒”“厫”又均可用为人名地名,如河北唐山有李八廒(厫)村、黄米廒(厫)村,山东烟台有廒(厫)上村,陕西渭南有西廒(厫)村,网上人名有王廒(厫)、段金廒(厫)等。以上人名地名网上均有“廒”“厫”两种写法,此亦可证二字现代仍可通用。再看其古代用法。“廒”“厫”均中古始见。《五音集韵·豪韵》:“廒,仓廒也。”[11]《字汇·广部》:“廒,五牢切,音敖。仓廒。”[12]又《厂部》:“厫,牛刀切,音敖。仓厫。”[13]《正字通·厂部》:“厫,旧本载广部不误,讹省作厫。”[14]据此则“厫”为“廒”之讹字。不过“厫”虽为讹字,但唐、元、明、清皆有用例,已积非近是。可见“廒”“厫”二字自古至今音义完全相同,为单音全同异体字。

---

① 郭锡良《汉字古音手册》(增订本),商务印书馆,2010 年,第 215、222 页。
② 陈彭年等《广韵》(《宋本广韵》),北京市中国书店影印张氏泽存堂本,1982 年,第 21—22 页。
③ 同上,第 326 页。
④ 《通用规范汉字表》,语文出版社,2013 年,第 84 页。
⑤ 《汉语大字典》(第二版),四川辞书出版社、崇文书局,2010 年,第 959 页。
⑥ 同上,第 87 页。
⑦ 《汉语大词典》(第三卷),汉语大词典出版社,1989 年,第 1253 页。
⑧ 《汉语大词典》(第一卷),上海辞书出版社,1986 年,第 935 页。
⑨ 《汉语词典》,商务印书馆,1957 年,第 1087 页。
⑩ 《现代汉语词典》(第 7 版),商务印书馆,2016 年,第 13 页。
⑪ 见《汉语大字典》(第二版),四川辞书出版社、崇文书局,2010 年,第 959 页。
⑫ 梅膺祚《字汇》,上海辞书出版社,1991 年,第 143 页。
⑬ 同上,第 66 页。
⑭ 见《汉语大字典》(第二版),四川辞书出版社、崇文书局,2010 年,第 87 页。

另如《通规表》第 8041 字“鼗”[①]不见于《对照表》,但其亦有一全同异体字“鞀”。《汉语大字典》(第二版)释曰:“鼗:táo 乐器名。今为长柄的摇鼓,俗称拨浪鼓或货郎鼓。”[②]“鞀:同‘鼗’。”[③]《汉语大词典》《汉语词典》略同。《现代汉语词典》(第 7 版)则以“鼗”为单字字目,将“鞀”作为异体字附列其后:“鼗(*鞀):táo〈书〉拨浪鼓。”[④]四部有代表性的工具书均认为“鼗”“鞀”音义完全相同。北京大学 CCL 现代汉语语料库中“鼗”有 8 条用例,6 条指拨浪鼓,2 条用为公司名;“鞀”有 1 条用例,为拨浪鼓义。另看二字的古代用法。《玉篇·鼓部》:“鼗,徒刀切,似鼓而小。亦作鞀。”[⑤]《尔雅·释乐》:“大鼗谓之麻。”[⑥]陆德明释文:“鼗,本或作鞀,同。”[⑦]邵晋涵正义:“鼗、鞀、鞉,古字通用。”[⑧]《说文·革部》:“鞀,鞀辽也。从革,召声。鞉,鞀或从兆。鼗,鞀或从鼓,从兆。磬,籀文鞀,从殸、召。”[⑨]《广雅·释乐》:“鞀鼓,鼓名。”王念孙疏证:“鞀,与鼗同。”[⑩]《集韵·豪韵》:“鞀,鼓名。……亦书作鼗。”[⑪]《汉书·扬雄传下》:“然后陈钟鼓之乐,鸣鞀磬之和。”颜师古注:“鞀,古鼗字。鞀,小鼓也。”[⑫]“鼗”“鞀”二字上古俱定母宵部平声,[⑬]中古均定母豪韵平声,[⑭]《广韵·豪韵》并徒刀切,[⑮]是二字自古至今音义完全相同,为单音全同异体字。

以上“为(爲)”与“為”、“廄”与“厩”、“鼗”与“鞀”自古至今均为全同异体字,可惜的是《通规表》在整理异体字时未能充分重视《说文》《尔雅》《玉篇》《广雅》《广韵》《集韵》《字汇》等传统字书韵书的训释、音切以及现代工具书和汉语语料库的用法用例,将这些本该整理的异体字排除在整理范围之外了。

---

① 《通用规范汉字表》,语文出版社,2013 年,第 89 页。
② 《汉语大字典》(第二版),四川辞书出版社、崇文书局,2010 年,第 5080 页。
③ 同上,第 4618 页。
④ 《现代汉语词典》(第 7 版),商务印书馆,2016 年,第 1279 页。
⑤ 顾野王《玉篇》(《宋本玉篇》),北京市中国书店影印张氏泽存堂本,1983 年,第 304 页。
⑥ 郭璞注、邢昺疏《尔雅注疏》,阮元校刻《十三经注疏》本,中华书局,1980 年,第 2602 页。
⑦ 陆德明《经典释文》,中华书局,1983 年,第 418 页。
⑧ 见宗福邦、陈世铙、萧海波主编《故训汇纂》,商务印书馆,2003 年,第 2638 页。
⑨ 许慎《说文解字》,中华书局,1963 年,第 61 页。
⑩ 王念孙《广雅疏证》,江苏古籍出版社,2000 年,第 276 页。
⑪ 丁度等《集韵》,北京市中国书店影印扬州使院重刻本,1983 年,第 410 页。
⑫ 班固《汉书》,中华书局,1962 年,第 3563、3565 页。
⑬ 唐作藩《上古音手册》(增订本),中华书局,2013 年,第 152 页。
⑭ 郭锡良《汉字古音手册》(增订本),商务印书馆,2010 年,第 250 页。
⑮ 陈彭年等《广韵》(《宋本广韵》),北京市中国书店影印张氏泽存堂本,1982 年,第 137 页。

三

许嘉璐先生指出："训诂为文化传承须臾不可离的重要工具。"①训诂之于解读古代文献、传承民族文化等方面的重要作用早已无须赘述，但现在看来，现代文化传承中的诸多方面，即便是似乎相去甚远的制定现代汉字规范也需倚重传统训诂学。"训诂直指文化之根"，②其目标是"理解当世，创造未来"，③信哉！如果《通规表》研制过程中能充分利用传统训诂材料和现代汉语语料库来验证字际关系，就可以减少很多疏漏，使其附表《对照表》中的正（选用字）异（异体字）关系更为科学、准确。我们希望《通规表》将来的修订工作能注意到这一点。

参考文献

[1] 教育部、国家语言文字工作委员会组织制定《通用规范汉字表》，语文出版社，2013 年。

[2] 汉语大字典编辑委员会编纂《汉语大字典》（第二版），四川辞书出版社、崇文书局，2010 年。

[3] 汉语大词典编辑委员会、汉语大词典编纂处编纂《汉语大词典》，上海辞书出版社、汉语大词典出版社，1986—1993 年。

[4] 中国大辞典编纂处编《汉语词典》，商务印书馆，1957 年。

[5] 中国社会科学院语言研究所词典编辑室编《现代汉语词典》（第 7 版），商务印书馆，2016 年。

[6] 许慎《说文解字》，中华书局，1963 年。

[7] 王念孙《广雅疏证》，江苏古籍出版社，2000 年。

[8] 郑玄注、贾公彦疏《周礼注疏》，阮元校刻《十三经注疏》本，中华书局，1980 年。

[9] 唐作藩《上古音手册》（增订本），中华书局，2013 年。

[10] 郭锡良《汉字古音手册》（增订本），商务印书馆，2010 年。

[11] 陈彭年等《广韵》（《宋本广韵》），北京市中国书店影印张氏泽存堂本，1982 年。

[12] 梅膺祚《字汇》，上海辞书出版社，1991 年。

[13] 国家语委现代汉语平衡语料库，见 http://www.cncorpus.org/CCindex.aspx。

[14] 北京大学 CCL 现代汉语语料库，见 http://ccl.pku.edu.cn:8080/ccl_corpus。

[15] 顾野王《玉篇》（《宋本玉篇》），北京市中国书店影印张氏泽存堂本，1983 年。

[16] 郭璞注、邢昺疏《尔雅注疏》，阮元校刻《十三经注疏》本，中华书局，1980 年。

[17] 杜预注、孔颖达疏《左传注疏》，阮元校刻《十三经注疏》本，中华书局，1980 年。

[18] 钱绎《方言笺疏》，上海古籍出版社，1984 年。

[19] 丁度等《集韵》，北京市中国书店影印扬州使院重刻本，1983 年。

[20] 丁声树《古今字音对照手册》，中华书局，1981 年。

① 许嘉璐《中华文化的前途和使命》，中华书局，2017 年，第 159 页。

② 同上，第 156 页。

③ 同上，第 163 页。

[21] 张书岩、王铁昆、李青梅、安宁《简化字溯源》,语文出版社,1997年。
[22] 陆德明《经典释文》,中华书局,1983年。
[23] 宗福邦、陈世铙、萧海波主编《故训汇纂》,商务印书馆,2003年。
[24] 班固《汉书》,中华书局,1962年。
[25] 许嘉璐《中华文化的前途和使命》,中华书局,2017年。

(邵文利、杜丽荣:山东大学威海汉字研究所,264209,威海)

元散曲字词考

曾　良

提要：元散曲中不少字词值得详考。有的口语词因语音变化而写作不同的字面，有的是俗写，有的是文字上的习惯通用，这些文字使用情况很有研究价值。这里以“半拆”“草篱”“抽店”“隐”以及“篆”与“串”通用等为例，对元散曲的字词做了解读。

关键词：元散曲　字词　考释

半　拆

元刻本《梨园按试乐府新声》卷下无名氏【双调】《清江引》：“残粧儿匀佛髻儿歪，越显的多娇态。十指露春纤，款解香罗带，凌波袜儿刚半拆。”“拆”字，《全元散曲》录作“折”(1743页)，非。“拆”与“歪”“态”“带”押韵。元刻本《梨园按试乐府新声》卷下无名氏【仙吕】《寄生草》：“它生的腰肢一捻堪描画，朱唇一点些娘大，金莲半拆凌波袜。”“拆”字，《全元散曲》亦校为“折”(1670页)，非。张可久【中吕】《齐天乐过红衫儿·湖上书所见》：“无瑕，玉骨冰肌，年纪儿二八。六幅湘裙，半拆罗袜。”《全元散曲》改作“半折”(829页)。“拆”与“折”在古籍中易讹。如《古本戏曲丛刊》初集徐复祚《红梨记》第三十出：“〔旦对生云〕奴家若非花婆，久已死于强暴，花婆请受奴家一拜。〔旦拜，老旦扶云〕拆死老婢子！”(80/168)“拆”当作“折”。文献中确有“半拆”与作“半折”的。《四部丛刊》初编《朝野新声太平乐府》卷二杜仁杰【双调】《雁儿落过得胜令·美色》：“半折慢弓鞋，一搦俏形骸。”《全元散曲》张可久【双调】《折桂令·高邮即事叠韵》：“香霭书斋，绿界苍苔；半折罗鞋，懒蓦瑶阶。”(964页)以上均当校为“半拆”。王实甫《西厢记》第四本第一折：“绣鞋儿刚半拆，柳腰儿勾一搦，羞答答不肯把头抬，只将鸳枕挨。”王季思校注：“绣鞋儿刚半拆：拆字韵，俗本多作折，误。《雍熙乐府·点绛唇·赠丽人》套：‘六幅湘裙簇绛纱，绣鞋儿刚半拆。’董词：‘穿对儿曲弯弯的半拆来大弓鞋。’拆谓大指与二指伸张时之距离，今徐海间语尚如此。”(141页)王先生的解释是正确的，《汉语大词典》据王季思先生注释解释“半拆”为“大指与二指伸张开时的距离”,这就错了。这里“拆”取分开义,拇指与中指(或二指)张开所量的长度为一拆。半拆者,一拆之半也。半拆指三寸金莲的长度,极言其短。

要确定哪个写法是正确的,必须弄清其语源。现在来讨论其语源和种种字面形式。“半拆”的“拆”,本字是“磔”。慧琳《一切经音义》卷四十六“磔牛”条:“古文乇,同,知格反,《广雅》:磔,张也。磔,开也。《说文》:磔,辜也。《尔雅》:祭风曰磔。孙炎曰:既祭,披磔其牲以风散也。论文作‘挓’,未见所出也。”[①]《广雅·释诂》:“磔,张也。”王念孙《广雅疏证》曰:“张谓之磔,犹大谓之袥也;张谓之彉,犹大谓之廓也。磔者,《尔雅》:‘祭风曰磔。’僖公三十一年《公羊传》疏引孙炎注云:‘既祭,披磔其牲,似风散也。’磔之言开拓也,《众经音义》卷十四引《通俗文》云:‘张申曰磔。’颜师古注《汉书·景帝纪》云:‘磔,谓张其尸也。’”(13页)磔本指古代分裂肢体的酷刑,引申出分开、张开的意思[②]。慧琳《一切经音义》卷二十“一磔手”条:“张革反,《广雅》云:磔,张也,开也。《古今正字》云从石,桀声。经本从足作蹀,非也。”[③]又卷七十“磔手”条:“古文乇,同,竹格反。《广疋》:磔,张也。磔,开也。《通俗文》:张申曰磔。论文作‘磔(蹀)’,未见所出。”[④]“磔”由动词张开的意思引申为手指张开所量的距离。佛经中有“磔”字作量词的例子,《苏悉地羯罗经》卷下《成诸物相品第二十九》:“若欲成就莲华法者,以金作八叶莲华,如两指一磔手量。”《佛光大词典》“一磔手”条:“梵语 vitastiḥ。为古代印度之长度单位。又作一磔手,一张手、一拆手、一搭手。磔,张开之意。《造像量度经解》(大二一·九四一中):‘一麦分为一小分;二麦并布为一足,四足为指,又谓中分。十二指为桀,亦谓大分。倍桀为肘,四肘为寻,即一托也。’一磔手即中指与拇指两指端张开之距离,称为十二指幅,约今之二十三公分。”现在说说为何写作“拆”字。上引《慧琳音义》中的“乇”实际就是“乇”字俗写增了一点。慧琳《一切经音义》卷三十七“磔开”条:“上张革反,《广雅》:磔,张也。《韵诠》云:开也。字书或从乇作‘乇’,《文字典说》从石桀声。桀字上从舛,下从木。经从手作‘搩’,非也。舛音川软反也。”“乇”实际就是今“斥”字,俗写一竖或变形为弯钩,如“申”俗或作“电”。《原本玉篇残卷·广部》:“厈,齿亦

① 慧琳《一切经音义》,上海古籍出版社,1986年,第1827页。

② 另可详参曾良《明清通俗小说语汇研究》,江西教育出版社,2008年,第35页。

③ 慧琳《一切经音义》,上海古籍出版社,1986年,第756页。

④ 同上,第2771页。

反。……《淮南》：庍廓四方八极。许叔重曰：庍，袥也。”[①]“庍”就是“斥”字，《全隋文补遗》卷三《杨素墓志》：“公深谋进取，志存开宇。先屠海陵之□，□□淮南之地。”[②]“宇”字，据《新中国出土墓志·陕西》〔壹〕上册三二原碑拓片实作“厈”，即“斥”字[③]。《新出魏晋南北朝墓志疏证》一八九《杨素墓志》也录作“志存开斥”[④]。“开斥”就是今天的开拓义。清吴广成《西夏书事》卷五：“至是(张)浦见士皆拓两石弓有余力，大骇。”[⑤]开拓也是取张开义。盖用手指量长度的“一斥”“半斥”，因跟手有关，字形增旁“扌”为“拆”。《续修四库全书》第1739册元刻本《阳春白雪》前集卷三马致远《寿阳曲》：“金莲肯分迭半折，瘦厌厌柳腰一捻。”(455页)然而，“半折”二字《明钞六卷本阳春白雪》作“半札”(64页)。通过异文，可见“折”当校作“拆”，“札”(扎)即挣扎的“扎”，“拆”“扎”同源[⑥]，后世语音变化，读音不一样了；如《中原音韵》“皆来”韵有“晒灑煞铩”诸字，而“洒”则是家麻韵了；今赣南客家方言“晒洒”等字还是读家麻韵。近代汉语“灑”俗或作“洒”，而“洒”“扎”《中原音韵》属家麻韵。又如“挣扎”近代汉语或作“挣摘”“挣揣”“阐闺”等，也是语音变化的反映。《雍熙乐府》卷一《醉花阴·爱恋》：“宝髻高盘凤钗插，衬湘裙金莲半扎。”(126页)《集成》清刊本《儿女英雄传》第三十七回：“就蹲在那台阶儿上，扎煞着两只手，叫小丫头子舀了盆凉水来，先给他左一和、右一和的往手上浇。”(1823页)“扎煞”即张开。《集成》戚序本《红楼梦》第四十一回：“满屋一睄，只见刘姥姥扎手舞脚的仰卧在床上。”(1537页)“扎手”即张开手。“半拆”的“拆”或写“磔”“挓”“斥”“搩”“扎”“托”“揸”“拓”等，曾良(2017)另有详述。《古本小说集成》清刊本《西游原旨》第十一回：“判官道：‘陛下，那叫做奈何桥。若到阳间，切须传记那桥：长可数里，阔只三揸，高有百尺，深却千重。……’”(335页)《古本小说集成》明刊世德堂本《西游记》第十回：“长可数里，阔只三劄，高有百尺，深却千重。”(235页)“揸”和“劄”音义同，就是手指张开所量的尺寸。必须注意的是，“磔”这一词，随着所写的不同字面形式，今天均按其字形常用的读音去读了。王念孙《广雅疏证》曰：“袥之言硕人也，袥，曹宪音托，各本讹作袥，惟影宋本不讹。《说文系传》引《字书》云：‘袥，张衣令大也。’《玉篇》：‘袥，广大也。’《太元·元莹》云：‘天地开辟，宇宙袥

---

① 《原本玉篇残卷》，中华书局，1985年影印，第455页。

② 韩理洲《全隋文补遗》，三秦出版社，2004年，第219页。

③ 《新中国出土墓志·陕西》〔壹〕上册，文物出版社，2000年，第25页。

④ 罗新、叶炜《新出魏晋南北朝墓志疏证》，中华书局，2005年，第520页。

⑤ 引自《续修四库全书》第334册史部，上海古籍出版社影印，第333页。

⑥ 感谢审稿专家的有益建议。原稿作“‘拆’‘扎’音义同”，容易引起误解。

坦。'《汉白石神君碑》云:'开袥旧兆。'《文选·魏都赋》注引《仓颉篇》云:'斥,大也。'《庄子·田子方》篇:'挥斥八极。'李轨音托。《汉书·杨雄传》云:'拓迹开统。'拓、斥并与袥通。"①钱大昕《十驾斋养新录》卷四《说文本字俗借为它用》:"《说文》本有之字,世俗借为它用者。……拓,拾也,或作摭。今人读如橐,以为开拓字。"②

归纳一下,"磔"的核心语义是张开,将手指张开量长度就是"一磔"的"磔",可以写作"揸""扎""拆"等。也可以引申表示将双手张开的距离,如"一庹"。明代陆容《菽园杂记》卷十二:"广西有庹姓,音托。今吴中人伸两臂量物曰托。庹既与度似,而又从尺,疑即此欤!"或作"一托",元代《农桑辑要》卷三《种椹》:"另搓草索,截约一托,以水浸软,面饭汤更妙,索两头各歇三四寸,中间匀抹湿椹子十余粒。"清黄钧宰《金壶浪墨》卷一《试行海运》:"大洋中以针盘为定向,以更香计时,而深浅尤恃水托。范铅为锤,系以长绳,横如两臂为一托,自十托至五十托不等。"

慧琳《一切经音义》所说的"**厇**",在古籍中或讹变为"宅",如胡刻本《文选》卷四左思《蜀都赋》:"百果甲宅(小注:坼),异色同荣。朱樱春熟,素柰夏成。"李善注:"《周易》曰:百果草木皆甲坼。郑玄曰:木实曰果。皆读如人倦之解,解谓坼呼,皮曰甲,根曰宅。宅,居也。"(77页)"坼""拆"同源通用。《胡氏考异》卷一曰:"注:百果草木皆甲坼:袁本坼作宅,茶陵本亦作坼。案:作宅最是。善读宅如字,观下注所引'根曰宅,宅,居也'可知。五臣乃音'宅'为'坼'。今窜'坼'音入正文,下又改此注宅为坼以就之,俱大误也。"(853页)日本藏《唐钞本文选集注汇存》第一册此处的集注曰:"李善曰:《周易》曰:百果草木皆甲宅。郑玄曰:木实曰菓。皆读如人解倦之解,解谓坼呼,皮曰甲,根曰宅。宅,居也。……钞曰:言皆是某甲室宅之中有也。一曰:甲坼也。音决:宅,如字,或为丑格反,非。樱,于耕反。刘良曰:甲宅,花开也。言同发荣异光色也。陆善经曰:朱樱,今呼为樱桃,江东犹名朱樱也。"(39页)实际上,"甲宅"就是"甲**厇**",与"甲坼"音义全同,上揭慧琳谓"磔牛"的"磔",论文作"挓",即是增加了手旁。李善将上文"宅"解释为"居"是错误的。"磔"的张开义,或写作"闸""摘",都是记音字。如《古本戏曲丛刊》初集明刊本《林冲宝剑记》第十五出:"官人,你闸挣着吃些儿,奴家出去,自有分辨。"(19/103)同前第三十九出:"落网之鱼怎挣摘?难猜。"(19/209)

---

① 王念孙《广雅疏证》,江苏古籍出版社,1984年,第5页。

② 钱大昕《十驾斋养新录》,上海书店,1983年,第67页。

⿱竹早 篱

元刻本《太平乐府》卷一冯子振【正宫】《鹦鹉曲·麗隐图》:“叹黄金散尽还家,逝水看流年去。只寻常卖⿱竹早篱休,这眷属今无讨处。”当是“⿱竹早篱”二字,《全元散曲》录作“簟篱”(347页),非。“⿱竹早篱”即笊篱。庞居士卖笊篱为活计,在禅宗语录中常有称述。《大正藏》本第47册《圆悟佛果禅师语录》卷十六《示超然居士赵判监》:“庞老子补处应身,不住兜率陀,弃却珍宝,汉江织笊篱,与大宗师击扬与夺。”又《大正藏》本《黄龙慧南禅师语录·黄龙山语录》:“上堂,举:庞居士卖笊篱,下桥吃扑;女子灵照亦倒爷边。”(47/633/c)《大正藏》本《大慧普觉禅师赞佛祖》卷十二《庞居士》:“男女不婚嫁,随缘卖笊篱。这般滋味子,岂与外人知。”《卍新续藏》本《禅宗颂古联珠通集》卷三十七《庞居士》:“妙峰三个错,不是无病药。庞公卖笊篱,清平道木杓。”(65/708/c)可以断定,“⿱竹早”是“笊”的异写。“笊篱”一词,中古汉语已见。北魏贾思勰《齐民要术·饼法》:“拣取均者,熟蒸,曝干。须即汤煮,笊篱漉出,别作臛浇。”《玉篇·竹部》:“笊,仄校切,笊篱。”因《说文》中无“笊”字,故“笊”字写法不定。或作“罩篱”,汲古阁本宋周密《癸辛杂识》别集卷上“鱼苗”条:“别有小篮,制度如前,加其上以盛养鱼之具。又有口圆底尖如罩篱之状,覆之以布,纳器中,去其水之盈者。”①上海世界书局印行佚名《居家必需日用杂字》:“梓椤院子有,笊篱桑条编。”②其中“笊”字音注“罩”,故“笊”会写作“⿱竹早”,是不足为怪的。

篆/串

元刻本《梨园按试乐府新声》卷上无名氏【双调】《新水令》:“银台烧画烛,金鼎中烟浮,翠画屏舒,一铲地绣裀褥。”“串”通“篆”,在元刻本中常见。元刻本《梨园按试乐府新声》卷上无名氏【双调】《风入松》:“兽炉香冷篆烟斜,对银缸半明不灭。”知道这种音借规律有助于文本的理解。元刻本《梨园按试乐府新声》卷中无名氏【中吕】《满庭芳》:“尘蒙绣榻,香销罗帕,串冷金鸭。”“串”就是“篆”的意思,指篆香。可比较:《全元散曲》无名氏【双调】《袄神急》:“珠帘闲玉钩,宝篆冷金兽。”(1765页)元刻本《梨园按试乐府新声》卷下无名氏【中吕】《迎仙客·四月》:“红渐稀,绿成围,串烟碧纱窗外飞。”元刻本《太平乐府》卷二张可久【双调】《清江引·夜景》:“宝

① 此语例由审稿专家提供,谨表谢意。

② 李国庆编《杂字类函》第八册,学苑出版社,2009年,第234页。

鼎串香绝,银烛灯花谢,玳筵前酒阑人散也。"元刻本《太平乐府》卷三张可久【越调】《小桃红・秋宵有怀》:"诗题翠笺,香销金串,罗帐又孤眠。"我们再看"篆""串"异文的例子,元刻本《太平乐府》卷四白仁甫《阳春曲・题情》:"百忙里铰甚鞋儿样,寂寞罗帏令(冷)串香。""串"字,《全元散曲》作"篆"(196页)。元刻本《太平乐府》卷五钟嗣成《骂玉郎过感皇恩采茶歌・四福・寿》:"挂寿星,点画烛,焚香串。""串"字,《全元散曲》作"篆"(1357页)。元刻本《太平乐府》卷五钟嗣成《骂玉郎过感皇恩采茶歌・四情・合》:"绣房扃,银烛灭,篆香飘。""篆"会写成"串",跟方俗音可能也有一定关系,"篆"为定母,譬如今客家方言"篆""串"读音就一样。《元曲选》石子章《竹坞听琴》第三折:"只等的画烛灯昏夜寂静,宝篆氤氲热金鼎,枕头儿上那些风流兴。"所附《音释》:"篆,传去声。"(654页)《古本戏曲丛刊》初集明刊本《魏仲雪批评投笔记》第三十三出:"欲知相伴相亲者,惟有文书与篆烟。"(14/466)所附《字音》:"篆:椽。"(14/471)

再举一些"串"作"篆"讲的例子。《元曲选》马致远《汉宫秋》第四折:"烧尽御垆香,再添黄串饼。"(21页)"黄串饼"即黄篆饼,也是指篆香饼。《全元戏曲》校记曰:"黄串饼:顾曲斋本、酹江集本作'黄篆饼'。"[1]《全元散曲》汤舜民《湘妃游月宫・冬闺情》:"黄串冷驼绒毡帐,绿酒干羊脂玉钟,青灯暗龟甲屏风。"(1569页)《全元散曲》刘庭信《端正好・金钱问卜》:"翠氍毹宝串香,打扮的一桩桩停当,步瑶阶环佩玎当。"(1435页)《全元散曲》孟昉《天净沙・十二月》:"日光洒洒生红,琼葩碎碎迷空,寒夜漫漫漏永。串销金凤,兽炉香霭春融。"(1399页)《脉望馆钞校本古今杂剧》白朴《东墙记》第一折:"串香焚,被冷谁温,引入多情梦里人。"《孤本元明杂剧》《元曲选外编》均作"串香",《全元戏曲》校作"篆香"[2],是。明白"篆""串"的通借规律,可系统解决一大批文本的语义解读。

抽店

元刻本《太平乐府》卷七睢景臣《六国朝・收心》:"烟花簿敛,风尘户掩,再谁曾掣关抽店?侭亚仙嫁了元和,由苏氏放番双渐。"《雍熙乐府》卷十五作"抽店"[3],故《全元散曲》亦校作"抽店"(543页)。按:"抽店"不通,当释读为"抽扂"。古籍中"扂""店"相混者,如《大正藏》本《善见律毗婆沙》卷八:"门扇安车用牵,或以板作

① 王季思主编《全元戏曲》第二卷,人民文学出版社,1990年,第128页。

② 王季思主编《全元戏曲》第一卷,人民文学出版社,1990年,第465页。

③ 《历代散曲汇纂》,浙江古籍出版社,1998年,第381页。

扇，或用竹作，如店户并扇，或竹作帘，又用布作幔。”“店”字，校勘记曰：宋本、元本、明本、宫本作“扂”。《高丽藏》本可洪《新集藏经音义随函录》卷十七“店户”条：“上徒点反，正作扂。”(63/189/b)上揭语例“抽扂”即抽开门闩，“关”“扂”对文同义。句意谓：再谁曾掣开关扂打开门，尽着亚仙嫁了元和，由着苏氏自由地返回双渐身边？《大正藏》本《四分律》卷五十：“时向无关扂，贼及放牛羊人，取比丘衣钵、针筒、坐具去，佛言：‘听关扂。’”“扂”俗写作“店”也是可以解释的，如“展”或作“**展**”，是其例。宋蜀刻本《骆宾王文集》卷三《西京守岁》：“耿耿他乡夕，无由**展**旧亲。”(52页)另《古本小说集成》明刊本《警世通言》卷三十七《王娇鸾百年长恨》：“大官人见庄门闭着，不去敲那门，就地上捉一块砖儿，撒放屋上。顷刻之间，听得里面掣玷抽欓，开放门，一个大汉出来。”(1510页)“玷”亦当释读为“扂”。

不悮

元刻本《太平乐府》卷八王仲元《粉蝶儿·集曲名题秋怨》：“不悮这万年欢娱，翻做了荆湘怨忆。”《雍熙乐府》卷六亦作“不悮”(221页)。“悮”字，《全元散曲》校作“误”(1100页)，非。这是处理俗字造成的失误。“悮”字既是“误”的俗写，又是“悟”的俗写。上揭语例显然当释读为“悟”字。我们看敦煌卷子“悟”俗写“悮”的例子，伯3053V°《大方便佛报恩经》卷一：“王悲闷绝，举身躃地，良久醒悮。”(21/185)伯3056、伯4895《佛家诗曲集》：“诸法当寂然，计我能解悮。”(21/197)此“悮”是“悟”的俗字①。脉望馆本《黄粱梦》第四折：“汉钟离度脱唐吕公，邯郸道省悮黄粱梦。”(3/176)《元曲选》本作“省悟”(366页)。

隐

元刻本《太平乐府》卷九马致远《耍孩儿·借马》：“饥时节喂些草，渴时节饮些水。着皮肤休使麄毡屈，三山骨休使鞭来打，砖瓦上休教隐着蹄。”“隐”字，《雍熙乐府》卷七作“稳”(238页)，《全元散曲》校作“稳”(264页)。朱东润先生《中国历代文学作品选》(下编第一册)同。按：“隐”“稳”虽为古今字，但语例中不是稳固的意思，当依元刻本校作“隐”。项楚《王梵志诗校注·梵志翻着袜》：“梵志翻着袜，人皆道是错。乍可刺你眼，不可隐我脚。”②项楚先生注：“隐，犹云‘硌’。”并引了大量的例

① 更多语例，可参曾良《俗字及古籍文字通例研究》，百花洲文艺出版社，2006年，第38页；曾良《敦煌佛经字词与校勘研究》，厦门大学出版社，2010年，第247页。

② 项楚《王梵志诗校注》，上海古籍出版社，1991年，第761页。

证,可详参。或写作"瘾",《古本小说集成》明凌蒙初《拍案惊奇》卷二十一《袁尚宝相术动名卿　郑舍人阴功叨世爵》:"且说林善甫脱了衣裳也去睡,但觉物瘾其背,不能睡着。壁上有灯,尚犹未灭。遂起身揭起荐席看时,见一布囊,囊中有一锦囊,中有大珠百颗,遂收于箱箧中。"(883 页)"瘾"即指物凸出,靠或踩上去不舒服,类似"硌"义。赣南客家方言中犹有此词,如"鞋内沙子瘾脚""席下有本书,睡上去瘾背"。

参考文献

[1]　上海古籍出版社编《宋蜀刻本唐人集》,上海古籍出版社,2012 年。
[2]　隋树森《全元散曲》,中华书局,1964 年。
[3]　隋树森《元曲选外编》,中华书局,1959 年。
[4]　王季烈《孤本元明杂剧》,中国戏剧出版社,1958 年。
[5]　王季思主编《全元戏曲》,人民文学出版社,1990 年。
[6]　王念孙《广雅疏证》,江苏古籍出版社,1984 年。
[7]　王实甫、王季思校注《西厢记》,上海古籍出版社,1978 年。
[8]　无名氏《梨园按试乐府新声》,元刻本,《四部丛刊》三编。
[9]　项楚《王梵志诗校注》,上海古籍出版社,1991 年。
[10]　杨朝英《乐府新编阳春白雪》,元刻本,《续修四库全书》第 1739 册,上海古籍出版社,2002 年。
[11]　杨朝英《明钞六卷本阳春白雪》,辽沈书社,1985 年。
[12]　杨朝英《朝野新声太平乐府》,元刻本,《四部丛刊》初编。
[13]　臧懋循《元曲选》,浙江古籍出版社,1998 年。
[14]　曾良《明清通俗小说语汇研究》,江西教育出版社,2008 年。
[15]　曾良《明清小说俗字研究》,商务印书馆,2017 年。
[16]　张玉来、耿军《中原音韵校本》,中华书局,2010 年。

(曾良:安徽大学文学院,230039,合肥)

黄侃《〈通俗编〉笺识》引蕲春方言词研究*

曾昭聪

提要：黄侃为清代翟灏《通俗编》作了笺识，对笺识中关于蕲春语的相关论述进行分类摘录、疏证，可以揭示黄侃在方言词研究方面的角度与成绩。

关键词：黄侃 《〈通俗编〉笺识》 蕲春方言词

清代翟灏《通俗编》共38卷，采集方言俗语5456条，分38类，每一类下面分别收录相关词目。每一词目下，均引用书证以明词义与来源，或有按语。[①] 黄侃先生曾在《通俗编》书眉作笺识，所作笺识条目共364条(其中有部分条目论及的词不止一个)。《笺识》原收录于黄焯先生所编《量守庐群书笺识》中[②]，颜春峰点校《通俗编(附直语补证)》又将其以页脚注形式一一过录在相应条目之下，颇便利于治学者。[③] 因学界对《〈通俗编〉笺识》的研究尚付阙如，我们拟对其做系统整理与研究。我们曾撰《〈通俗编〉黄侃评语训诂研究》《〈通俗编〉黄侃评语"正字"辨》等文章。本文从方言词研究的角度对《〈通俗编〉笺识》所引蕲春方言词的研究做评述。

黄侃是湖北蕲春人。蕲春方言属江淮官话，赵元任、丁声树等《湖北方言调查报告》中指出，"这第一区(主要指鄂东方言，包括蕲春方言在内)可算是典型的楚

* 基金项目：国家社科基金重大项目"汉语词源学理论建设与应用研究"(17ZDA298)。

① 《通俗编》的排印本原有二种，商务印书馆1935—1937年《丛书集成初编》收《通俗编》，又于1957年据无不宜斋刻本《通俗编》和梁同书《频罗庵遗集》卷十四《直语补证》合排，1958年印行。但前一个排印本《通俗编》选择光绪重刊本排印，不仅照搬严重缺页以及错简内容，而且增加了数十处破句和错讹衍脱；后一个排印本据无不宜斋本断句，底本很好，但排印时也有少数错讹衍脱和断句错误。详颜春峰点校本《前言》。本书引用《通俗编》据《续修四库全书》所影印清乾隆十六年无不宜斋本。

② 黄侃笺识、黄焯编次《〈通俗编〉笺识》，载《量守庐群书笺识》，武汉大学出版社，1985年，第417—460页。

③ 〔清〕翟灏撰、颜春峰点校《通俗编(附直语补证)》，中华书局，2013年。

语——如果要独立一种楚语的名目的话。”[①]黄侃关于方言词的研究集中于《蕲春语》[②]。《蕲春语》从文字、音韵、训诂等不同角度对其家乡方言词进行了研究，具有方言辞书的性质。该文共141条，以考证蕲春方言本字为主，广征博引，是方言研究的重要文献。[③] 然《〈通俗编〉笺识》中亦有关于蕲春方言词的研究，其研究方式与《蕲春语》完全不同。在《〈通俗编〉笺识》中，黄侃对《通俗编》中的49个条目用“吾乡”“吾土”的形式引证了蕲春方言词。对此，汉语史研究者与方言研究者不可不察也。

本文拟将《〈通俗编〉笺识》中关于蕲春语的相关论述分类摘录、疏证(对非蕲春方言词的笺识亦同时略作疏证)，以揭示黄侃在方言词研究方面的角度与成绩。其中或有交叉的情况，则酌情置于某一类别之下。本文所引《通俗编》据乾隆无不宜斋雕本，并参考了颜春峰点校本的标点；本文所引黄侃笺识据《〈通俗编〉笺识》，引文后标明《〈通俗编〉笺识》在《量守庐群书笺识》中的页码。篇幅所限，每类详举二例。

一　记录方言词的读音，揭示蕲春方言独特的语音现象

黄侃强调形、音、义三者的密切关系。“小学必形、声、义三者同时相依，不可分离，举其一必有其二”。[④] 上古音方面，他的古音十九纽、二十八部是笺识的音韵体系，中古音则依从《广韵》。《笺识》记录了不少方言词的读音，揭示了蕲春方言独特的语音现象。此类共12条。例如：

(1)　【唱喏】

《通俗编》卷九“唱喏”条：“《宋书・恩倖传》：‘前废帝言：“奚显度刻虐，比当除之。”左右因唱[倡]诺，即日宣旨杀焉。’按：‘喏’本古‘诺’字。‘倡诺’似即‘唱喏’也，《玉篇》‘喏’训‘敬言’。《春渚纪闻》：‘才仲携一丽人登舟，即前声喏。’‘声’亦‘唱’之义。”

黄侃于词目“唱喏”后笺识：“吾乡谓之‘诺’，读而霸切，或而夜切之撮唇音。古以‘诺’为应，今以‘诺’为呼，施于尊卑无别，略与通语之‘叫、唤、喊’同。武昌谓之

---

① 赵元任、丁声树等《湖北方言调查报告》(“中研院”历史语言研究所专刊)，商务印书馆，1948年，第1569页。

② 《蕲春语》收录于《黄侃论学杂著》，中华书局上海编辑所，1964年，第410—441页。

③ 参见徐红、张春泉《黄侃〈蕲春语〉音系同音字汇》中的相关评述，载《湖北师范学院学报(哲学社会科学)》1998年第5期。

④ 黄侃述、黄焯编《文字声韵训诂笔记》，上海古籍出版社，1983年，第48页。

'映',於郎切,亦以应为呼也。"(p.421)

按:黄侃此处举出了蕲春、武昌的方言读音:蕲春"谓之'诺',读而霸切,或而夜切之撮唇音",武昌"谓之'映',於郎切"。又分析了"诺"古今用法的差异。"喏"是敬言,又通"诺",则为应声。《说文·言部》:"诺,譍也。"段玉裁注:"應之俗字。"《诗·鲁颂·閟宫》"莫敢不诺"郑玄笺:"诺,应辞也。"古为应辞。"今以'诺'为呼"的用法方言词典已收录,如《汉语方言大词典》"喏"条:nuò①〈叹〉放在句子或小句的开头,表示引起别人注意自己所指示的事物。吴语。上海[nɔ²³]～,要掰能挖方才挖得快|～,脱我拿去!浙江金华岩下[nɔ²⁴]～,佢落得在前头。然仅收吴方言用法,未收黄侃所说的蕲春、武汉用法,未为完备。

(2)【一棱】

《通俗编》卷三十二"一棱"条:"杜甫《夔州》诗:'堑抵公畦棱。''棱'读去声,注云:'京师农人指田远近,多曰几棱。'今称一棱两棱是也。陆龟蒙诗:'我本曾无一棱田。'范成大诗:'污莱一棱小周围。'按:韵书'棱'无'侧'声,而《集韵》以土垄为埨,力准切,二字或可通耶?"

黄侃于词目"一棱"下笺识:"棱,柧也,有圭角义。则'几棱'犹言几方耳。吾土人转音为'㙩',谓田少地窄曰'一㙩儿'。"(p.438)

按:"棱"当是"垄"(异体作"壠")的音转。《说文·土部》:"垄,丘垄也。"段玉裁注:"高者曰丘垄。《周礼》注曰:'冢,封土为丘垄也。'《曲礼》:'适墓不登垄。'注曰:'为其不敬。'垄,冢也。墓,茔域。是则垄非谓墓畔也。郭注《方言》曰:'有畂埒似耕垄以名之。'此恐方语而非经义也。垄亩之偁,取高起之义引申之耳。""垄"之语源义是高起,即田埂也。从"龙"声之字多有高起之义。一棱两棱之称,乃是以田埂为界而称呼一块两块田地也。"棱"在《广韵》中为来母登韵,"垄"从龙声,龙为来母钟韵。黄侃说"吾土人转音为'㙩'",则又一转也。

此外,《通俗编》卷二"略"条,黄侃于词目"略"后笺识:"吾乡读之为'涝'。"(p.417)《通俗编》卷二十二"拏儿"条,黄侃于"《姑苏志》'俗呼女儿曰拏儿,拏音如拏上声'"下笺识:"吾乡读去声,又转为奴夜切。"(p.429)《通俗编》卷二十四"了鸟"条,黄侃于"此'了鸟'即屈戌"下笺识:"吾乡有此语,或变为'楼尼'之音。"(p.432)《通俗编》卷二十六"马子"条,黄侃于词目"马子"下笺识:"吾乡犹存古言,曰'械(读为围)窬(读为桶)'。"(p.434)《通俗编》卷三十三"咦"条,黄侃于词目"咦"下笺识:"即'嚇'字之变为合口耳。亦可作'嚄'。吾土读为'虺'。"(p.445)《通俗编》卷三十三"卢卢"条,黄侃于词目"卢卢"下笺识:"吾土呼猪曰'来来',变作里耶切,'卢卢'亦其方物。"(p.446)《通俗编》卷三十三"㸚㸚"条,黄侃于词目"㸚㸚"下笺识:"吾乡读丁又切。"(p.446)《通俗编》卷三十四"哆吴"条,黄侃于词目"哆吴"下笺识:"吾乡谓大言曰'吴',读苦括切。"(p.451)《通俗编》卷三十四"嬾𡝩"条,黄侃于"衣破貌,洛骇、师骇二切"下笺识:"吾土仍用此音。然《说文》当作'裂𢇍'。"《通俗编》卷三十六"踔"条,黄侃于"索隐:'踔,音勅教反'"下笺识:"吾土读'弔'。"(p.455)

二　记录并分析方言词的音转情况,揭示方言词的词源或同源现象

黄侃注重词源研究,他倡导语言文字研究要究其根本,"一切学问皆必求其根本,小学亦何独不然?《释名》之作,体本《尔雅》,而其解说,正在推求语根。以《释名》之法驾驭《说文》《尔雅》即为推求语根之法"。① "名物须求训诂,训诂须求其根"。② 在《笺识》中,黄侃经常用"转语""某乃某之转"以揭示方言词源或同源词现象。此类共9条。例如:

(1) 【艮头】

《通俗编》卷十一"艮头"条:"又:'杭人好为隐语,如麄蠢人曰"杓子",朴实人曰"艮头"。'按:今又增其辞曰'艮古头'。"

黄侃于词目"艮头"后笺识:"吾乡语朴人则曰'韶头','艮头'即䫄头,'韶'则'杓'之转,其正字则为'硕',要之皆古言'顽'也。"(p.422)

按:黄侃说"'艮头'即䫄头"。"艮",见母文部(黄侃称痕魂部);"䫄",溪母文部。见溪旁纽,文部叠韵。"艮头"之"艮"是听音为字。"䫄",《说文·页部》:"䫄,无发也。一曰耳门也。""䫄头"即无头发之头。"䫄"与"顽"同源。《说文·页部》:"顽,梱头也。""梱",《说文·木部》:"梱,梡木未析也。""梡,梱木薪也。""顽"即"梱头",也就是未劈开的无树枝的囫囵木头。因其浑圆无外物,故引申为粗钝,《广雅·释诂三》:"顽,钝也。"又引申为顽愚。《广韵·删韵》:"顽,顽愚。"语义上"顽"(梱头)、"䫄头"均指囫囵之物,故可引申指顽愚。语音上,梱,匣母文部;顽,疑母元部(黄侃称寒桓部)。匣疑旁纽,文元对转。故"顽"与"梱"是同源词。

又,黄侃说"'韶'则'杓'之转,其正字则为'硕'",也可做一考察。"韶",禅母(黄侃"照三归端",禅归定)宵部(黄侃称豪部);"杓",禅母药部(黄侃称沃部)。禅母双声,宵药对转。故蕲春人所言"韶头"即杭州人所说"杓子"。"硕",禅母铎部。"硕"与之双声,铎药旁转,铎宵旁对转。《说文·页部》:"硕,头大也。"段玉裁注:

① 黄侃述、黄焯编《文字声韵训诂笔记》,上海古籍出版社,1983年,第59页。

② 同上,第197页。

"引申为凡大之偁。"褒义为美大，如《诗·唐风·椒聊》"硕大无朋"郑玄笺："硕，谓壮貌佼好也。"《诗·邶风·简兮》"硕人俣俣"孔颖达疏："硕者，美大之称。"贬义则为"麄蠢人""朴人"之大而无当。要之，"杓""韶"是听音为字，其本字则当为"硕"，意思是"顽"(顽愚)。①

(2)【答飒】

《通俗编》卷十四"答飒"条："《南史·郑鲜之传》：'范泰诮曰："卿居僚首，今答飒，去人辽远，何不肖之甚。"'《文与可集》有'懒对俗人常答飒'句。《能改斋漫录》：'俗谓事之不振者曰踏趿，唐人有此语，《酉阳杂俎》"钱知微卖卜，为韵语曰：世人踏趿，不肯下钱"是也。'按：'踏趿''答飒'字异义同，或又作'塌飒'。范成大诗：'生涯都塌飒，心曲漫峥嵘。'又《集韵》有'傝僠'字，训云'恶也'，似亦'塌飒'之通。"

黄侃于词目"答飒"下笺识："吾乡云'洒脱''拖娑'，谓人衣带昌披为'拖衣靸胯'，其正字当作'屇屖'耳。汉赋作'驳沓''僶讘'。"黄焯：《吴都赋》作"插堞"。(p. 424)

按：《通俗编》将"踏趿""答飒""塌飒""傝僠"系联在一起，诸词音近义通，是一组同源词。黄侃再益以蕲春方言词"拖娑"，倒言之则为"洒脱"。"拖衣靸胯"即"拖靸"衣袴，衣服散乱之貌。试分析"答飒""拖娑"之间的语音关系。"答"，端母辑部(黄侃称合部)；"拖"，透母歌部(黄侃称歌戈部)。二字旁纽。"飒"，心母辑部；"娑"，心母歌部。二字双声。"拖娑"是"答飒"的方言音转。黄侃说"其正字当作'屇屖'"。"屇"，《说文·尸部》："屇，从后相臿也。从尸，从臿。"段玉裁校改为"屇，屇屖，从后相躡也。从尸，臿声"，注："屇屖，二字各本无。今依全书通例补。从后相躡也。躡各本作臿。今依《玉篇》订。以后次前积叠之，谓之屇屖。《吴都赋》作[illegible]。[illegible]善曰，枝柯相重叠皃。《广韵》曰，重累土也。《广韵》亦单用屇字，训懊。非此义也。"当从之。"屇屖"乃"以后次前积叠之"，即[illegible]意，用于行事即拖踏，与"不振作"义近。语音上，"屇"，古音初母(黄侃"照二归精"，初母归清)叶部；"屖"，澄母(黄侃"照三归端"，澄母归定)缉部。"答""屖"，端定旁纽，辑部叠韵。"飒""屇"，心清旁纽，辑叶旁转。故黄侃所说"其正字当作'屇屖'"。"答飒"等词应理解为其音转词。

又，黄侃说"汉赋作'驳沓''僶讘'"，黄焯又增"插堞"(按：当作"揷堞")。《汉语

① 黄侃的"正字""正作某""本作某"等，绝大多数不是指正字或本字，多数情况下指同源词。参见曾昭聪《〈通俗编〉黄侃评语"正字"辨》，《中国文字研究》第二十一辑，上海书店出版社，2015年。

大词典》"馺遝"条:"亦作'馺踏'。亦作'馺沓'。"义项一:"连续不断。引申为盛多貌。"《类篇·人部》:"㒛,悉合切。㒛譶,疾皃。"《广韵·缉韵》:"譶,㒛譶,言不止也。"《文选·嵇康〈琴赋〉》:"飞纤指以驰骛,纷㒛譶以流漫。"李善注:"㒛譶,声多也。㒛,不及也,师立切。《说文》曰:譶,疾言也。徒合切。""㒛譶"即声多嘈杂纷乱貌。《文选·左思〈吴都赋〉》:"轮囷虯蟠,埔㙐鳞接。"李善注:"埔㙐,枝柯相重叠貌。"诸词与"答飒"等音近(或倒言之)义通,亦为其音转词。

此外,《通俗编》卷四"团"条,黄侃于顾况诗"郎罢别团,团别郎罢"之后笺识:"'罢'即'父'之转,'团'为'囝'之变。今吴语读之若嫒,吾乡读之如捻,实即儿孺弱孥之音转也。字亦作'囡'。闽语九件切者,'孑'之音变也。"(p.419)《通俗编》卷二十七"波波"条,黄侃于"或云:本为'饽饽',北音读入为平,谓之波波。皆未确"下笺识:"或说极谛。'脯'即'馎','毕罗'乃其缓音。吾乡转读如'巴'。"(p.434—435)《通俗编》卷二十七"河漏"条,黄侃于"北方多磨荞麦为面,或作汤饼,谓之河漏"下笺识:"此今之'面鱼子',吾土谓之'系縒',读如'隔达'。"(p.435)《通俗编》卷三十三"隔是"条,黄侃于词目"隔是"下笺识:"吴语犹言,亦倒曰'是梗'。吾土曰'果是',谓如此曰'果样',语根正当作'己',作'迒',故训'此'。"(p.441)(此条疑未妥)《通俗编》卷三十三"者么"条,黄侃于词目"者么"下笺识:"吾乡云'这么样',或曰'这个样'。'只么'乃'者么'之转。"(p.442)《通俗编》卷三十四"邹溲"条,黄侃于"《释名》:'邹,狭小之言也'"下笺识:"吾乡谓人形貌委琐曰'邹',即'鲰生'字。然正当作'驺',与詈人为'田僮'同意。或曰即'局趋'之'趋'。"(p.450)《通俗编》卷三十四"雹凸"条,黄侃于词目"雹凸"下笺识:"此'陂陀'之转,亦书'跑突'。吾乡读促之曰'迸',读北猛切。如物忽然中高曰'迸起来'。求之东韵,实即'丰'字耳。"(p.452—453)

三　记录方言词的同时,揭示方言中的民俗文化

语言是文化的组成部分,也是文化的重要载体。汉语方言众多,方言词既是各个地方语言的反映,也是地方文化的忠实记录者。黄侃的《笺识》在记录蕲春方言词的同时,有意通过方言中的民俗语汇揭示其中所蕴含的民俗文化现象。此类共4条,例如:

(1) **【冬馄饨,年馎饦】**

《通俗编》卷二十七"冬馄饨,年馎饦"条:"陆放翁诗自注:'乡俗,岁日必用汤饼,谓之冬馄饨,年馎饦。'《武林旧事》:'冬至享先,则以馄饨。'故有斯谚。"

黄侃于词目“冬馄饨，年馎饦”下笺识：“馎饦犹搏著。今吾乡省称‘馎’，读为‘巴’。犹有‘年馎’之名。”(p. 434)

按：“馎饦”即汤饼，是一种水煮面食。北魏贾思勰《齐民要术·饼法》：“馎饦，挼如大指许，二寸一断，着水盆中浸。宜以手向盆旁挼使极薄，皆急火逐沸熟煮。非直光白可爱，亦自滑美殊常。”宋欧阳修《归田录》卷二：“汤饼，唐人谓之‘不托’，今俗谓之馎饦矣。”馎饦，据《齐民要术》中介绍的做法，“挼如大指许，二寸一断”，“挼使极薄”，跟今天北方面食“猫耳朵”的做法极相似。“挼使极薄”即拇指与食指捏住面食并滑动，使其变大变薄并自然卷曲。“馎饦”见载于《玉篇》，晋人葛洪《肘后备急方》卷三引“崔知悌疗久嗽熏法”已作此字，敦煌写卷尚有“麪飥”“勃託”“没饦”等写法。

黄侃《笺识》说“馎饦犹搏著”，由于“搏著”一词表义不详，只能推测其应用当是表明了词源：“搏”或是博大义，“著”或是显著义。当代学者有更清楚的考证：“馎”的语源当是“博”，大也；“餑”“不”“没”等皆音转字。“饦”的语源当是“托”，同“拓”，开张扩大义。“馎饦”的语源是“博拓”，亦即《广雅》的“博袥”，同义连文，故又可分别单称。《玉篇》：“餺，饼也。”《广韵》：“餺，餺饼。”“餺”同“馎”，皆“博”改旁俗字。敦煌写卷 S. 1733、S. 6064 称作“博”，S. 6452a、S. 5008 称作“饦”。[①] “今吾乡省称‘馎’，读为‘巴’。犹有‘年馎’之名”，则明确记录了方言读音以及“年馎”这一方言词。《汉语方言大词典》未收“年馎”，但收了“年粑”：“〈名〉年糕。赣语。江西波阳[niēn^{24} pɔ^{11}]。”实际上黄侃所记“年馎”与赣语“年粑”为同词异字。

(2) **【阿婆婆】**

《通俗编》卷三十三“呵罗罗”条：“《大论》：‘寒冰地狱一名呵罗罗，一名阿婆婆，皆像其寒颤声也。’”

黄侃于本条之下笺识：“‘阿婆婆’，吾乡寒时呵冻语有之，或为火所爇亦然。”(p. 445)

按：“阿婆婆”，当是方言中的拟声词（因寒颤或为火所爇而发出的声音），然与佛经中地狱名相同，其构词理据或相同。失译《大方便佛报恩经》卷二：“佛言：善男子，过去久远不可计劫生死中，时以重烦恼，起身口意业故，堕在八大地狱，所谓阿诃诃地狱、阿婆婆地狱、阿达多地狱，铜釜、大铜釜，黑石、大黑石，乃至火车地狱。”

① 详参萧旭《面食“馎饦”、“餢飳”名义考》，复旦大学出土文献与古文字研究中心，http://www.gwz.fudan.edu.cn/SrcShow.asp? Src_ID=2462，2015/3/8。

此外,《通俗编》卷九"追节,下财礼"条,黄侃于词目之后笺识:"吾乡谓'追节'为'赶节',亦曰'赶人情'。"(p.421)《通俗编》卷三十三"啰唻"条,黄侃于"《古今乐录》有《来罗四曲》,注云:'倚歌也。'《广韵》作'啰唻'"下笺识:"吾土小曲有以'啰连啰'为和声者,即'来罗'也。"(p.445)

四　分析方言音义,探究方言词的本字

黄侃的训诂研究注重形、音、义的结合。"盖小学即字学,字学所括,不外形、声、义三者。《说文》之中,可分为文字、说解及所以说解三端。文字者,从一至亥九千余是也。徒阅文字,犹难知其所言,徒阅说解,而犹不能尽其指意,于是必究其所以说解。……而后知形、声、义三者,形以义明,义由声出,比而合之,以求一贯,而剖解始精密矣"。① 在《笺识》中,他经常注意从方言本字角度来分析方言音义。此类共5条,例如:

(1)　**【一楂】**

《通俗编》卷三十二"一楂"条:"《篇海》:'楂,防教切,音匏,出《免疑韵》。俗谓四十斤为楂。'按:今则以银十两为一楂,又茧十斤为一楂。"

黄侃于词目"一楂"下笺识:"'楂'无以下笔,当从'雹'。吾乡竟以十为'雹',如十千钱曰'雹把钱',十个人曰'雹把人'。案,其字当作'**㕁**'。《说文》'**㕁**'《系传》本:一曰十。"(p.438)

按:《通俗编》作"楂"。黄侃以为当从"雹"作"檅"。作"檅"亦无理据,黄侃仅是据"雹"记音耳。或许"楂"亦为记音字。《汉语大字典》释"楂":"古代的重量单位,常因物而异,数目不固定。"《改并四声篇海·木部》引《龙龛手镜》:"楂,俗谓四十斤为楂。"《正字通·木部》:"楂,俗谓鱼以三十斤为一楂。"据《通俗编》,则"今则以银十两为一楂,又茧十斤为一楂"。而其本字,别无他说,据黄侃的说法,"其字当作'**㕁**'。《说文》'**㕁**'《系传》本:一曰十"。当从之。

据《汉语方言大词典》,"楂"在湘语中义为"十",在冀鲁官话、胶辽官话、江淮官话、吴语中指"二十斤或四十斤"。如1931年《胶志》:"四十斤曰楂,今作二十斤。"1935年《萧山县志稿》:"泛称物一件曰一楂。……俗谓四十斤为楂。"说江淮官话中仅指"二十斤或四十斤",据黄侃"吾乡竟以十为'雹'",知词典有所不妥。《汉语方言大词典》另外又收录了"楂把年""楂把个月"两个词目,前者所出方言是江淮官

① 黄侃述、黄焯编《文字声韵训诂笔记》,上海古籍出版社,1983年,第8页。

话和湘语，后者是江淮官话。按：后者只标“江淮官话”不确，湘语、赣语洞绥片等至今亦同样如此。

（2）【宁馨】

《通俗编》卷三十三“宁馨”条：“《容斋随笔》：‘宁馨字，晋宋间人语助耳，今吴人语多用宁馨为问，犹言若何也。’王若虚《谬误杂辨》：‘《容斋》引吴语为证是矣，而云若何，则义未允，惟《桑榆杂录》云：“宁，犹言如此；馨，语助也。”此得其当。’按：山涛谓王衍：‘何物老妪，生宁馨儿！’宋废帝母王太后疾笃，怒帝不往视，谓侍者：‘取刀来，剺视我腹，那得生宁馨儿！’南唐陈贶五十方娶，曰：‘仆少处山谷，莫预世事，不知衣裙下有宁馨事。’详审诸语，则《杂录》为的是。《世说》：‘王导与何次道语，与手指地曰：正是尔馨。’‘刘尹因殷中军游辞不已，别后乃云：田舍人强学人作尔馨语。’又，‘桓大司马诣刘尹，卧不起，桓弯弹弹刘枕，刘作色曰：使君如馨地，宁可斗战求胜？’尔馨、如馨，皆与‘宁馨’一也，通‘宁’为‘尔’‘如’，则‘宁’之犹言如此，更可信矣。又，‘宁’字应读去声如‘甯’，张谓诗‘家无阿堵物，门有宁馨儿’，苏轼诗‘六朝人物余邱陇，空使英雄笑宁馨’，可证。刘禹锡‘为问中华学道者，几人雄猛得宁馨’，作平声用，恐误。”

黄侃于词目“宁馨”下笺识：“‘馨’正作‘䫜’。吾土‘奈向’则曰‘么样’，‘宁馨’则曰‘果样’。‘宁馨’即‘这样’。‘尔馨’亦‘这样’，‘馨’即‘尔’也。如馨，‘如’亦‘宁’也。‘馨’平声不误。”(p.443)

按：《说文·只部》：“䫜，声也。从只甹声，读若馨。”段玉裁注：“谓语声也。晋宋人多用馨字，若‘冷如鬼手馨，强来捉人臂’‘何物老妪，生此宁馨儿’是也。馨行而䫜废矣。隋唐后则又无‘馨’语，此古今之变也。”“宁馨”之“馨”乃“䫜”之借字，故黄侃说“‘馨’正作‘䫜’”，其说是也。

又，黄侃所记“么样”，即“怎么样”，《汉语方言大词典》已收录，其方言系属是江淮官话、西南官话、赣语、客话。“果样”，详上条所论。又，“‘尔馨’亦‘这样’，‘馨’即‘尔’也”，其中“‘尔馨’亦‘这样’”是也。“馨”本是语助，并非“这样”义，因为晋宋时常与代词如“宁”“尔”等连，词义感染，亦获得“这样”义，因此才有“如馨”这样的词出现。

此外，《通俗编》卷二十四“礓䃰子”条，黄侃于词目“礓䃰子”下笺识：“吾乡谓石阶长短皆曰‘礓䃰’，寻其正字，当作‘阶砌’。”(p.431)《通俗编》卷三十三“兀底”条，黄侃于词目“兀底”下笺识：“吾乡谓‘兀’曰‘恶’，因悟此即‘於’字，读安胡切，又转读‘畏’，因悟即‘伊维侯也’之‘维’。谓何事曰‘么事侯’，因悟即‘侯谁在矣’之

‘侯’。”(p. 442)《通俗编》卷三十三“犽䂚”条,黄侃于词目“犽䂚”下笺识:“武昌语今犹然。‘犽’读齐齿音,吾土读开口音,然只当作‘牙’。”(p. 446)①

五　记录了当时的蕲春方言词，为后人编纂方言辞书提供了多方面的材料

方言词研究要同时兼顾文献训诂材料与活的方言的记录与考证。黄侃《笺识》既注重训诂与文献考证相结合,以求正确的结论,同时又继承了扬雄以来记录当时方言的优良传统,记录了不少蕲春方言词。他所记录的这些蕲春方言词中,有相当一部分对于后人编纂方言辞书具有多方面的参考作用。此类共19条,例如:

(1)　【恰髿】【撞】

《通俗编》卷三十三“适值”条:“《列子·说符篇》:‘宋元君曰:昔有以技干寡人者,适值寡人有欢心,故赐金帛。’”

黄侃于词目“适值”下笺识:“俗云‘恰髿’,吾乡云‘撞’。”(p. 439)

按:《说文·髟部》:“髿,鬃也。”段玉裁注:“按:竝声本在十部。今俗谓卒然相遇曰掽。”“髿”,又可写作“髼”,段注认为后来写作“掽”。

《吴下方言考》卷八“旁(去声)”条:

《前汉书·霍光传》:“奏太后曰:受玺以来二十七日,使者旁午。持节诏诸官署征发,凡千七百二十七事。”案:旁,往来相摩击也;午,忤也,往来抵触也。对面曰旁,十字交曰午。今吴谚谓不意中相遇曰“旁见”。不意中相撞击曰“旁著”。

徐复先生《吴下方言考校议》按语曰:

如淳曰:“旁午,分布也。”颜师古注:“一纵一横为旁午,犹言交横也。”字当作髼。《说文·髟部》:“髼,鬃也。蒲浪切。”又:“鬃,髼也,忽见切。芳未切。”段玉裁注:“今须谓卒然相遇曰掽,如滂去声,字当作髼也。”《新方言·释言》:“《说文》:‘夆,牾也。’‘逢,遇也。’今人谓相牾曰夆,相遇曰逢,皆音普用切。古无轻唇从重唇也。不意得之亦曰逢,音转之变作髼。俗作碰。”

归纳徐复按语,可知“旁”“髼”“掽”“夆”“逢”诸字同源,“碰”则为后起俗字。

又,黄侃说“吾乡云‘撞’”,此亦可据《汉语方言大词典》与当代方言情况做一比较。该词典“撞”:“❺〈动〉碰运气。”见于中原官话。“❼〈动〉碰撞。”见于中原官话。二者跟表示“适值”或“恰巧”义的“撞”关系密切。又有“撞到”条:“❶〈动〉遇见;碰

① 《〈通俗编〉笺识》将“犽”书作“犽”。今从《通俗编》原文。

见。”见于江淮官话、西南官话、赣语、客话、粤语、土话。“❷〈副〉有时；碰巧。”见于赣语。可知黄侃蕲春语中的用法至今仍保留在现代汉语方言中，且不限于蕲春一地。

（2）【里许】

《通俗编》卷三十三“里许”条：“戴叔伦诗：‘西风里许杏花开。’李商隐诗：‘里许元来别有人。’《唐音癸签》：‘许者，里之助辞。’按：今吴音曰‘里嗬’，‘嗬’读虚我切，即里许也。《传灯录》：‘投子指庵前片石谓雪峰曰：三世诸佛，总在里许。’辞意尤明。”

黄侃于词目“里许”下笺识：“苏州语今云‘里向’，或云‘里哈’，即‘所’也。吾土曰‘里头’，或云‘肚里’‘⿰豕毛底’‘⿰豕毛下’。”(p.442)

按：《通俗编》“里许”及其所录吴音“里嗬”、黄侃《笺识》所录苏州语“里向”“里哈”，皆听音为字。又章炳麟《新方言·释词》：“今松江、太仓言处言许，音皆如化。谓内曰里许，音如里化。”翟灏、章太炎直言“里许”，黄侃以为“里所”。按：“许”“所”二字，《广韵》中“许”为晓母鱼韵，“所”为生母鱼韵，二字声近韵同，或为同一词之听音为字，故用字不同。

又，蕲春方言尚有其他说法。黄侃说“吾土曰‘里头’，或云‘肚里’‘⿰豕毛底’‘⿰豕毛下’”。“里头”，各地方言通用，不烦疏证。“肚里”，近代汉语中有“心中”之义。《汉语方言大词典》“肚里”条记三个义项，一是“心里”，二是“里面、里头”，三是“动物的心脏”。其中义项二所记方言系属是西南官话、湘语、赣语、客话。无江淮官话。黄侃所记可补之。而“⿰豕毛底”“⿰豕毛下”之“⿰豕毛”当是“肚”之音转。“⿰豕毛”与“**⿰豕尾**”同。《字汇·豕部》：“⿰豕毛，本从豕，俗省作豕。”“**⿰豕尾**”，《广韵》都豆切，今音 dòu，是尾星之名，乃星宿名，“**⿰豕尾**”当是取其音近“肚”之方言读音，故实当作“肚底”“肚下”。《汉语方言大词典》无“⿰豕毛”“**⿰豕尾**”。其中“肚底”条列四个义项，一是“正式吃饭前先吃一点填底的食物”，二是“里面、里头”，三是“脑子里、思想上”，四是“舱底”。其中义项二方言系属只有吴语，则黄侃所记方言可补其方言系属。又“肚下”条释为“下面、底下”，方言系属亦仅吴语，据黄侃《笺识》，则当增“里面”义。

此外，《通俗编》卷二十四“屋栈”条，黄侃于范成大诗“稻堆高出屋山头”下笺识：“吾乡言正云‘山头’。”(p.431)《通俗编》卷二十四“逋峭”条，黄侃于词目“逋峭”下笺识：“今曰‘波俏’，《说文》作‘庯陗’，吾乡语倒之为‘峭进’。”(p.432)《通俗编》卷三十三“忒瞧”条，黄侃于词目“忒瞧”下笺识：“今吴语有之。吾土但云‘太’，或云‘太过’，或云‘很’。‘杀吹’之‘杀’，今云‘死’，元曲云‘厮’。‘煞流’之‘煞’，今云‘很’。”(p.441)《通俗编》卷三十三“能箇”条，黄侃于词目“能箇”下笺识：“吾土曰‘果样’，亦曰‘果箇’。‘能’即‘宁馨’之‘宁’。”(p.443)《通俗编》卷三十三“啫”条，黄侃于词目“喏”下笺识:“正作‘诺’。今吾乡以为呼,凡呼人谓之‘喏人’。”(p.444)《通俗编》卷三十三“子”条,黄侃于词目“子”下笺识:“吾乡语物名下加‘子’加‘儿’,至无一定:有称‘子’亦称‘儿’者,如‘袿子、袿儿’‘裙子、裙儿’是也;有同类而或称‘子’或称‘儿’者,如箸曰‘筷子’、杯曰‘匏儿’、鼻曰‘鼻子’、蘖曰‘蘖儿’是也;有单名加‘子’加‘儿’者,如前所举;有双名而亦加‘子’加‘儿’者,如挂壁灯檠曰‘灯炷儿’,牙刷曰‘牙刷儿’是也;有加‘子’加‘儿’意义全别者,如称父曰‘老子’,泛称老人曰‘老儿’是也;有单名不加‘子’字‘儿’字,加之则可笑者,如褌不称‘褌子’,表不称‘表子’,姐不称‘姐儿’,姑不称‘姑儿’,皆加字而意义全乖者也。”(p.446—447)《通俗编》卷三十三“地”条,黄侃于词目“地”下笺识:“‘特地’,吾土曰‘特为’;‘白地’,吾土曰‘平白’,或云‘无事儿’;‘忽地’曰‘忽然’‘忽地’;‘立地’曰‘就里’,亦曰‘眦到’,‘眦’读子智切。然今之所谓‘地’,亦作‘底’,皆古之所谓‘然’‘若’‘如’而加之动静字下,以为形容语也。”(p.447)《通俗编》卷三十三“头”条,黄侃于词目“头”下笺识:“吾乡谓里曰‘里沿’,亦曰‘里阴’,亦曰‘向阴’,‘向’转如‘厂’。有端者皆曰‘头’。”(p.447)《通俗编》卷三十三“箇”条,黄侃于“朱庆余诗:‘恨箇来时路不同’”下笺识:“‘恨箇来时’犹云‘恨刚来时’。”又于“皮日休诗:‘桧身浑箇矮’”下笺识:“‘浑箇’,吾土云‘竟’,‘箇’读如‘耿’。”又于“罗隐诗:‘应挂云帆早箇回’”下笺识:“‘早箇’,吾土云‘早点’。”(p.449)《通俗编》卷三十四“缩朒”条,黄侃于词目“缩朒”下笺识:“吾乡谓事不成曰‘缩朒’。‘朒’读耨。”(p.450)《通俗编》卷三十四“尴尬”条,黄侃于词目“尴尬”下笺识:“吾乡云‘有点尴尬’,加‘不’乃反言也。”(p.450)《通俗编》卷三十四“磊竴”条,黄侃于词目“磊竴”下笺识:“吾土曰‘累坠’。”(p.451)《通俗编》卷三十四“逯”条,黄侃于词目“逯”下笺识:“吾土谓事之奇特、人之奇特、语之奇特,皆冠以‘逯’字,然止当作‘陆离’之‘陆’,或‘卓荦’之‘荦’。”又于“俗状疾忽之辞,有云‘溾地里’‘逯地里’”下笺识:“‘溾地里’,吾乡曰‘扯起’,如云‘扯起一跑’。”(p.453)《通俗编》卷三十四“红丢丢”条,黄侃于词目“红丢丢”下笺识:“‘丢’乃俗‘投’字。‘丢丢’俗当作‘朱朱’,犹吾土言‘红彤彤’。”(p.454)

六　指明蕲春方言中所没有的方言词或用法

黄侃《笺识》中还指明了蕲春方言中所没有的方言词,一方面有助于让人深入理解《通俗编》收词标准(俗语辞书收词标准是较为通行的一般性的方言俗语),另一方面也有助于揭示蕲春方言不同于其他方言的特点。此类共3条。例如:

（1）【啐】

《通俗编》卷三十三“啐”条：“七内切。《说文》：‘惊也。’按：时俗小儿受惊，为母者率以此为噢咻之辞。”

黄侃于词目“啐”下笺识：“吾土但以为惊辞，噢咻时无之。”（p. 446）

按：《说文·口部》：“啐，惊也。”《通俗编》记录“时俗小儿受惊，为母者率以此为噢咻之辞”，黄侃《笺识》指出其乡俗仅以“啐”为惊辞，“噢咻时无之”（抚慰小儿病痛时不用此词）。此处记录方言用法与《通俗编》有所不同。

（2）【哉】

《通俗编》卷三十三“哉”条：“吴俗谓事已然曰‘哉’。《诗》‘盍云归哉’‘亦已焉哉’，皆止语辞，犹云‘了也’。今俗云‘住哉’‘罢哉’之类，与凡‘哉’字有别。”

黄侃于词目“哉”下笺识：“‘且’‘哉’皆吾土言所无，皆变为‘呀’‘啊’之类。”（p. 449）

按：此条笺识指出蕲春方言中无吴方言词“且”“哉”，而是变为“呀”“啊”之类，与通语相同。这从一个侧面揭示了蕲春方言不同于吴方言的特点。

此外如《通俗编》卷三十四“嫪毐”条，黄侃于词目“嫪毐”下笺识：“‘毐’与‘娭’意同，音转为‘冶’，今俗称妇人所私曰‘冶老公’。‘毒’从‘毐’声，故‘毐’亦可读‘毒’，转为‘斗’音。北京优人谓狎己者曰‘老斗’，即‘嫪毐’也。‘凡大为嫪毐’，吾土未闻此言。”（p. 452）黄侃指出“吾土未闻此言”，证明当时蕲春方言无此语。《通俗编》所言不知为何处方言。

七　余论

以上对黄侃《〈通俗编〉笺识》引蕲春方言词的条目做了分类疏证，从中可以看出黄侃在方言词研究方面的视角与成绩。笔者另有《〈通俗编〉黄侃评语中的方言与民俗内容疏证》一文，大部分条目与此文不同，可以参看。[①]

黄侃是语言学大家，他倡导语言文字研究要形、声、义相结合，同时也要究其根本，“（形、声、义）三者之中，又以声为最先，义次之，形为最后。凡声之起，非以表情感，即为写物音。由是而义傅焉。声义具而造形以表之，然后文字萌生”。[②] 反映在征引蕲春方言的《笺识》中，就是他的研究工作与方音研究、词源研究、民俗研究、

① 刘玉红、曾昭聪《〈通俗编〉黄侃评语中的方言与民俗内容疏证》，《南方语言学》第七辑，暨南大学出版社，2015 年。

② 黄侃《声韵略说》，载《黄侃论学杂著》，中华书局上海编辑所，1964 年，第 93 页。

本字研究以及方言词的记录相结合。《〈通俗编〉笺识》具有很大的学术价值,值得我们系统总结。

如果我们不拘泥于黄侃用"吾乡""吾土"等形式征引蕲春方言词的条目,而是将《笺识》中未征引蕲春方言的相关条目联系起来,就可以对黄侃的方言词研究成绩看得更清楚一些。例如《通俗编》卷二十二"妮子"条,黄侃于词目"妮子"下笺识:"'妮'亦'奴''孥''娜'之转。"(p.429)又《通俗编》卷二十二"孥儿"条,黄侃于"《姑苏志》'俗呼女儿曰孥儿,孥音如拏上声'"下笺识:"吾乡读去声,又转为奴夜切。"(p.429)联系起来可知诸词是方言音转而形成的同源词。

更进一步,如果我们不局限于《〈通俗编〉笺识》,而是将其与黄侃其他研究结合起来考察,也会有新的发现。例如《通俗编》卷一"霍闪"条,黄侃于全条之末笺识:"'霍'如'霍然病已'之'霍','闪'如'罔两闪尸'之'闪',作'霍闪'自可。"(p.417)联系黄侃在《蕲春语》中所说的内容:"今吾乡电曰矆,谓云中出电曰掣矆。"作"矆"。将《〈通俗编〉笺识》与《蕲春语》中的论述相结合,我们可以看出"霍闪"与"矆睒"当视作异形词。

(曾昭聪:暨南大学中文系,510632,广州)

脉望馆钞校古今杂剧中的汉儿言语*

冯先思

提要：句末使用“有”字，是“汉儿言语”的一个重要特征。明代汉儿言语在戏曲中用例，吉川幸次郎曾举明初藩王朱有燉《桃源景》杂剧相关段落。在脉望馆藏钞本杂剧中还有一些类似用例，不过将“有”字变为“又”字。赵琦美校改这些杂剧之时，或径删“又”字，或改为虚词，后来王季烈、隋树森等整理者大多依从赵校。剧中人使用“又”字来模拟“汉儿言语”，通过“语言”表达上的差异来凸显其番人身份，增强艺术感染力，不当删去。

关键词：汉儿言语　脉望馆　校勘

“汉儿言语”自魏晋以来逐渐形成，在北方汉人和北方诸民族之间通行，深受阿尔泰语影响，实为一种卑俗的汉语变体。到元代，“汉儿”一词是指原金国统治下北方地区的汉人，包括了汉化了的契丹、女真人等，“汉儿言语”即这些族群之间的通语。后来“汉儿言语”又受到蒙古语（以及诸色目人语）的影响，在大都等北方地区流行，明代以后逐渐被“官话”取代而消亡。我们现在可以从直译体文献、直讲体文献、会话书、元曲及平话等文献来了解“汉儿言语”。①

句末使用“有”字，是“汉儿言语”的一个重要特征，元代白话圣旨碑、《元典章》、《通制条格》、《孝经直解》、《元秘史》、《高丽史》、《老乞大》等文献均可见到。特别是《老乞大集览》中明确说“元时语必于言终用‘有’字，如语助而实非语助，今俗不用”。② “汉儿言语”在明代也还有人群继续使用，从《正统临戎录》《老乞大》《朴通事》等书，我们可以窥见一些当时使用的实例。

戏曲文献中也有汉儿言语的用例。封地在河南开封的明代宗室周宪王朱有

* 本文系教育部人文社会科学青年基金项目“戏曲与俗文学文献校勘研究”（17YJC870005）的阶段性成果。承王云路老师、汪少华老师提出修改意见，谨致谢忱。

① 祖生利《试论元代的“汉儿言语”》，《历史语言学研究》（第二辑），商务印书馆，2009年，第124—135页。

② 太田辰夫《关于汉儿言语》转引，遇笑容、曹广顺、祖生利主编《汉语史中的语言接触问题研究》，语文出版社，2010年，第18页。

燉，一生创作了三十一种杂剧，有些剧中就展现了汉儿言语的实际用法。他在宣德六年撰写的《美姻缘风月桃源景》杂剧中，有一个牧马人角色，其身份为“达达人”(即蒙古人)，负责放马，剧中曾用“汉儿言语”交流。吉川幸次郎曾指出该剧第四折放马人对话即用“汉儿言语”，[①]这些明代用例大量使用助词“有”字，与元代蒙古语直译体有不小的差异，可见“‘汉儿言语’明初似乎还保持着继续变化的余势”。[②]太田先生的引文大略如下：

(办孤上云)吾乃是守把山口的千户。如今下着大雪，不见了两匹马，使两个达军，去山下寻马去。唤过达军来。(二净胡人办上作番语了)

(孤云)这达子，你说番语，我不省得，你学汉儿说与我听。

(净云)官人，马不见有。下着大雪，那里去寻那马有?

(孤云)这达子，差着你，你怎敢不去?

(净云)我的达达人，法度行害怕有。便冻煞了，也去山的下坡将马寻有。(孤、净下)

……

(二净做受冷上云)来到这山下，马也寻不见有。这是个酒店，俺去讨两盏酒吃有。

其实《美姻缘风月桃源景》杂剧第四折不仅仅表现了达达牧马人使用“汉儿言语”时多用助词“有”的情形，还用汉字音译来表达蒙古语。例如：

(净云)额多额兀堵儿马失阔亦填乞塔阿哈撒银打剌苏米讷悟有。[③]

(旦云)那里走的两个达子来，亦留兀剌的，知他说甚么。

(末云)他说今日十分冷，汉儿哥哥，好酒与些吃。

(旦云)你热些酒与他吃。(净唱胡曲科)

又如：

(二净做受冷上云)来到这山下，马也寻不见有。这是个酒店，俺去讨两盏酒吃有。(做与末相见科)(净云)额多额，兀堵儿，马失阔亦填，乞塔，阿哈，撒

① 太田辰夫《关于汉儿言语》转引吉川幸次郎说，遇笑容、曹广顺、祖生利主编《汉语史中的语言接触问题研究》，语文出版社，2010年，第18页。

② 太田辰夫《关于汉儿言语》，遇笑容、曹广顺、祖生利主编《汉语史中的语言接触问题研究》，语文出版社，2010年，第1—23页。

③ 这一段番语义为“今日十分冷，汉儿哥哥，好酒与些吃”。(额多额＝今，兀堵儿＝日，马失＝十分，阔亦填＝冷，乞塔＝契丹，阿哈＝哥哥，撒银＝好，打剌苏＝酒，米讷＝我，悟＝饮)方龄贵对此剧蒙古语词有较为详细的溯源。参《古典戏曲外来语考释词典》第76则“蒙豁”条，汉语大词典出版社，2001年，第214—265页。

银打剌苏,米讷悟有。[1](旦云)那里走的两个达子来,亦留兀剌的,知他说甚么?(末云)他说今日十分冷,汉儿哥哥,好酒与些吃。(旦云)你热些酒与他吃。(净唱胡曲科)(旦唱)

【滚绣球】 我见他亦留兀剌地说体礼,他那里阿来不来的唱一直。(净做喜欢跌脚唱胡曲科)(旦唱)怎听他喜欢时跌着脚死声淘气。(净云)好姐姐,与一盏酒吃有。(旦云)你是甚么人,说与我,便与你酒吃。(净云)俺是蒙豁,阿堵兀赤。(旦唱)他说道蒙豁是阿堵兀赤。(末云)他说是达达人,放马的。(旦唱)我见他短头发打着练搥,长系腰是帖各皮,有几根黄支沙苫唇髭髯。(净云)打剌苏兀该呵,约儿只有。(旦唱)他道是打剌苏兀该呵约儿兀只,他将那臊羊皮胡乱来遮冷,酸马乳权时且止饥,知他是甚娘乔为。

(净云)好酒多得吃了有,必哈撒有,把撒俁有,扫兀者,必锁陀八有。(旦云)不省的达达人说个甚的。(末云)他说问俺再要酒吃,坐地下醉了也。(旦唱)

【倘秀才】 他道哈撒呵,原来是问你。他道扫兀呵,原来是坐地。他道锁陀八,原来是酒醉矣。(净云)必倒剌者有。(净作胡唱科)(旦唱)他道倒剌是歌一曲。(净云)必孛知者有。(净作胡舞科)(旦唱)他道孛知是舞一回。(净云)必哈哩有。(净虚下)(旦唱)他回去也道一声哈哩。

(旦云)你便无钞,我可怜见你受冻,再与你两盏酒吃。(末与净酒科)(净云)好个可喜姐姐,你这酒冷有。俺借你那热锅子里,荡一荡酒有。(末云)这两个臊达子,他到来迎奸卖俏的。(旦云)丈夫,你骂那厮,赶了去。(净云)乞塔,苦温,卯兀恪,打剌苏,额薛悟,卯兀,客勒,莎可只。(旦云)他说甚么?(末云)他说汉儿人歹,酒也不曾吃,歹言语骂人。

放马人自称是"蒙豁",剧中末脚解释说是"达达人"。"蒙豁"其实就是蒙古的音译,元明用"达达人""达子"来称呼蒙古人。[2] 蒙古语是牧马人本人所操母语,而与汉人沟通时需要用"汉儿言语"来作为中介。从旦角唱词"他道哈撒呵,原来是问你。他道扫兀呵,原来是坐地。他道锁陀八,原来是酒醉矣"来看,当时蒙古语虽然还有一定的群众基础,但是已经有一部分人群对此不甚了了,所以需要在唱词中逐一解说这些蒙古语词汇。牧马人的"汉儿言语"也仅仅是句末加"有"字,在词汇、语法等

---

① 这段番语标点据明刻原本添加,下同。

② 方龄贵《古典戏曲外来语考释词典》第76则"蒙豁"条,汉语大词典出版社,2001年,第239—240页。

方面都与汉语相同。①

这种句末带"有"的"汉儿言语"还出现在脉望馆钞校古今杂剧之中，如《李嗣源复夺紫泥宣》《飞虎峪存孝打虎》《八大王开诏救忠臣》《杨六郎调兵破天阵》《宋大将岳飞精忠》《刘夫人庆赏五侯宴》《邓夫人苦痛哭存孝》七剧中用在句尾的"又"字，②即"汉儿言语"助词"有"的变体。例如：

《飞虎峪存孝打虎》头折：

(李克用云)小番，卧番羊，敲牛宰马，做一个庆喜的筵席。小番，抬上果卓来又。

(番卒子云)理会的又。(做抬上果卓科)

(李克用云)小番，将酒来又。(把盏科云)使命大人满饮一杯。

李嗣源上场自述一番之后，说：

(李嗣源)小番，报复去，道有李嗣源来了又。

(番卒子云)理会的。报的阿妈得知，有李嗣源来了又。

(李克用云)着他过来，把体面又。

(番卒子云)理会的。过去又。

(李嗣源见科云)阿妈，您儿来了，那厢使用又。

(李克用云)且一壁有者。小番，与我唤将石敬瑭来又。

(番卒子云)理会的。石敬瑭，阿妈呼唤又。

嗣后石敬瑭、孟知祥、李思(嗣)昭、刘知远、康军(君)利、李存信等人皆先念上场诗，然后自述一番，再如上流程对答一番，各人句末皆以"又"字结尾。类似的场景也在《刘夫人庆赏五侯宴》第三折出现。

"又"字还可以和"者"字搭配，用在上下场诗末两句。《飞虎峪存孝打虎》头折李嗣源上场诗云："临军奋勇相攻战者，要与皇家建大功又。"《飞虎峪存孝打虎》第四折李克用下场诗云："真天子百灵咸助者，大将军八面威风又。"《宋大将岳飞精忠》金兀术开场诗云："日永昼长乘兴乐者，黑松林畔列围场又。"《刘夫人庆赏五侯

---

① 祖生利《试论元代的"汉儿言语"》、江蓝生《也说"汉儿言语"》都曾指出"汉儿言语"的主要特点。《近代汉语研究新论》(增订本)，商务印书馆，2013 年，第 352—387 页。经过比对，朱有燉杂剧所用的"汉儿言语"仅仅带"有"字，其他词汇、语法的特点都与汉语一致。

② 仅有一处写作"有"，即《刘夫人庆赏五侯宴》楔子开篇李嗣源云："野管羌笛韵，英雄战马嘶。擂的是镂金画面鼓有，打的是云月皂雕旗又。"实乃"者"字误释，详下文。

宴》楔子开篇李嗣源云："野管羌笛韵，英雄战马嘶。擂的是缕金画面鼓者，[①]打的是云月皂雕旗又。"《刘夫人庆赏五侯宴》第三折："（孟知祥上云）学成三略和六韬，忘生舍死建功劳。赤心辅弼为良将者，尽忠竭力保皇朝又。""者""又"字号略小，赵琦美校删去此二字。上下场诗有时也不用"者"字，单独用"又"。例如：《八大王开诏救忠臣》头折韩延寿下场诗云："匣中宝剑吹毛快，杀的那大宋军兵透胆寒又。"

这七剧之中《宋大将岳飞精忠》仅仅在金兀术开场诗中出现"又"字，其他六剧则频繁出现在剧中对白之中。除了《杨六郎调兵破天阵》，其他六剧都有赵琦美校改，赵琦美多删去"又"字。例如：

《飞虎峪存孝打虎》头折李克用开场诗云："华夷图上看者，俺这里别是一乾坤又。""者""俺这里""又"赵琦美校皆删去。

《邓夫人苦痛哭存孝》第一折李克用云："存孝孩儿来了又。"赵琦美校删去"又"。

《邓夫人苦痛哭存孝》第一折李存信云："阿妈，怎生可怜见着俺两个去潞州去把那邢州与存孝两口儿镇守罢，可也好又？"赵琦美校删去"又"。

《邓夫人苦痛哭存孝》第一折李克用云："周将军说的是，小校，与我唤将存孝儿两口过来者又。"赵琦美校删去"又"。

《邓夫人苦痛哭存孝》第三折刘夫人云："存孝儿，衔冤负屈，孩儿怎有生死了来又？""有""又"赵琦美校皆删去。

《邓夫人苦痛哭存孝》第三折李存孝与母刘夫人对答时云："多亏着阿妈阿者抬举的成人，封妻荫子，偌大的官职，怎敢忘了阿者阿妈的恩义又。"赵琦美校删去"又"。

《八大王开诏救忠臣》头折韩延寿云："塞北兵强显耀雄，逐朝山下逞威风。皂旗招飐如云磨者，缨拂团圆烈火红又。""者""又"字号略小，赵琦美校皆删去。

《八大王开诏救忠臣》头折土金宿云："此计大妙，正好与他厮杀去又。"赵琦美校删去"又"。

赵琦美有时候则视情况改字，其中大多依据句子语气改为合适的虚词。大约有如下几种情形：

① "者"字，王季烈《孤本元明杂剧》校本、吴晓铃校本、吴国钦校本、王学奇校本、王季思《全元戏曲》本、蓝立蓂校注本皆释作"有"，并且删之。

1. 改为来

《邓夫人苦痛哭存孝》第三折刘夫人云:"一个是康军利双尾蝎侵人骨髓,一个李存信两头蛇谗言佞语。他则要损忠良英雄虎将,他全无那安邦计赤心报国。那两个怎么说支吾又。""又",赵琦美校改为"来"。

《邓夫人苦痛哭存孝》第三折刘夫人云:"他两个无徒怎生害存孝又?""又",赵琦美校改为"来"。

2. 改为也

《邓夫人苦痛哭存孝》第三折刘夫人云:"我实不信,亲自到来,你果然改了姓名,俺怎生亏负你来又?""又",赵琦美校改为"也"。

《飞虎峪存孝打虎》头折番卒子见到皇帝使者报告李克用云:"报的阿妈得知,有天朝使命至此又。""又",赵琦美改为"也"。

《飞虎峪存孝打虎》头折【后庭花】曲后李克用云:"国家用人之际,正当赤心报国,舍死忘生又。""又",赵琦美改为"也"。

3. 改为者

《飞虎峪存孝打虎》头折李克用云:"他大势军马来呵,怎生迭的他?则说黄巢好生的厉害又。""又",赵琦美校改为"者"。

《飞虎峪存孝打虎》头折【哪吒令】曲中李克用云:"那黄巢雄兵百万,战将千员,量某到的那里又。""又",赵琦美校改为"者"。

《飞虎峪存孝打虎》头折李克用分遣各路军马时云:"孟知祥,你为副先锋,雁门关相等,小心在意又。"嗣后分遣其他诸将也都如此句式,末以"又"字结束。"又",赵琦美校皆改为"者"。

《杨六郎调兵破天阵》头折韩延寿上场自述之末云:"小番,与我唤将众将来又。"番卒子云:"报的元帅得知,有萧天佐、萧天佑来了又。"此后萧彪云:"小番,报复去道有萧虎、萧彪两个大叔来了又。""又",赵琦美校皆改为"者"。

4. 改为咱

《邓夫人苦痛哭存孝》第一折刘夫人云:"孩儿,你去邢州镇守,阿妈醉了也,你且去又。""又",赵琦美校改为"咱"。

《飞虎峪存孝打虎》第二折【贺新郎】曲后李克用云:"可惜埋没了好汉又。""又",赵琦美校改为"咱"。

《飞虎峪存孝打虎》第二折【贺新郎】曲后李克用云:"你不好谒托公卿门下,以图出身又。""又",赵琦美校改为"咱"。

《飞虎峪存孝打虎》第二折【乌夜啼】曲后李克用云："小番，唤的那邓大户来又。""又"，赵琦美校改为"咱"。

5.改为么

《飞虎峪存孝打虎》第二折李克用云："周德威，你比及落草为寇，你投降于我麾下，做个首将，尽忠报国，跟着我破黄巢去，可不好又。""你要斗甚么武艺又。""又"，赵琦美校改为"么"。

《飞虎峪存孝打虎》第二折【贺新郎】曲后李克用云："你可有甚么亲眷又。""又"，赵琦美校改为"么"。

《飞虎峪存孝打虎》第二折【贺新郎】曲后李克用云："觑了你这般模样，想必会甚么武艺又。""又"，赵琦美校改为"么"。

6.改为嗏

《飞虎峪存孝打虎》第二折李克用云："你推出垛子去看某射箭又。""又"，赵琦美校改为"嗏"。

7.改为罢

《飞虎峪存孝打虎》第二折李克用云："康君利，既然是他打死的虎，皮俺便要，毒虫肉与他又。""又"，赵琦美校改为"罢"。

《飞虎峪存孝打虎》第二折康君利云："兀那后生，既是你打死的虎，皮俺要，虎肉与你又。""又"，赵琦美校改为"罢"。

8.改为去

《飞虎峪存孝打虎》第二折【哭皇天】曲后李克用云："我起大势军马与他相持又。""又"，赵琦美校改为"去"。

《杨六郎调兵破天阵》头折韩延寿云："军师，你有何妙策，调度番将，支拨番兵，与南朝宋相持厮杀又。""又"，赵琦美校改为"去"。

9.改为你

《邓夫人苦痛哭存孝》第二折【骂玉郎】曲前刘夫人云："我道孩儿无这等勾当，你阿妈好生的怪着的又。""又"，赵琦美校改为"你"。

虽然有些剧目之后有赵琦美题记，云据内本校录。① 但是这些对"又"的校改，似乎并非移录"内本"，而大多依据语气补足虚词。有时候同样的表达，赵琦美有不

① 例如《飞虎峪存孝打虎》卷后赵琦美题记云："万历乙卯四十三年二月十二日，校内本。清常记。"《八大王开诏救忠臣》《刘夫人庆赏五侯宴》《宋大将岳飞精忠》《邓夫人苦痛哭存孝》据内本校录等。其他两种无题记。

同的处理方式。例如:《飞虎峪存孝打虎》第四折【喜迁莺】曲中李克用云:"慢慢的再说一遍又。""又"字赵琦美校改为"者"。下文【出队子】曲后李克用又云:"慢慢的再说一遍又。"赵琦美并未校改。再下一曲【刮地风】后李克用又云:"慢慢的再说一遍又。""又"字赵琦美校改为"咱"。同样的表达,赵琦美居然有三种处理方式,可见其校改是出于临时起意,而非照录旧本。

抛开赵琦美的校改,我们发现上述几种杂剧句尾这种"又"字的用法有两个特点:

第一,凡是在对白中使用"又"字的人物皆为"番邦"身份。例如《飞虎峪存孝打虎》卷有李克用、李嗣源、石敬瑭、孟知祥、李思(嗣)昭、刘知远、康军(君)利、李存信、番卒子。《刘夫人庆赏五侯宴》有李嗣源、刘夫人、李亚子、石敬瑭、孟知祥、刘知远、李从珂、番卒子。《邓夫人苦痛哭存孝》有李克用、李存信、李存孝、刘夫人。《八大王开诏救忠臣》有韩延寿、土金宿。《李嗣源复夺紫泥宣》有李克用、李存勖、薛阿滩、陈敬思、李嗣源、康军利、小番。《杨六郎调兵破天阵》有韩延寿、萧虎、萧彪、番卒子。《宋大将岳飞精忠》有金兀朮。

第二,剧中人物对答使用"又"时,皆在"番邦"人之间;[①]如果有"汉人"加入对答,则番邦人不再使用"又"字。

结合太田辰夫先生等人对明代"汉儿言语"的论述,我们不妨认为,这几种脉望馆钞本杂剧使用"又"字来模拟"汉儿言语",是对当时演出用语的忠实记录。剧中人物所操"汉儿言语"也只是在句末使用"又"字,但在词汇、语法上与"汉儿言语"还有一定的差别,而与汉语保持一致。剧中人物使用这种模式化的语言风格来凸显其"番人"身份,借此增强表演的戏剧性。[②]

自赵琦美删改"又"字,王季烈、隋树森、王季思等各家整理本大多依从赵改。[③]我们既然知道了这些"又"字是"汉儿言语"的特征,以后整理这些杂剧自当保留"又"字。

(冯先思:北京师范大学人文和社会科学高等研究院,100875,北京)

① 当然也有大量番人之间的对话未用"又"字。例多不烦备举。

② 剧中番邦人用"又"字来模拟"汉儿言语",可能还会有语言表达(如口音等)上的特色,只是我们只能从剧本中看到"又"字,其他表演风格无法拟测了。

③ 直到近年重印的蓝立蓂《关汉卿集校注》(修订本)仍然删去"又"字。中华书局,2018 年。

马叙伦《说文解字六书疏证》“独创精彩”的再关注

汪少华

提要：李春晓《〈说文解字六书疏证〉研究》从学术史角度调查和研讨马叙伦的代表作，探讨“六书二系”说的理论特点和运用情况，凸显马叙伦在守成与开创之间提出“一家之言”的学术价值，是其是，非其非，客观允当，剖析中肯。

关键词：马叙伦　《说文解字六书疏证》　说文学史

李春晓博士的《〈说文解字六书疏证〉研究》（以下简称《〈疏证〉研究》）2018 年 6 月由人民出版社出版。她为完成这部著作而付出无数的心血，有关治学次第和《〈疏证〉研究》的特点，她的两位导师——许嘉璐先生和马重奇先生所作的“序”以及作者自撰的“后记”描述得相当充分。笔者拜读之后，觉得如此厚重扎实的学术史题材著作值得读者关注。

马叙伦代表作《说文解字六书疏证》（以下简称《疏证》）是一部十分重要的文字学著作，是 20 世纪《说文》研究成果的总结性巨著。由于多种原因，对于《疏证》以及马叙伦语言文字学的研究，迄今为止仍相当薄弱。恩师许嘉璐先生深以为憾，在“序”中如是写道：

> 当年读马先生书时，既觉其所论说虽与我所师承者在风格、方法、材料方面有异，而其中独创精彩、启人思路、生发新义之处所在多有；我本拟撰文简述之，而匆匆惶惶多年，终未如愿。逮我担任中国民主促进会领导职务后，更觉得应该有人对马先生进行深入研究。似乎这位一代鸿儒和与其同时代的许多前辈英杰被我们冷落了，甚至忘却了。这不能不说是学术、文化传统延续的断档，是学术史、教育史、思想史和统一战线史的缺憾，当然也是社会、国家的损失。

李玲璞先生在主编贯通古今的古文字研究的“集大成之作”——《古文字诂林》的时候，坚持“凡有真知灼见，能自成一家之言者悉载靡遗”的原则，而且他认为“在孙诒让之后,将传世文献和出土文献很好地结合起来,马叙伦是一位大功臣”(《〈疏证〉研究》第32页)。因此李先生非常重视马叙伦的《疏证》成果,在《说文》每个字头下面的考释内容中基本上采纳了马叙伦的相关成果(除非马叙伦本身没有疏证的条目或者疏证条目没有新发现),这在文字学史和辞书史上已经给予马叙伦相当高的评价。李春晓博士能够在李玲璞先生身边学习,接受两位先生的建议深入挖掘马叙伦著作,阐明文字学思想,剖析一系列研究个案,这样的工作是学术史研究之需,可以弥补许先生所说的“社会、国家的损失”。可以说,李春晓博士是完成先生们的心愿,她的研究工作很有重要的研究意义,让被冷落和忘却的前辈英杰重新“被重视”。

《〈疏证〉研究》以“六书说”为选题,可谓把握住《疏证》的总纲乃至马叙伦文字学思想精髓,因而这样的选题对于文字学、训诂学研究具有较大的理论价值和现实意义。李春晓博士在华东师范大学跟随许嘉璐和李玲璞二位先生攻读博士学位之后,又前来复旦大学跟吴金华教授继续深造,对马叙伦的其他著作,比如《老子校诂》《庄子义证》等也开展全面细致的研究。在读秀网,我们以“马叙伦”“李春晓”两个关键词搜索,已有十六篇相关的论文刊于《古汉语研究》《中国文字研究》《中国训诂学报》《社会科学》《汉字文化》《福建师范大学学报》《福建论坛》等国内的重要学术刊物上,这些系列论文在学界产生积极的反响,也引起关注。2010年,台湾逢甲大学郭荣芳的同类选题的硕士论文《马叙伦六书理论研究》(第7页)肯定了李春晓博士的论文对于马叙伦六书研究文献的爬梳与理论的建构,在资料的搜集上实臻完备,在申说马叙伦六书理论上亦能够钩玄提要,评断价值,皆能提供一定的研究论点。曾记得吴金华先生说过,集中研究某一专题五年即可成为小专家,如果能够持续十年的话就可以成为这一领域的大专家了。这样算来,现在的李春晓博士已经成了马叙伦研究的大专家了。如果李玲璞和吴金华二位先生健在的话,相信他们看到德才兼备的弟子这样成长起来,当因“圃中又一幼木已矗立于学苑”而“颔笑于另界矣”,会跟许先生和笔者一样,感到无比的欣喜。兹重点从如下四个方面来谈谈笔者的体会。

一 资料丰赡,翔实可靠

马叙伦具有博大、精深、融通的文化素养,并对中华古国充满热爱和忠诚,“修身”“齐家”“治国”“平天下”,始终“以天下为己任”,忧国忧民,而对于学术的追求更是坚持不懈。1911 年他开始撰写《说文解字六书分纂》，到 1956 年正式出版《说文解字六书疏证》，数易其稿，何其艰辛！马叙伦是为了“使世界了解中国文字”“寻出中国衰落的真正原因”而进行学术研究，他精熟许氏之学，六书渊海，疏通证明，怡然理顺。先校雠，次疏证，根据六书分析《说文》单字，援引当时所能见到的古文字资料和前贤时彦的研究成果，对于形、音、义多有创见，考证《说文》九千字之形体，予以六书定类，阐发本义，分析字音，明其音转与假借，皇皇巨著，可与清儒段玉裁、桂馥、朱骏声、王筠诸家比并。

《〈疏证〉研究》分析马叙伦《疏证》的基本风格和重要思想，探讨马叙伦所做出的突出贡献和产生的积极影响，剖析局限所在，同时对其治学方法加以归纳，凸显他的学术精神，挖掘他能学有所成的根本原因，可以为说文学史研究提供一份翔实的可靠资料。

《〈疏证〉研究》的第一章从著作缘起、版本、体例、运用材料和《说文》本书考五方面介绍《疏证》的基本风格，马叙伦著述《疏证》志在“明道”与“救世”，在运用材料方面重点讨论马叙伦综合运用古籍、出土和方俗等材料，其中《疏证》所征引的方俗材料具有宝贵的文献价值，在《〈说文解字六书疏证〉所引方俗考》（刊于《中国训诂学报》第二辑，商务印书馆 2013 年）的基础上，书稿还专门列表讨论《说文》所引方俗语“百七十余事”（《〈疏证〉研究》第 67 页），更加全面地整理散见于每一个字的疏证内容中所引方俗材料的情况，按卷依次排列，秩序井然，不少条目下还增加按语，便于读者清晰了解。

第二章从《古文字诂林》管窥《疏证》的学术贡献，这样的考察可以初步确定《疏证》在说文学史和古文字研究史的重要地位。对于《古文字诂林》兼引马叙伦其他论著情况的，《〈疏证〉研究》还专门列出字头在《诂林》所在页码，方便读者查阅（第 150—152 页），李存晓博士心思细密，周到谨严，可见一斑。

第三章详细梳理了“六书二系说”的汉字孳乳系统。介绍前贤的代表性学说，主要包括徐锴的“六书三耦”说、郑樵的“子母相生”说、杨慎的“四经二纬”说、戴震的“四体二用”说等，确定马叙伦的六书思想，而且对比马叙伦前后论著观点，说明他视野日趋开阔、研究逐渐深入的情况。讨论六书次第问题，用列表说明历代的代表性观点（第 187—189 页）。对于六书分为形系和声系，两系联贯相生，作者详加介绍和分析，娓娓道来，精彩纷呈。

第四章则按照象形、指事、会意、假借、形声和转注依次探讨“六书二系说”在《疏证》中的具体运用情况，各节能够旁征博引，考辨详细。就以“会意”一节而言，首先介绍前代学者对会意的代表性定义，然后再来阐释马叙伦的定义，这样一来，读者可以在了解六书研究概况的同时，也可以看清马叙伦的“总结”之功。马叙伦探讨形声字问题时也会多少涉及语原问题，跟前贤时彦相比，他仍有一定差距，《〈疏证〉研究》依次列出《疏证》讨论语原的情况(第298—312页)，再针对性地加以分析和总结。

只要我们仔细阅读《〈疏证〉研究》，就会发现里面所引的资料十分丰富，翔实可靠，可为说文学研究添砖加瓦，以后的说文学史著作可以充分利用。

二　客观允当，剖析中肯

许嘉璐先生在2005年民进中央举行的纪念马叙伦先生诞辰120周年座谈会就提到过这些需要我们深思的问题：像马叙伦先生这样的知识分子受的是传统文化教育，为什么却能成为爱国主义者，进而成长为社会主义者，甚至成为马克思主义者？为什么一大批人能以旧学为根底，在远不如今的环境中成为众多领域的大师？为什么他们的许多成果，他们做人的原则至今还有着强大的生命力和感召力？深入思考和研究这些问题，一定会对我们建设先进文化、加强民进的自身建设、培养各种人才、净化我们的灵魂、明确人生追求、锤炼自我完善的毅力具有巨大的借鉴意义。

马叙伦先生为民族复兴大业贡献很大。研究《疏证》，同时了解马先生所处的时代背景和交游情况，进而可以全方位地研究马叙伦。论文对于“六书说”的总体评价，实事求是，总结成就相当准确，分析局限大抵恰当；附录以年谱形式揭示马叙伦学术事略，资料翔实，梳理细致，达到了彰显论文研究背景的目的。

《〈疏证〉研究》是作者在全面研读马叙伦语言文字学著作——《马叙伦学术论文集》《说文解字研究法》《六书解例》尤其是《疏证》的基础上，追根溯源，探究马叙伦对宋元明清以来《说文》学继承和发展的具体表现，尽可能地挖掘《疏证》的学术贡献，探究他对后世的积极影响：一是强调“六书”的每一书必备形音义三条件；二是博引金石甲骨文字，考证《说文》形体，予以六书定类；三是分析字音，明转注，辨假借；四是注意字形结构的分析，这是唐兰主张的先声。

正文主体部分首先结合图表全面分析“六书二系说”，然后针对“六书二系说”在《疏证》中的运用情况逐一介绍，可以说她对于“六书说”的述评客观允当，详尽深入，研究难度高，非通读、精读《疏证》巨作不能办，正是对于马叙伦六书研究文献的广泛爬梳，积极思考文字学理论的建构，搜集非常充分的资料，在申说马叙伦六书理论上能够钩玄提要，评断价值，皆能提供一定的研究论点。

总而言之，李春晓博士从学术史的角度全面调查和充分研讨，凸显马叙伦在守成与开创之间提出"一家之言"的学术价值，是其是，非其非，客观允当，剖析中肯。

三　功底扎实，学风严谨

《〈疏证〉研究》以六书理论研究为核心，将马叙伦的学术成就贯串起来，这样的研究对于掌握学术之源，辨析学脉之流变，重新认识和研究马叙伦的学说作为学术再发展的凭借具有重要意义，能够有所发现，有所发明。李春晓博士所付出的辛劳是很有必要的，所完成的工作对于学术史是很有意义的。

许嘉璐先生在《序》中如是评价：

> 但是继承发展前贤的业绩和精神，谈何容易！耐受不了寂寞无闻、不能嗜书如命，没有透析现象背后真谛的眼光和宏阔的视野，何能把研究的对象置于历史长河中，并尽可能地把握其人其事所处的时代、社会、文化状况及走向？又何能跳出泛泛之界以达到得其精神之境？《〈说文解字六书疏证〉研究》的问世或许是一个重要的信号：新时期的年轻人扎扎实实地走上来了，被忽略的贤哲及其成就已经纳入社会的视野了。

李春晓博士作为国家文科基地班的学生，跟从马重奇先生主修汉语音韵学和方言学专业，后又到华东师范大学攻读文字学和训诂学，可谓具有相当扎实的传统"小学"功底，诚如马重奇先生所评价的"具有宽阔的学术视野和扎实的专业素养"。因而研究中她常常能够把握音韵的枢纽作用，论证较为透彻，阐述多有心得，分析字音，明转注，辨假借，马叙伦先生坚持"六书"的每一"书"必须形音义兼备的原则，《〈疏证〉研究》善于运用古音和方音论证，以音转寻找转注字，以绝对同音辨析假借，在转注和假借部分极显其音韵学功底。

《〈疏证〉研究》体现出作者很强的独立从事汉语言文字学研究的能力；论文材料翔实，结构严谨，逻辑性强；文字表达准确、流畅；学风严谨，谨守学术规范。

习近平总书记曾言"做人做事第一位的是崇德修身"，"修德，既要立意高远，又要立足平实"。马叙伦先生历经四十五载完成《疏证》，李春晓博士前后花费十五年时间关注课题研究，而且还承担着繁重的《疏证》点校工作，这是难能可贵的"学术坚持"。自 2007 年回福建师范大学工作后，她肩负教学科研重担，在完成工作之余，不断地打磨书稿，保证做到精益求精。通读全书，可以感受到"资料之丰赡，剖析之中肯”,知学生者,莫若导师也,许嘉璐先生在序中的评价十分到位。

四　述中有评,“评”待深入

李春晓博士的著作可以说是为说文学史提供了一份非常重要的研究资料,笔墨较多是对《疏证》的介绍,宏观探讨“六书二系说”的理论特点和运用情况,而如何微观剖析每一个字例的疏证,仍需继续关注与研究。建议在点校的基础上完成评注《疏证》的工作。

今以第76—129页所引方俗材料为例而言,第80页《〈疏证〉研究》如是写道:

> 卷三/133“趢”下:“辵部‘逯’下曰:‘行谨逯逯也。’‘趢’‘逯’一字……然今绍兴、杭县谓小儿卧地令之起曰‘一过鹿杷起来’,音与此同。《玉篇》:‘趢趗,小皃。’”

按:“鹿”当作“𨈆”。《集韵·屋韵》:“𨈆,行皃。”据《吴方言词典》(汉语大词典出版社1995年,第590页),“𨈆”,同“踛”。《嘉定县续志·方言》:“𨈆,俗言登也。《吴下谚联·黄狼踛鸡栅上》‘踛’亦作‘𨈆’。”胡祖德《沪谚》卷上:“天上有银子跌下来,拾银子要早点𨈆起来。”

这样援引相关成果加以证说是很不错的做法。不过一些条目仅仅较多介绍马氏称引方俗材料情况,还不能一一对马氏说法加以证说和补充。马氏仅是结合自身目验的社会风俗和生活经验来考释名物,难免不够全面和科学,所以李春晓博士自己也在章节结尾处说明:“马叙伦继承清代朴学的科学精神,凡今语保存古训而可考者,他都坚持‘得诸目验而折衷古籍,乃为可信’的信念,引经据典,广为搜罗,这种研究方法是可行的,不过《疏证》所引方俗是否可靠,有待于我们今后再进一步细加考证。”(第131页)

“六书”纷繁复杂,有些问题仍可再深入研究,比如对待亦声字,如何更好地进行“六书”归属呢?《〈疏证〉研究》第314—316页从《疏证》卷二九的内容中提炼出马氏“纯形声字不兼会意”的观点。书中仅是介绍马氏的观点,对其中的一些见解未能进一步挖掘和深入研讨,还需要读者自己去领会。比如文中称引《疏证》原文如下:“其实本书言‘亦声’者,其为声之字,类皆无与于此字之意义,止负产生此字声音之任务,而亦声之词,亦皆校者所加,不足据也。”(第315页)读者读后难免心生疑问,马氏所说“亦声之词,亦皆校者所加,不足据也”如果成立的话,那么对于会意兼形声的“亦声字”应该怎么认识呢?真是“校者所加”?马氏有什么证据呢?“省声之字,本书多有,然亦多为校者谬改‘某声’为‘某省声’”。如果“省声之字”多校者谬改，那么有多少是《说文》的原文呢？

李春晓博士对这一部分仅仅如下评述："凡同语原之字，其所从得声之部分，不必拘于必用含有此字之意义之字。""兼意谐声及形声包会意为未明语原之误解也。""'合'为造屋构合，'夹'为左右扶持，'臤'为牵引奴虏，义各有主。"有学者认为"袷""荚""坚"诸字"兼意谐声，或谓之形声包会意"。马叙伦以为不然，此处"袷""荚""坚"三字和"合""夹""臤"等因语原同而取为声，"合""夹""臤"不一定要担负产生意义的任务，能表声即可。这也就是形声和会意的区别所在。故马叙伦以为纯形声字不兼会意。

也许对此类问题，作者没有很大的把握，仅到"发现"，尚未能进一步阐释和说明，也没有明确考辨马氏观点的是与非。所以《疏证》不乏独到精彩之处，《〈疏证〉研究》只关注到了一部分，有些观点和材料还需要学界同仁再关注。

文中有个别细节尚需完善，比如第459页附录年谱的"外祖……寓杭州大东门双眼井苍"一句中的"苍"当为"巷"之误。第537页"后记"中"庄子曰：'吾生也有涯，学海也无涯'"，下一句当作"而知也无涯"。在我和李春晓博士接触的过程中，知道她是一位善解人意、知恩报恩的好姑娘，第538页"出版后记"第二段"(恩)恩师……"衍一"恩"字，心中满怀感恩之情，可见一二。

斯人已逝，风范犹存，马叙伦的治学品格需要得到充分的彰显。《〈疏证〉研究》的出版嘉惠学界。新时代背景下如何让中华传统文化事业在继承的基础上融合创新和砥砺前行是有着现实意义的重要课题，我们也特别期待马叙伦"独创精彩"的学术著作能够逐渐引起学界的关注。

（汪少华：复旦大学出土文献与古文字研究中心，200433，上海）

王充论"投之于地"及磁石勺说献疑

闻人军

提要:王充《论衡·是应篇》曰:"司南之酌,投之于地,其柢指南;鱼肉之虫,集地北行。天性然也。"学术界对此"司南"众说纷纭,除了"杓""酌"两字有争议,一个重要的原因是不明"投之于地"之意。《论衡·状留篇》曰:"且圆物投之于地,东西南北,无之不可,策杖叩动,才微辄停。方物集地,一投而止,及其移徙,须人动举。"(圆球放在平地上可能滚向任何方向,东西南北各个方向都有可能。用棍子轻敲扰动,才稍微滚一下,圆球就又停下。方块下地,一放下就停住了。要想改变它的位置,必须人力移动。)王充在《状留篇》和《是应篇》篇中都用"投之于地"和"集地"对举,两个"投之于地"的含义相同,即放在地上。王充本人对"投之于地"的明确诠释,为正确释读司南句和检验磁石勺说提供了又一重要依据。

关键词:《论衡》 司南 司南酌 磁石勺 投 地 地盘

王充《论衡·是应篇》中的关于司南的重要史料("司南之酌,投之于地,其柢指南"),学术界讨论多年。2015年,笔者指出《论衡》司南乃是天性指南的水浮式瓢针司南酌。[1]随后,又指出瓢针司南酌与指南鱼及宋元针碗浮针的传承关系。[2]接着,做了版本考证,确认"司南之酌",并提供文物和新的文献证据。(参见后文)在此基础上,本文提供释读司南句的又一重要依据,即王充本人对"投之于地"的明确诠释,以进一步的论据就正于学术界。

一 《论衡》司南研究概况

司南一词多义。《论衡》司南事关磁性指向器的发明,历来为学术界所重视,也是近年讨论研究的热点之一。就主要观点来说,目前有磁石勺、北斗、指南车、水浮司南等不同看法。

旧说以为《论衡》司南是司南车。1928年张荫麟指出《论衡》司南"观其构造及作用,恰如今之指南针。盖其器如勺,投之于地,杓(柄)不着地,故能旋转自如,指其所趋之方向也"。[3]20世纪40年代起,王振铎认为司南是磁石勺,提出了磁石勺-铜质地盘复原方案，并做了相应的复原试验。[4]此说把"投之于地"之"地"释为式盘的地盘，影响甚大。林文照、戴念祖、潘吉星等各自验证或改进王振铎的模型，陆续发表的专著或论文中都是把"投之于地"之"地"释为地盘。刘亦丰、刘亦未等多年来坚持认为《论衡》司南不是磁性指向器而是北斗。[5]1979 年，北京大学历史系《论衡》注释小组的《论衡注释》说："司南之杓：古代一种辨别方向的仪器，原理和指南针相同，用磁铁制的小勺放在方盘上，勺柄指南。"[6]1993 年，袁华忠、方家常译注的《论衡全译》中，译司南句为"司南之杓，把它放在地上，它的柄能指向南方"。[7]2004 年，李志超发表《王充司南新解》，指出《瓢赋》中的司南是葫芦瓢中放磁石，以竹签为柄。王充的司南与《瓢赋》中的司南是一回事。[8]2005 年，孙机的《简论"司南"兼及"司南佩"》一文指出，前北平历史博物馆旧藏《论衡》残宋本作"司南之酌"，通行本中作为王振铎立论之基础的"杓"，其实是一个误字；并论证"投之于地"为"置之于地"。但孙文把"酌"训为动词行、用，"柢"训碓衡，错把《论衡》司南当成了司南车。[9]2007 年，程军的《"司南"词意探源》认为，《论衡》司南有可能是其中放了磁石的瓢形木勺，在光滑平面上可使勺柄指南。[10]

近年，黄兴在收集磁石资料和磁石勺指南实验方面做了大量工作，于 2017 年发表《天然磁石勺"司南"实证研究》一文。此文引入古地磁研究的资料，指出先秦至唐中期中原等地区的地磁水平分量正处于高峰期，比当代强。这一可喜成果对各类磁性指向器复原方案都有正面意义。但黄文的短处在于文献考证，误将《论衡》司南句释为："将司南掷在地上或将司南的柄拨向地面，它的柄或柄端就会指南。"黄文将拙见概括为"闻人军综合宋残本'司南之酌'和《瓢赋》的文字，认为《鬼谷子》《论衡》'司南'系将磁化钢针置于小葫芦瓢上，并用花生壳做了模拟实验"。还指出："1938 年，黄晖已发现残宋本《论衡》'酌'的写法系版本错误。"[11]言外之意是司南酌之说并没有立论的根据。其实，2015 年笔者在拙文中还用两种不同尺寸的小葫芦瓢做了模拟实验，比用花生壳的模拟实验更重要。确定本《论衡》"酌"的写法不误，乃是一个善字佳义。除了黄晖所称的宋残卷，拙文还补充了日本宫内厅书陵部藏宋光宗时刻本也作"司南之酌"。学界一度称其为宋光宗时刻本，这是根据日本学者岛田翰的名著《古文旧书考》(1905)中的说法。张宗祥(1882—1965)《论衡校注》(2010)已考证其为宋孝宗乾道本，还指出前北平历史博物馆旧藏《论衡》残宋本(即黄晖所称的宋残卷)实为杨文昌刻北宋修本。[12]

二　"司南之酌"和"司南之杓"孰是孰非

《论衡》传本曰："故夫屈轶之草，……古者质朴，见草之动，则言能指；能指，则言指佞人。司南之杓，投之于地，其柢指南；鱼肉之虫，集地北行。夫虫之性然也。今草能指，亦天性也。”正确的文本是发现司南真相的基础。“司南之酌”和“司南之杓”孰是孰非，事关各家立论所基，非先弄清不可。经过拙文《“司南之酌”辩证及“北斗说”证误》考证，笔者发现所有已知的四种早期版本，即杨文昌刻北宋修本、南宋乾道本、元小字本及三朝递修本(明补)，在长达几乎五个世纪的时期内，都作“司南之酌”而非“司南之杓”。《太平御览》卷七六二和卷九四四的引文分别用“勺”“杓”解释“酌”，都用“柄”解释“柢”。明嘉靖通津草堂本《论衡》改“司南之酌”为“司南之杓”，实际上是古今字的替换，其义均是“司南之勺”，而非司南之柄。要使上述四种早期版本、类书《太平御览》两种引文和明嘉靖通津草堂本都讲得通，唯一可能是释“杓”为“勺”。以释“杓”为“勺柄”作为立论基础的各种假设都是靠不住的。而且，“司南之酌”的“酌”(勺)是由“瓢酌”(以瓢勺舀取)之“酌”引申而来，保存了磁性司南与葫芦瓢有关联的信息，又有梁吴均诗中以“指南酌”为典的旁证，远比“司南之杓”义长。此前杨宝忠《论衡校笺》(1999)已将“夫虫之性然也”校正为“天性然也”。故此段文字当校勘为：“故夫屈轶之草，……古者质朴，见草之动，则言能指；能指，则言指佞人。司南之酌，投之于地，其柢指南；鱼肉之虫，集地北行。天性然也。今草能指，亦天性也。”[13]

三　“投之于地”正解

近年来，将“投之于地”之“地”看作通常意义的“地”的观点获得了更多学者的认同。

2016年，杨琳的《勺形司南未可轻易否定》一文指出：“至于‘投之于地’的‘地’，就《论衡》而言，就是通常的地上、地面之义，不可直接解释成地盘，毕竟‘地’没有地盘的意思。”[14]所见诚是。杨文又说：“但在复制司南时，‘地’就得想象为某种特定的‘地’，如地盘、琉璃砖等，正如我们可以笼统地说‘火车在地上跑’，但要造出火车使之行驶，这‘地上’只能是具体的‘铁轨’，而不能是普通的地面，然而我们不能因此就说‘地’直接有‘铁轨’的含义。”愚意认为火车的比方并不适合《论衡》司南的场景。假如地上有一张床，张三躺在这床上，就不能说张三躺在地上。司南、地盘和地的关系与此同理。

黄兴说：“王振铎的磁石勺剩磁偏弱，需要放在光滑的青铜表面，故将‘司南之杓，投之于地’的‘地’释作青铜(轼)[式]盘。本文实验表明，在秦汉时期，平整光滑的砖石地面、较为坚硬的木质地板上都可以有效指南，‘地’可以采用其一般性的解释，即室内的地面。"[15]愚意"投之于地"之"地"不限于"室内的地面"。《宋书·礼志》引《鬼谷子》曰："郑人取玉，必载司南，为其不惑也。"郑人取玉路上使用司南指向时，恐怕没有磁石勺模型需要的地面条件。从上下文看，"投之于地"之"地"与"集地"之"地"同义，即平常的地，当然也不是式盘的地盘。

"杓"字是磁石勺说立论之基，传本司南句中的"杓(勺)"只是"酌(勺)"的同义替换，本不该释为"勺柄"。现暂依"司南之杓"解读，试看结果。因为"杓"有两义：勺或勺柄，黄文的解读也包含两种方案。第一，释"杓"为勺，即"将司南掷在地上，它的柄或柄端就会指南"。此方案的缺陷不在于把"司南之杓"看作勺状之司南，而是释"投"为"掷"。虽然"掷"是"投"的常见义项，迄今为止任何司南复原方案都不具备这种功能，古人已发明这种司南的可能性更低。第二，释"杓"为勺柄，即"将司南的柄拨向地面，它的柄或柄端就会指南"。王振铎曾把"投"字训为"搔动"，释为"投转"。李志超曾批评王振铎"曲解'投'字"。杨琳也指出："训'投'为搔动，未见所据。"现黄兴把"投"字释为"拨向"，于古无据。

投，一字多义。《汉语大字典》列出十六个义项，《中文大辞典》举出更多义项，但其中没有"转""搔""拨"之义。而《汉语大字典》"投"字第五义项为"置放"，举出三个用例：《孙子·九地》："投之亡地然后存，陷之死地然后生。"《礼记·乐记》："投殷之后于宋。"唐韩愈《进学解》："投闲置散，乃分之宜。"除此之外，下文补充几个用例：

魏王弼《周易略例·明爻通变》曰："投戈散地，则六亲不能相保。"唐邢璹注："投，置也。散，逃也。置兵戈于逃散之地，虽是至亲，'不能相保'守也。"[16]

《后汉书·雷义传》曰："雷义字仲公，豫章鄱阳人也。……义尝济人死罪，罪者后以金二斤谢之，义不受。金主伺义不在，默投金于承尘上。后葺理屋宇，乃得之。"承尘，梁上承接尘土的帐幕。"默投金于承尘上"，意即"悄悄地把金放在承尘上"。

据《大唐西域记》卷十载，"时提婆菩萨自执师子国来求论义，谓门者曰：幸为通谒。时门者遂为白。龙猛雅知其名，盛满钵水，命弟子曰：汝持是水示彼提婆。提婆见水默而投针。弟子持钵怀疑而返。龙猛曰：彼何辞乎？对曰：默无所说，但投针于水而已。龙猛曰：智矣哉。"[17]文中"提婆见水默而投针"意即"提婆见盛满水的水钵，并不作声，只是放针于水上"。

唐段成式《酉阳杂俎》续集卷五"寺塔记上"有二十字连句："有松堪系马，遇钵更投针。记得汤师句，高禅助朗吟。"[18]句中也用"投针"描述"放针"于水钵中的动作。

《宋史·礼志一》曰："至饮福，尚食奉御酌上尊酒，投温器以进。"尚食，官名，掌供奉皇帝膳食。温器，温酒器。文中"投"释为"放""置"。此句意谓："到祭毕宴饮时,尚食奉御酌、上尊酒,放在温酒器中进献。"

明徐用诚原辑、刘纯续增的《玉机微义》卷十曰:熬药料,"柳枝不住手搅,候有七升,投放水盆中"。[19]明孙一奎《赤水元珠》卷一曰:熬药料,"柳枝不住手搅,候有七斤,投放木盆中"。[20]例中"投放"与"投"或"放"同义。

笔者认为,司南句"投之于地"的"投"也是置、放之意。训诂学界认为,一部书或一个作家有自己的用字用词的特点。[21]王充《论衡》也有其用字用词的特点,下文进一步证明,释司南句"投之于地"的"投"为置、放是言之有据的。

《论衡·商虫篇》曰:"谷干燥者,虫不生;温湿饐餲,虫生不禁。藏宿麦之种,烈日干暴,投于燥器,则虫不生。"[22]《论衡全译》把"投于燥器"译为"把麦种放在干燥的容器里"。[23]文中的"投"确是"放"的意思。

更有力的例子在《论衡·状留篇》中,其文曰:"且圆物投之于地,东西南北,无之不可;策杖叩动,才微辄停。方物集地,一投而止;及其移徙,须人动举。"[24]这段话中,"策杖"是策和杖的联合式复音词,在此泛指棍状物。叩:敲,击。辄:即;就。集:至也;下也。"集地"是下地的意思。物理学史界早已把《状留篇》这段话作为随遇平衡和稳定平衡的例子。如戴念祖的《中国古代物理学》(1994)说:"东汉王充在《论衡·状留篇》中对平衡问题作了极好的论述:圆物投之于地,东西南北无之不可,策杖叩动,才微辄停。方物集地,一投而止,及其移徙,需人动举。'策杖'是赶马用的木棍。圆球投落地面,东西南北随遇滚动,只有用棍子制止它,它才会静止一会儿。方形物体,投落地面,立即就静止在那儿。如果要它移动,就需要施加外力,即'需人动举'。这些现象正是力学中随遇平衡和稳定平衡的典型例子。"[25]后来一些科普著作采用了《中国古代物理学》的说法,如李丹丹的《物理源流:物理历史与物理科技》(2014)、台运真的《物理:在辉煌的历史里》(2015)。虽然他们把其中费解的"随遇滚动"修正成"随意滚动",整段文意依然有误解。

笔者认为,目前流行的解释把"叩动"理解为"制止",与原意正好相反,而且影响到对上句的理解。查《中文大字典》,"叩"字下有:"【叩动】击而动之也。《论衡·状留》策杖叩动,才微辄停。"其意甚明。据上下文意,此处"叩动"并非制止或阻挡,而是轻敲扰动。"圆物"放到地上,一般而言,并不恰巧在平衡位置,它可能滚向任何方向,随后达到平衡状态。轻敲扰动,"圆物"略为滚动后又达到平衡状态。《状留篇》这段文字当理解为:圆球放在平地上可能滚向任何方向,东西南北各个方向都有可能。用棍子轻敲扰动,才稍微滚一下,圆球就又停下。方块下地,一放下就停住了。要想改变它的位置,必须人力移动。毫无疑问,《状留篇》中"投之于地"之地与"集地"之地同义,都是平常的地;"投之于地"之"投"释为"放",正与整句相协,这才是随遇平衡的典型例子。

据吴从祥的《〈论衡〉篇目系年》,《论衡·超奇篇》作于汉章帝建初八年(83)以后,《状留篇》作于《超奇篇》之后。《是应篇》作于《论衡·须颂篇》之前,《须颂篇》作于建初八年(83)至元和二年(85)之间。[26]故《状留篇》和《是应篇》的写作年代相近。它们都用"投之于地"和"集地"对举,足见两篇中"投之于地"的含义相同,都是放在地上的意思。精确地说,是放在平地上。

王充对"圆物投之于地"的论述,为理解《是应篇》中的"投之于地"提供了权威的解释。假如释"杓"为勺柄,司南句变成"司南的柄,放在地上,其柄指南",明显不合情理。笔者认为,《是应篇》中放在地上的绝不是司南的柄,而是整个"司南酌"。司南句说的是:"司南之酌(司南酌),放在地上,其柄指南。"

四 "瓢针司南酌"与磁石勺说之优劣

黄兴指出,古代有条件、古人有能力制成多种天然磁石指向器。这是正确的。但黄文认为:"磁石勺是综合效果最佳的指向方案,且很好地贴合了文献记载。"司南句"这 12 个字表达的含义和上文中指出的勺状磁石指南的用法高度相符,且描述到位、语言精练"。[27]笔者难以苟同。上文已分析黄文的解读不合《论衡》司南句之意。据黄文的磁石水浮司南实验,李志超的瓢中放磁石的水浮司南有许多优点,可行性毫无疑问,其不足之处只是传统磁针式水罗盘的通病。与磁石勺方案相比,磁石水浮司南似乎还略胜一筹。至于水浮式瓢针司南酌,未在黄文比较之列。磁石勺和瓢针司南酌都属磁性指向器,在此不妨略做比较。

黄文中测试时,磁石勺是放在四种不同材质的光滑地盘上,不是放在地上。假如磁石勺放在地面上(即"投之于地"),结果的大为不同。也许不能转动,最好的结果可能是用人力向下摇动或拨动勺柄,使其一边上下摆动,一边水平转动,才能指南。但是《论衡》司南句中并没有这样的额外操作,可见黄文中指出的勺状磁石指南的用法和《论衡》司南句表达的含义并不相符。磁石勺模型即使能指南,却不是《论衡》所记的司南。然而,水浮式瓢针司南酌放在地上(即"投之于地"),无论初始方向是什么,司南酌之柄都会因天性而自动指南。可见"瓢针司南酌"才与《论衡》司南句表达的含义高度相符。

王充取"司南之酌"为例,表明"司南之酌"并不新奇,必有所本。现存古籍,只知《鬼谷子》和《韩非子》"司南"早于《论衡》。《韩非子》中的"立司南",实指立表测影。《鬼谷子》也是先秦之书,早有学者著《鬼谷子真伪考》(作者归属有争议),指出西汉刘向的《说苑·善说》中引用过《鬼谷子》之文。[28]时至东汉,王充《论衡·答佞篇》曰:"术则从横,师则鬼谷也。传曰:苏秦、张仪习从横之术于鬼谷先生。"由此可知,王充知道鬼谷子其人。《鬼谷子》中有"磁石之取针"和"必载司南"的记载,《论衡》中也有"磁石引针"和"司南之酌",王充谅也见过《鬼谷子》其书,知道郑人取玉"必载司南"之事。他在《是应篇》中以"司南之酌,投之于地,其柢指南"十二字,用平直的语言举出这个例子说明天性。

被磁石吸引过的钢针已被磁化,变成磁针。磁针本身早在鬼谷子时代就已存在,发现它的指向性远比发现磁石的指向性容易。天然的小葫芦瓢被用作磁针的承载体,除了它能满足水浮指南,"为其不惑"的基本要求,也是为了传统观念的需要。北斗之所以称为北斗,是因为其形如勺。《汉书·王莽传》:"莽亲之南郊,铸作威斗。威斗者,以五石、铜为之,若北斗,长二尺五寸,欲以压胜众兵。"取天然小葫芦瓢制成的"瓢针司南酌",暗合天地造化之妙。

五　"瓢针司南酌"之文物与文献留踪

有意思的是,"圆物""投之于地","东西南北,无之不可"。而"司南之酌""投之于地",则"其柢指南"。之所以如此不同,是因为"司南之酌"有天性(磁性),普通"圆物"无天性。《管氏指蒙·释中第八》曰:"磁者母之道,针者铁之戕,母子之气以是感,以是通,受戕之性,以是复,以是完。体轻而径,所指必端,应一气之所召。"[29]此段文字简奥,形成年代上溯至何时待考,然所述磁石和磁针的母子关系和同气相召可视为古人对"瓢针司南酌"天性指南的传统解释。值得指出,《管氏指蒙·释中第八》中还有关于磁偏角的早期珍贵记载,如"土曷中而方曷偏,较轩辕之纪,尚在星虚丁癸之躔"等。"瓢针司南酌"和磁偏角发现史的交叉研究相辅相成,将有助于破解此类谜团。

传世的六朝诗文中尚有司南酌的留存。[30]唐宋时,世上仍有司南,唐韦肇《瓢赋》"充玩好,则校司南以为可"是一明证。佛家看到天性指南的司南以及传说中的司南车对弘扬佛法有利,异军突起,与司南和司南车结下了不解之缘,在司南和指南针的发展史上,留下了诸多足迹。例如:北宋末年释正觉的《颂古》诗曰:"妙握司南造化柄,水云器具在甄陶。"[31]此诗意味深长,值得探究。有学者以为诗中司南应指权力,[32]这是一种误解。元末熊梦祥所撰《析津志·寺观》曰:"要哉,正觉之司南,真乘之准酌欤。"[33]文中"正觉之司南"显然不可能解释成"正觉的权力"。元末，明通津草堂本《论衡》尚未刻行，熊梦祥所见的《论衡》应作“司南之酌”。他将司南酌化为“正觉之司南，真乘之准酌”，语义双关。前后句联系起来解读，不难发现正觉诗写实的情境：陶器面上浮着带有造化柄的器具——司南。1982 年元旦，江苏省丹徒县发现一处大型唐代银器窖藏，出土器物共九百五十余件。引人注目的是“论语玉烛”涂金龟负圆筒、银酒令筹和银酒令旗等酒文化考古实物，[34]最令人感兴趣的是一支带有葫芦针矛顶的银酒令纛。虽然“瓢针司南酌”实物本身难以留存，它化身的酒文化中行使权力的银酒令纛，对传世文献记载是有力的支持。作为实体司南的“正觉之司南”，正是具有天性指南的造化柄的水浮司南酌。[35]

进一步考察银酒令纛上的针矛葫芦形顶，还可发现，银酒令纛上留下了“瓢针司南酌”向针碗浮针过渡的痕迹。针矛葫芦形顶的葫芦化为三截，活像针碗浮针的造型，暗示“瓢针司南酌”确是宋元针碗浮针的前身。

随着研究的深入，越来越多的证据表明[36]：古代确实发明了《论衡》称之为“司南之酌”的瓢针司南酌。

参考文献

[1] 闻人军《原始水浮指南针的发明——“瓢针司南酌”之发现》，《自然科学史研究》2015 年第 4 期，第 450—460 页。

[2] 闻人军《司南酌和指南鱼、针碗浮针传承关系考》，载《考工司南》，上海古籍出版社，2017 年，第 262—267 页。

[3] 张荫麟《中国历史上之“奇器”及其作者》，《燕京学报》第 3 期，1928 年，第 359—381 页。

[4] 王振铎《司南、指南针与罗经盘(上)》，《中国考古学报》1948 年第 3 期，第 119—260 页。

[5] 刘亦丰、刘亦未、刘秉正《司南指南文献新考》，《自然辩证法通讯》2010 年第 5 期，第 54—59 页。

[6] 北京大学历史系《论衡》注释小组《论衡注释》，中华书局，1979 年，第 1003 页。

[7] 袁华忠、方家常译注《论衡全译》，贵州人民出版社，1993 年，第 1022 页。

[8] 李志超《王充司南新解》，《自然科学史研究》2004 年第 4 期，第 364—365 页。

[9] 孙机《简论“司南”兼及“司南佩”》，《中国历史文物》2005 年第 4 期，第 4—11 页。

[10] 程军《“司南”词意探源》，《博物馆研究》2007 年第 3 期，第 38—39 页。

[11] 黄兴《天然磁石勺“司南”实证研究》，《自然科学史研究》2017 年第 3 期，第 361—386 页。

[12] 张宗祥校注、郑绍昌标点《论衡校注》，上海古籍出版社，2010 年，第 596、599 页。

[13] 闻人军《“司南之酌”辩证及“北斗说”证误》，《经学文献研究集刊》第十八辑，上海书店出版社，2017 年，第 20—36 页。

[14] 杨琳《勺形司南未可轻易否定》，《自然辩证法通讯》2016 年第 3 期，第 84—87 页。

[15] 黄兴《天然磁石勺“司南”实证研究》，《自然科学史研究》2017 年第 3 期。

[16] 王弼著、邢璹注《周易略例》卷一，范氏奇书本，第 6a 页。

[17] 玄奘口述、辩机笔受《大唐西域记》卷十,《四库全书》本,第15a页。

[18] 段成式著、方南生点校《酉阳杂俎》续集卷五,中华书局,1981年,第246页。

[19] 徐用诚原辑、刘纯续增《玉机微义》卷十,《四库全书》本,第23a页。

[20] 孙一奎《赤水元珠》卷一,《四库全书》本,第73a页。

[21] 汪维辉《训诂基本原则例说》,《汉字汉语研究》2018年第1期,第75—94页。

[22] 黄晖《论衡校释》(附刘盼遂集解),中华书局,1990年,第719页。

[23] 袁华忠、方家常译注《论衡全译》,贵州人民出版社,1993年,第1011页。

[24] 黄晖《论衡校释》(附刘盼遂集解),中华书局,1990年,第623页。

[25] 戴念祖《中国古代物理学》,台湾商务印书馆,1994年,第27—28页。

[26] 吴从祥《王充经学思想研究》,中国社会科学出版社,2012年,第364—365页。

[27] 黄兴《天然磁石勺"司南"实证研究》,《自然科学史研究》2017年第3期。

[28] 康晓玮《〈鬼谷子〉真伪考略》,郑州大学2012年硕士学位论文,第23页。

[29] 管辂撰《管氏指蒙》,《续修四库全书》第1052册,上海古籍出版社,2002年,第384页。

[30] 闻人军《六朝诗文中的司南酌和指南舟》,载《考工司南》,上海古籍出版社,2017年,第250—261页。

[31] 侍者法润、信悟编《泗州普照觉和尚颂古》,收入大正新修大藏经刊行会编《大正新修大藏经》,第48卷,No.2001,(东京)大藏出版株式会社,1928年,第23页。

[32] 刘亦丰、刘亦未、刘秉正《司南指南文献新考》,《自然辩证法通讯》2010年第5期。

[33] 熊梦祥著、北京图书馆善本组辑《析津志辑佚》,北京古籍出版社,1983年,第74页。

[34] 陆九皋、刘兴《论语玉烛考略》,《文物》1982年第11期,第34—37页。

[35] 闻人军《"瓢针司南酌"的考古和文献新证》,《出土文献与古文字研究》第七辑,上海古籍出版社,2018年,第437—448页。

[36] 闻人军《司南酌、盘针及指南鱼新议》,《自然辩证法通讯》2021年第8期,第52—60页。

(闻人军:加州桑尼维尔市,94087,美国)

唐宋笔记语辞补遗*

武建宇　高玉敏

提要:王锳师的《唐宋笔记语辞汇释》是研究笔记类语料的重要成果,学界影响巨大。书后所附的待质词语也为以后的研究奠定了基础。本文步王锳师踵武做进一步的研究,解释了待质词语七组:挨、抄、打拍、都、方头、乾红、交加。

关键词:唐宋笔记　语辞　待质　释义

唐宋时期的笔记作品是研究近代汉语的重要语料,历来得到诸多研究者的重视。王锳师的《唐宋笔记语辞汇释》(后文简称《汇释》)尤为研究唐宋笔记语辞的重要著作,对 288 条语词做了深入的考证,用例宏富,眼光精到,实为阅读此类文献的必备书籍。书后附有 91 条待质词语以备深入研究。笔者当年师从王锳先生从事近代汉语研究,年来追寻老师的足迹,阅读《唐宋笔记语词汇释》稍有心得,特补疏于此。

挨

《汇释》:《野客丛书》卷十六"駁娑承明"条:"今俗谓相抵曰挨,正书此字,而乐天诗'坐依桃叶妓''日醉依香枕','坐依'音乌皆反,正挨字。"《西湖老人繁胜录》:"庙前拥挤,轿马盈路。"《武林旧事》卷二"元夕":"其前列荷校囚数人,大书犯由云:'某人不合抢扑钗环,挨搪妇女。'"

谨按:从意义角度看,《说文·八篇上·人部》:"依,倚也。从人衣声。"本义为倚傍、靠着,引申为靠近、接近、挨着。《说文·十二篇上·手部》:"挨,击背也。从手矣声。"义为"从后推击",与文意不合,从《汇释》所列例证看,"依"当为本字。

从语音角度看,"依"上古属微部。曹植《七哀诗》:"愿为西南风,长逝入君怀。

* 基金项目:教育部人文社会科学重点研究基地重大项目"历代笔记小说俗语词汇释"(15JJDZONGHE 013)。

君怀良不开,贱妾当何依。""依"与"怀"为韵,所以白居易自注为"乌皆反",而中古徐铉反切为"于稀切",属微韵,《中原音韵》入"齐微韵",所以现代音读 yī。"挨"上古属之部,中古徐铉反切为"于骇切",与"依"音韵关系不近,但段玉裁注:"今俗音平声。"《广韵·皆韵》"挨"的反切为"乙谐切",《集韵》为"英皆切",入皆韵,《中原音韵》入"皆来韵",与微韵"依"上古、中古音接近。

从语义上看,从《说文》《广雅》《广韵》的释义看,"挨"都为击打义,一直到《正字通》才说"今俗凡物相近谓之挨",但从《野客丛书》的记载来看,"挨"有"近"义,宋代已经出现,白居易作诗仍然用"依"不用"挨",说明"挨"尚无此义,就唐诗的情况看,可能一直要到贯休的"刻成筝柱雁相挨","挨"才表示"近"。

从认知的角度看,"挨"借为"依",应该是当"依"的古音开始转变,表现出语音与用字的分歧,即"依"本是从"衣"得声,而"衣"的反切是"於希切",与"乌皆反"不符,所以人们就借用"挨"表示"依"的古音,同时用"挨"表示了"依"引申出来的"靠近、接近"义,这种借用发生的时间大约是晚唐时期,《广韵》"乙谐切"当是借用以后所记。汉字的形、音、义在发展过程中也讲求一致性,如"泪""淚"两个字形相比,显然"泪"的字形与字义配合更为紧密。另如"撚"引申为"追赶、驱赶"义,六朝唐宋时期多写作"趁",《广韵》为"尼展切",但"趁"从"参"得声,形、音不合,所以后来又造"撵"达到形音相合的状态。

抄

《汇释》:《太平广记》卷一五五《郭八郎》:"郑奇叹且久,因纪于小书之抄。"下文云:"明年果登上第,二人姓张,名崇,同年郭八郎,名植,因又附于小书之末。"据此,则"抄""末"同义,似指书尾空白部分。按"抄"字不见于《说文》《玉篇》,《康熙字典》"钞"字下引徐铉曰:"今俗别作抄。"又引《管子·幼官篇》注:"钞,末也。"

谨按:龙威秘书本《唐阙史》卷下"郑少尹及第"条亦记此事而字形写作"杪",当作"杪"是。《说文·六篇上·木部》:"杪,木标末也。从木少声。"段玉裁注:"《方言》曰:'杪,小也。木细枝谓之杪。'郭注:'言杪梢也。'按引伸之凡末皆曰杪。王制言'岁之杪'是也。"则"小书之抄"当为"小书之杪"讹写,意即"小书之末"。

《管子·幼官》:"器成于僇,教行于钞。"宋翔凤注:"钞疑作眇。"陈奂注:"钞读为杪。"《说文·四篇上·目部》:"眇,小目也,从目少。"段玉裁注:"眇训小目,引伸为凡小之称。""小""末"意义相通,"杪"讹为"抄","抄"复讹为"钞"。龙威秘书本《唐阙史》"张崇"作"张实"。

打　拍

《汇释》:《都城纪胜·瓦舍众妓》:“嘌唱,谓上鼓面唱令曲小词,驱驾虚声,纵弄宫调,与叫果子、唱耍曲儿为一体。……若不上鼓面,只敲盏者,谓之打拍。”

谨按:宋吴自牧《梦粱录·妓乐》也有类似记载:“盖嘌唱为引子四句就入者,谓之‘下影带’。无影带者,名为‘散呼’,若不上‘鼓面’,止敲盏儿,谓之‘打拍’。”陶渊明《搜神后记》卷二:“得卿同心健儿二三十人,皆令持竹竿,于此东行三十里,当有邱陵林树,状若社庙。有此者,便当以竹竿搅扰打拍之。”打拍指敲击。《广雅·释诂》:“拍,击也。”“拍”引申指乐曲的篇章单位。戎昱《听杜山人弹胡笳》:“座中为我奏此曲,满堂萧飕如穷边。第一第二拍,泪尽蛾眉没蕃客。”李肇《唐国史补》卷上:“王维画品妙绝……人有画《奏乐图》,维孰视而笑。或问其故,维曰:‘此是《霓裳羽衣曲》第三叠第一拍。’”刘向《新序》:“为酒池糟堤,纵靡靡之乐,一鼓而牛饮者三千人。”沈括《梦溪笔谈·乐律》:“今时杖鼓,常时只是打拍,鲜有专门独奏之妙。”演奏音乐时,击鼓往往要击在节拍的节奏点上,故可说“鼓点”。杜佑《通典·乐四》:“羯鼓,正如漆桶,两头俱击。以出羯中,故号羯鼓,亦谓之两杖鼓。”张祜《华清宫》:“宫门深锁无人觉,半夜云中羯鼓声。”《新唐书·礼乐志十一》:“羯鼓,八音之领袖,诸乐不可方也。”还可以使用“檀板”。《旧唐书·音乐志》:“檀板,长阔如手,厚寸余,以韦连之,击以代抃。”杜牧《自宣州赴官入京路逢裴坦判官归宣州因题赠》:“画堂檀板秋拍碎,一引有时联十觥。”林逋《山园小梅》:“幸有微吟可相狎,不须檀板共金樽。”如不用击鼓,则可以敲击盘盏,以作鼓点之用,故谓之打拍,此风古已有之。《诗·陈风·宛丘》:“坎其击缶。”孔颖达疏:“缶是汲水之器,然则缶是瓦器,可以节乐,若今击瓯,又可以盛水盛酒,即今之瓦盆也。”《风俗通》:“缶者,瓦器,所以盛酒浆,秦人鼓之以节歌。”吴自牧《梦粱录·妓乐》:“昔有[illegible]小乐器[illegible]又有拍番鼓儿、敲水盏。”马端临《文献通考·乐考》:“近世民间用九瓯盛水击之,谓之水盏。合五声四清之音,其制盖始於李琬,特世俗之乐,非雅调也。”《元史·礼乐志》:“水盏,制以铜,凡十有二,击以铁箸。”

都

《汇释》:《太平广记》卷一八三《汪遵》:“会棠送客至灞浐,忽遇遵于途中。棠讯之曰:‘汪都,何事至京?’”“都”下原注:“都者,吏之呼也。”上文云:“乡人汪遵者幼为小吏。”按汉以下职官中有都官从事,称“吏”为“都”或即由此来。又周一良先生

《魏晋南北朝史札记》115页"羌人以都为名"条"姚氏大将多以都为名者","疑'都'为羌语"。

谨按:《说文·六篇下·邑部》:"都,有先君之旧宗庙曰都。从邑者声。"段玉裁注:"据杜氏释例:'大曰都,小曰邑。'虽小而有宗庙先君之主曰都,尊其所居而大之也。"《广雅·释诂》:"都,大也。"《六书故·工事二》:"都,邑之大者曰都。"《小尔雅·广言》:"都,盛也。"《诗·郑风·有女同车》:"彼美孟姜,洵美且都。"则"都"有"大""美""盛""雅"之义,则为人丛聚之所,引申为"汇聚"。《广雅·释诂》:"都,聚也。"李贽《焚书·卓吾论略·滇中作》:"吾闻京师人所都,盖将访而学焉。"唐末藩镇亲军称"都"。《新唐书·田颙传》:"行琮及坛皆归行密,颙恚,自料死士数百,号'爪牙都',身薄战。"《新五代史·吴世家》:"行密收儒余兵数千,以皂衣蒙甲,号'黑云都',常以为亲军。"盖取装备、武力美盛而言。由此引申指军队编制单位,王溥《唐会要》卷七十二:"令孜召募新军五十四都,每都千人。"千人汇聚于麾下,则其指挥者也称"都",进而成为首领的泛称,不独军队为然。梁同书《直语补正》卷十四:"俗语'官到尚书吏到都'。吏之呼都,犹今人言张头儿、李头儿也。"上文说"汪遵者幼为小吏",恰与此相合。"都"的职责为总揽事务。《汉书·西域传》:"都护之起,自吉置矣。"颜师古注:"都犹总也,言总护南北之道。"佛门"都僧统"、职官"都督""都管"之"都"皆"总"义。《汇释》待质词语"都知"之"都"亦"总"义。笔者已行文论之。以"都"为名不独羌人,中原亦有名"都"者。《诗·郑风·山有扶苏》:"山有扶苏,隰有荷华。不见子都,乃见狂且。"

方　头

《汇释》:《东坡志林》卷四:"孔子为鲁司寇,七日而诛少正卯。或以为太速。此叟盖自知其头方命薄,必不久在相位,故汲汲及其未去发之。"又《侯鲭录》卷八:"今人谓拙直者为方头,陆鲁望作《有怀》诗云:'头方不会王门事,尘土空缁白苎衣。'亦有此出处矣。"按《诗词曲语辞汇释》卷六"方头不劣"条释为"倔强不驯之义",引例仅限元曲,其语源失考。

谨按:"方"之反义为"圆"。《说文·六篇下·囗部》:"圆,圜全也。从囗员声,读若员。""圆"可旋转。《世说新语·忿狷》:"王蓝田性急。尝食鸡子,以筯刺之,不得,便大怒,举以掷地。鸡子于地圆转未止。"引申为灵活、圆滑。头脑圆滑者谓之滑头。《五灯会元·大沩泰禅师法嗣·灵岩仲安禅师》:"又往见五祖……祖顾侍者曰:'是那里僧?'曰:'此上座向曾在和尚会下去。'祖曰:'怪得恁么滑头。'"耶律楚材《法语示犹子淑卿》:“汝幼居闺合,久在掖庭,未尝用功叩参大善知识,但博寻宗师语录,徒增狂慧,深背真道,卖弄滑头,于道何益?”滑头的反义则为不知通变、不灵活,即为“方头”。《盐铁论·论儒》:“孔子能方不能圆,故饥于黎丘。”孟郊《上达奚舍人》:“万俗皆走圆,一身犹学方。常恐众毁至,春叶成秋黄。大贤秉高鉴,公烛无私光。暗室晓未及,幽行涕空行。”章潢《图书编》卷十四“絜矩”条:“若世所谓矩,特执方以绝俗,而举足便有碍耳。岂无定方之矩乎?世所谓时不免毁方从俗,圆滑辆熟以投众好耳。”“矩”为定方之器。《集韵·阳韵》:“方,矩也。”《正字通·方部》:“方,圆之对,矩所出也。”《周礼·考工记·舆人》:“圆者中规,方者中距。”引申为义理、准则。《广雅·释诂》:“方,义也。”《广韵·阳韵》:“方,道也。”《诗·大雅·皇矣》:“万邦之方,下民之王。”毛传:“方,则也。”坚持义理、坚持准则往往欠通达,多为世俗不容,故言“方头”。

乾　红

《汇释》:《云麓漫钞》卷一:“红蓝花……近世人多种之,收其花俟乾,以染帛,色鲜于茜,谓之真红,亦曰乾红。”

谨按:“乾”为“干燥”之“干”繁体,仅从该句文意看“乾”似为干燥义,实不然,增衍其例:

欧阳文忠公初官洛阳,遂谱牡丹。其后,赵郡李述著《庆历花品》以叙吴中之盛。(《能改斋漫录》卷十五“牡丹谱”)其中有“乾红”一种。

以锦缬为地衣,乾红四紧纱为单衾,销金帐幔。(《癸辛杂识》续集卷下“吴妓徐兰”)

其妻独孤氏亦出女队二千人,皆着乾红紫绣袄子锦鞍鞯。(《太平广记》卷二百二十七“丁[illegible]”)

宋少卿,提举福建茶事,治所在建宁。[illegible]侍姬,卧房中,见一女子,衣乾红衫,捧杯羹与之。(《夷坚志》支丁卷八“宋提举侍姬”)

李主好佛,太祖遣僧为间,号小沙弥,导以奢侈,着乾红袈裟。李主云:“佛亦莫不如此。”(谢采伯《密斋笔记》卷五)

谚云:“朝霞不出市,暮霞走千里。”此皆言雨后乍晴之霞。暮霞若有火焰形而乾红者,非但主晴,必主久旱之兆。朝霞雨后乍有,定雨无疑。或是晴天隔夜虽无,今朝忽有,则要看颜色断之。乾红,主晴。间有褐色,主雨。(《农政全书》卷十一)

从以上文例来看,“乾红”之用,当不主“干燥”。王锳师《诗词曲语辞例释》亦收

"乾红",释为"深红色",解释说:"'乾红'实即'绀红'。刘熙《释名·释采帛》:'绀,含也,青而含赤色。'"《说文·十三篇上·糸部》:"绀,帛深青而扬赤色。从糸甘声。"段玉裁注:"此今之天青,亦谓之红青。许言阳,刘言含,其意一也。以緅入深青,而赤见于表是为绀。贾氏《考工疏》云:'緅入赤汁则为朱。不入赤汁而入黑汁则为绀。'贾说非也。入深青乃为绀。入黑乃为緅矣。"则"绀"为微呈红色的深青色,非"深红色"。《玉篇·糸部》:"绀,深青也。"《论语·乡党》:"君子不以绀緅饰。"邢昺疏:"绀,玄色。"《诗词曲语辞例释》收有"乾、乾鹊"条,《汉语大字典》将"乾"解释为"声音干涩嘶哑",不确。王锳师考证说:"'乾'犹云清脆响亮。""由于喜鹊叫声清脆而响亮,故名之曰'乾鹊'。"将"清""亮"的特征转移至颜色,则为鲜艳、明亮,"乾红"即鲜红。

交　加

《汇释》:《夷坚志》甲卷一《三河村人》:"'此□交加人!'遂鞭马逐之。至其前,引弓射,中心,应弦而毙。……""交加"似即狠戾、可恶之意。又《太平广记》卷三一四《浔阳县吏》:"近庙涧水中,有一卒,青衣,白韦蔽膝。吏至,乃执之。画工救之曰:'此醉人也。'卒怒曰:'交交加加,谁能得会?'竟擒之。"按上文叙此吏主持修建庐山使者庙,乘机干没庙款,遂遭神谴。"交加"重叠后似亦可为"可恶"义,但程度加重。句意犹云:此人十分可恶,使人谁能知晓。另《董西厢》二:"贼阵里儿郎懑眼不札,道:'这秃厮好交加!'"意亦谓法聪狠恶,可参证。

谨按:《说文·十篇下·交部》:"交,交胫也。从大,象交形。"段玉裁注:"交胫谓之交,引申之为凡交之称。……凡两者相合曰交。"引申为两者接触。《易·泰》:"天地交而万物通也。"又引申为交错、错杂。《孟子·滕文公上》:"兽蹄鸟迹之道交于中国。"《说文·十三篇下·口部》:"加,语相譄加也。"段玉裁注:"增者,益也。义不与此同。譄下曰:'加也。'诬下曰:'加也。'此云语相譄加也。知譄、诬、加三字同义矣。诬人曰譄,亦曰加,故加从力。《论语》曰:'我不欲人之加诸我也,吾亦欲无加诸人。'马融曰:'加,陵也。'""加"即言语强加于别人,又可以指"多、益、重",如《尔雅·释诂》:"加,重也。"郝懿行义疏:"加者,增也,益也,故为重。"《礼记·少仪》郑玄注:"加犹多也。"语言多,即今所说"啰嗦""啰里啰嗦"。《太平广记》之《浔阳县吏》所言故事是说:青衣卒要捉县吏,画工上前分说,所以青衣卒说画工:"啰里啰嗦,谁能明白你的意思。"《董西厢》的例子是说法聪与叛军交手,大喊一声,数说几句,叛军的意思是这个和尚好啰嗦。《夷坚志》的《三河村人》的前文是:老人做梦认为有人来向自己寻仇，早晨想到远方避祸，结果遇到了七个人。“老父回视，正见七骑内一白衣人，骑白马，宛如梦中所睹。因大骇，绝道亟走。骑厉声呵止之，不听。白衣大怒曰：‘此煞交加人。’遂鞭马逐之，至其前，引弓射，中心，应弦而毙”。此处的“交加”是说白衣人的手下对逃走的老父“厉声呵止”，白衣人觉得他们太啰嗦，于是自己骑马追赶，射死老父。

参考文献

[1] 王锳《唐宋笔记语辞汇释》，中华书局，2001年。
[2] 段玉裁《说文解字注》，上海古籍出版社，1981年。
[3] 周祖谟《广韵校本》，中华书局，1960年。
[4] 阮元《十三经注疏》，中华书局，1980年。
[5] 高彦休《唐阙史》，龙威秘书本，清世德堂刊本。
[6] 黎翔凤《管子校注》，中华书局，2004年。
[7] 王念孙《广雅疏证》，中华书局，1983年。
[8] 杜佑《通典》，中华书局，1988年。
[9] 戴侗《六书故》，中华书局，2012年。
[10] 梁同书《直语补正》，商务印书馆，1959年。
[11] 徐震堮《世说新语校笺》，中华书局，1984年。
[12] 任继昉《释名汇校》，齐鲁书社，2006年。

（武建宇：河北师范大学文学院，050024，石家庄）
（高玉敏：河北省委党校文史部，050031，石家庄）

《孟子新注新译》导言*

——“审句例”及其他

杨逢彬

提要:考察分布,也即审句例,等于给词义挂上了标志牌——它虽然常通过归纳格式来进行,但更要运用语法知识。审句例是古代大师的法宝,在当今技术条件下,相对较为容易做到了。审句例的结果,汉儒的说法远较清儒之说为可信。最终结论,一依审句例的结果而定。不审句例,也就无法通过语言社会性的检验,不符合王引之所谓“揆之本文而协,验之他卷而通”。目前有两种常见的做法:择善而从;根据情理或义理逆推词义。后一种完全不可取,因为几乎不可能求得正确结论。我们的做法可归纳为“一个剥离与一根主轴”,但并未放弃任何以往的做法,只是区分了主次,并主张主次产生矛盾时应当放弃次要的。这一做法证明在传统文献内部解决古书中的疑难问题仍然大有可为;因为,不但审句例即考察分布所得结论是可重复可验证因而是确切可信的,而且古籍的辗转传抄所致变化适足以说明审句例的重要。

关键词:《孟子新注新译》 导言 审句例 考察分布

像《论语》《孟子》这样的古典名著,各种注本不下百种,著者相信读者最为看重的,或比较看重的,是对字、词、句注释的准确性、可靠性。这篇《导言》,着重谈的,就是怎样尽可能地使得本书注释的准确性、可靠性较之同类注本做得好些,其依据是什么。

本《导言》不仅仅是这次注《孟子》的心得,也包括2004年开始注解《论语》以来的心得。因此,本《导言》所举例的古籍,并不局限于《孟子》一书。

必须指出的是,我们这里所说的“对字、词、句注释的准确性”,是指对“字面上”意义的把握,而字、词、句所蕴含的思想或哲理,是思想史家或哲学家的任务,不归我们探讨。我们认为,字、词、句的释读,是语言学所管的;字面后所蕴藏的思想、哲理,是思想史或哲学所管的。这是两个步骤或两道工序,不宜合二为一,即用思想

* 本文有删节。原文为照顾一般读者,需要讲一些基础知识;这次发表,将那一部分删去了。

推导语言，再用语言推导思想。

既然字、词、句的释读，是语言学所管的，那么本书主要想做到的，就是用语言学的基本方法，去解读《孟子》中若干古今见仁见智的疑难字、词、句。全文分为三个部分：第一部分主要从方法论层面谈“审句例”；第二部分谈目前常见的两种做法，着重谈不审句例却仅仅依据语言外因素推倒前人说法之不足取；第三部分介绍笔者研究、写作《论语新注新译》《孟子新注新译》的具体做法，着重介绍如何开展“审句例”。

一

考察分布，也即审句例，等于给词义挂上了标志牌——它虽然常通过归纳格式来进行，但更要运用语法知识。审句例是古代大师的法宝，在当今技术条件下，相对较为容易做到了。审句例的结果，汉儒的说法远较清儒之说为可信。最终结论，一依审句例的结果而定。不审句例，也就无法通过语言社会性的检验，不符合王引之所谓“揆之本文而协，验之他卷而通”。

1. 分布是词义的标志牌

《论语》《孟子》的语言属于上古汉语。上古汉语中疑难字、词、句的解读，怎样才能较为准确？准确的标准是什么？

我们知道，一个词又分为不同的义位（词典叫作“义项”，如“断”的“折断”义和由此引申的“隔绝”义）。如果具体句子中的每一个词，以及该词下面的每一意义，都有一个与词的某个意义一对一的标志牌，就像每个人都有与自己一对一的身份证号码，每部汽车都有与该车一对一的牌照，那么，该词在句中到底呈现什么意义，一看标志牌不就明白了吗？这一标志牌所记载的意义难道不是准确的吗？

到底有没有这样的一对一的标志牌或身份证号码或车牌呢？它是有的。结构主义语言学之所以特别注重形式，恰恰因为形式是意义（包括语法意义、词汇意义、格式所表达的意义等）的标志牌。

如果可以断定一个字上古有两种或两种以上读音，由于语言是声音承载意义的符号系统，声音既然已经不同，意义必然有别。有记载古音的书，如唐代陆德明的《经典释文》，该书往往说某一上下文中的某字是某音，另一上下文中的同一字是另一音（如“舍”之注为“捨”与“赦”）。如果可以断定它记载的音是上古汉语的，那么，该音即该义的标志牌。北京大学中文系孙玉文教授用力达三十年的《汉语变调构词考辨》就是研究这种音义关系的皇皇巨著。该书也可作为工具书，有利于我们搜寻到某字的各个读音所承载的意义。

我们这里重点要说的是另一种标志牌,就是词的每一意义所处的上下文,语言学术语谓之“分布”,也可通俗地称之为“语境”。很多学者都有论述,几乎没有哪个词的分布是和其他词雷同的。一个词内部的不同意义(词的义位),其分布也是不同的。例如:陈保亚说:“每个词都有自己独特的分布特征集合。”(《二十世纪中国语言学方法论研究》,商务印书馆,2015年)

所谓“分布”,一是指词在句中所占据的语法位置,如主语、谓语、宾语、定语、状语等;二是指词的结合能力,即该词修饰何词,该词被何词修饰,等等。通俗地说,就是词在特定句子中的上下文条件。

一个词,它的多义,是在字典词典里;在特定的上下文中,它必定是单义的。也即,上下文锁定了该词,让它只能呈现出一个意义。换言之,分布限定了词义,分布就是特定词义的标志牌。也即,我们要求得在某一上下文中的某词到底是呈现其甲乙丙丁诸意义中的哪一个,只要弄清楚甲乙丙丁四种意义各自的分布特征(也即上下文特征),然后按图索骥,看我们所考察词句上下文和甲乙丙丁四种意义与上下文中的哪一个相吻合就行了。

2.仅仅通过一句话,便能考察分布

懂得分布理论的先生可能会说了,第一,所谓“每个词都有自己独特的分布特征集合”,大致是指每个词的分布总和(即它在该语言所能出现的所有的上下文条件)是与词一对一的,而只见于书面文献的古代汉语是无法呈现当时语言中每个词的分布总和的(因为某一时代的典籍不可能囊括当时的整个该语言)。第二,特定句子中所呈现的该词、该义位的某一分布特征只是其分布总和的一部分而远非全部。

我们认为,第一,虽然从仅见于传世文献和出土文献的古汉语,无法确知一个词的分布总和,但对于出现频繁的常用词,考察其大致的分布特征并与其他词加以区别还是可行的。第二,从一个词的分布总和,或古书中常见词及其义位在古书中可以收集到的所有分布特征入手,可以将该词及其义位与数以千计的其他词区分开来——就像一对一的18位数的身份证号码可以与其他所有人区分开来一样。而我们所要考索的特定句子中所呈现的该词、该义位的某一分布特征固然做不到这样的区分,但与一个或两三个其他意义区分,在绝大多数情况下还是可以做到的——就像两位数的员工号码,可以区分某一小单位的所有员工一样;它同样是一对一的。

例如:《左传·庄公八年》“袒而视之背”,阮元《校勘记》认为当读作“袒而示之背”。有些学者赞同阮校，有些认为应如字读。著者的学生李瑞在《左传》和同时代语料中找到“示”“视”各七十余例，“示”能带双宾语，且近宾语为“之”的有十余例，远宾语是人体某部位的有五六例；而“视”只能带单宾语。由此可知阮校可从。这里仅考察了某一两个关键的分布特征，便得出了较为可信的结论。

王氏父子之释《诗·邶风》“终风且暴”也是通过一个关键的分布特征，确定了“终”在“终风且暴”句中的类似于“既”的意义。

词性词义都相差较大的两个词，其分布特征的相似度也很小。而一般说来，古代注释家提出的两种或两种以上说法中处于关键部位的词，往往都属于这种。这样一来，往往只需要考察某一句中某词的分布特征，便能够区别以上说法中的哪一种经得起分布的检验，从而得以挂上标志牌而成为正确答案。

另外，一个词内部的诸意义，除了在连续统中紧挨着甚至难分彼此的两个意义，一般来说，一个句子就能够辨别其分布了。这是系统的要求，语言清晰性的要求。试想，如果做不到这一点，听话人又如何能辨别说话人要表达的是甲义还是乙义呢？一个词内部的诸意义，其分布上的歧异，往往体现为充当句子成分的不同。在训诂实践中，训诂家们常常说某句中某词就是另一句中同一词的意义，但该词在两句中充当句子成分并不相同。我们考察分布即审句例的结果往往是，它们虽是一个词，但却分属不同的义位。

通过审音去求得某意义的标志牌，和通过审句例即考察分布去求得某意义的标志牌，不是互相排斥的；相反，它们是相辅相成的。即某字有甲乙两个音对应甲乙两种意义，这两音两义的各自分布即上下文条件一定是不同的，也即该两音两义呈现两种不同的分布特征。有些典籍并没有被《经典释文》等古代音义词典所收录，这些典籍中的某字，可以通过对其分布特征的考察，逆推其究竟是甲音还是乙音。北京大学中文系[illegible]的博士论文《上古汉语动作结果动词研究》中，有许多这样的例证。

3. 考察分布的途径是“审句例”，古人的训诂经典范例正是这样做的

历来认为高邮王氏考据古词语的名篇或典范之作，都符合分布原理，例如下面这则考证：

> 家大人曰，《终风篇》：“终风且暴。”《毛诗》曰：“终日风为终风。”《韩诗》曰：“终风，西风也。”此皆缘词生训，非经文本义。“终”犹“既”也，言既风且暴也……《燕燕》曰：“终温且惠，淑慎其身。”《北门》曰：“终窭且贫，莫知我艰。”《小雅·伐木》曰：“神之听之，终和且平。”（《商颂·那》曰“既和且平”）《甫田》曰：“禾易长

亩,终善且有。”《正月》曰:“终其永怀,又窘阴雨。”“终”字皆当训为“既”。

——王引之《经义述闻》卷五,又见《经传释词》,文字稍有不同

这一考证,历来被认为是词语训释的典范之作,其所用方法,杨树达先生谓之“审句例”(《训诂学小史》,载《积微居小学述林全编》,上海古籍出版社2007年),“审句例”是考察“分布”不二之途。古人词语训释的经典范例都是通过审句例来完成的。前面我们谈过了语言的社会性,审句例的展开,正是建立在语言的社会性之上的——任何语言现象,都不是孤立的,绝无仅有的。

由于分布是词义的标志牌,古人的经典范例都是通过审句例来完成的,至此我们可以大胆地说,在我们考释先秦两汉典籍中古今见仁见智的疑难词语时,如果能够认认真真地去通过审句例的方法考察分布,我们就将在前人整理古籍的基础上更上层楼。

4.归纳格式是考察分布的重要任务,格式能够锁定并凸显词义

词和短语(词组)的区别之一,是词有其特定的意义,不是其组成成分的简单相加。如白菜(词)不等于白色的菜,绿草(短语)却等于绿色的草。固定词组也是如此:“胸有成竹”有其特定意义,不是说胸腔里有棵长成的竹子,非动手术拿出不可。格式也有其固定的意义,特别是格式中的不变成分。

通过审句例来考察分布,其重要任务之一就是归纳格式。格式,较能体现语言的系统性。在格式中,词义不但得以锁定,隐晦不彰的词义也能得以凸显,格式中的固定不变部分的词语尤其如此。如上引王氏父子归纳出的“终～且～”这一格式,“终”和“且”是固定不变的,“～”所代表的词语是可以替换的。“终～且～”格式不但锁定了“终”“且”的词义,而且使得“终”的类似于“既”的隐晦不彰的词义得以凸显。王氏父子之所以能精审地审句例,道理就在于此。

同理,赵纪彬说《论语·卫灵公》“有教无类”的“有”通“域”,“域教无类”就是要限制人民受教育的权利。我们在《论语新注新译》中归纳出“有……无……”的格式,我们今天仍然常说的“有备无患”即属于这一格式。“有教无类”既然属于这一格式,且“有”和“无”相对为文,其中的“有”当然是存在动词,是“有没有”的“有”,而不通“域”。

系统的功用之一是化繁为简,简单而整齐划一的格式构成繁复的语言,正体现了语言的系统性。

当然,根据语言的经济原则,终≈既,不能＝既。我们认为,“终”作状语有“终

究”“终究是”“最终是”“毕竟”的意义。如《诗·卫风·淇奥》:“有匪君子,终不可谖兮!”陈子展《诗经直解》:“这个文雅君子,毕竟不可忘啊!”又《郑风·扬之水》:“终鲜兄弟,维予与女。”陈译:“终究少了兄弟,只有我们两人。”较为充分的论述,且俟诸他日。

5.通过审句例来考察分布,更要运用语法知识

我们审句例即考察分布固然要自己来归纳格式,也即总结古汉语中一些未被他人所总结归纳的规律、格式,但同样重要甚至更为重要的是,要运用前人总结的、被广泛承认与运用的词汇、语音尤其是语法的知识。这样,可以少花费许多时间,少走许多弯路。

例如:《论语·尧曰》“择可劳而劳之,又谁怨”,句中的“谁”,当今几乎所有《论语》注本都把它当成主语,而译这两句为“又有谁来怨恨呢”“又谁来怨你呢”。

根据已知的汉语语法知识,古汉语及现代汉语口语,主语经常不出现;上古汉语的疑问句中,疑问代词做宾语,通常要放置在谓语动词前边。因此,这两句中的“谁”完全可能是宾语。问题是,主语也在谓语动词前边,宾语也在谓语动词前边,那有区别吗?如何区别呢?

首先,根据语言的系统性原理,两者一般是有所区别的,否则将影响语言表达的清晰性。其次,就是找出这种区别。我们根据共时语料的穷尽统计找出的区别是,副词“又”通常都紧接谓语动词,都位于主语后面。《左传》中“又”位于主语后的有 74 例,而无一例位于主语之前者。因而“又谁怨”的“谁”不能是主语,只能是宾语(参见《论语新注新译》20.2 的《考证》)。

在本书《滕文公上》第五章的《考证》中,我们同样运用上古汉语中“不”表一般性否定,而“勿”表禁止性否定的知识,否定“夷子不来”是“夷子不要来”的清人说法,而将“夷子不来”从引号中(即孟子说的话)拿出,置于引号之外,指出其意思为“夷子便没有来”。

当然,运用语法知识也应当辅之以审句例。如此,结论将更为可信。例如:在上面这例《考证》中,我们指出:“除‘夷子不来’一例外,《孟子》中‘不’出现 1083 次,没有表禁止、劝阻的;‘勿’出现 25 次,全部是表禁止、劝阻的。因此,‘夷子不来’意为‘夷子没有来’,是叙述句而非祈使句,应该置于引号之外。”

6.在古代只有高邮王氏父子那样的大师才能精湛地审句例,如今技术条件下,我们若持之以恒审句例,也能做出不亚于高邮王氏的成绩

顾颉刚先生说:“予按王氏《杂志》,竭一生之力所成,年八十余始刊出,盖不知

其几经修改;其中有援据古本而改者,亦有将各种旁证集合拢来,凭其悬解而改者。一字之下,不知其费若干脑力劳动,故能冥契古人。"王氏藏书丰富,且博闻强记,旁人显然难以臻于此境。故古人即使了解王氏的方法,也难以达到王氏的高度。今则不然。电脑及其软件的使用,使得"审句例"变得不那么遥不可及。选好关键词,键盘一点,海量例句转瞬即到眼前,这是古人不敢想象的。但是,在目前,一条条例句还须逐一读过,从中总结规律。这仍需要坐冷板凳,需要经年累月沉浸其中。但无论如何,像高邮王氏父子在其《读书杂志》《经义述闻》二书中所呈献的"审句例"的精湛篇章,在当今之世也能数以十计地产生出来了。这是清代、民国学者不敢想象的。

不但如此,由于资料的充足和理论的进步,今日之审句例能比古人做得更为缜密。如对《老子》三十一章"夫佳兵者"的考证,历来认为是王念孙词句训释的名篇,在本文第三部分第四小点中,我们共指出了这一考证的三点不足,这三点不足足以对其结论是否能够成立造成影响。

现在的读者,在读古书遇到某字不知作何解时,会去翻古汉语字典。但一个字即使在同一时代,也往往会有几个意义,读者往往吃不准该选哪个意义。将来如有谁能编一部《上古汉语常用词分布字典》,将每一字的各个意义的分布特征描写清楚,读者查字典时只要拿该字出现的句子去对号入座就行了,那该多好啊!

7. 许多审句例的结果证明,汉晋人的说法比清人的说法可靠得多

王力先生说:"古代的经生们抱残守缺,墨守故训,这是一个缺点。但是我们只是不要墨守故训,却不可以一般地否定故训。训诂学的主要价值,正是在于把故训传授下来。汉儒去古未远,经生们所说的故训往往是口耳相传的,可信的程度较高。汉儒读先秦古籍,就时间的距离说,略等于我们读宋代的古文。我们现代的人读宋文容易懂呢?还是千年后的人读宋文容易懂呢?大家都会肯定是前者。因此,我们应当相信汉代的人对先秦古籍的语言比我们懂得多些,至少不会把后代产生的意义加在先秦的词汇上。"(《训诂学上的一些问题》第九小点《重视故训》)

但清儒的说法往往更容易让人接受,原因是,汉儒只是说了这些字、词、句的意义是什么,而清儒不但说了这些字、词、句的意思是什么,而且还说了为何要这样解释而不那样解释。正如某甲和某乙吵架,某乙历数某甲过错,某甲默不作声,旁观者会认为某乙占理一样。但清人历数汉儒的不是时,汉儒早已不在。我们自然不能一边倒地认同清人(有人指出杨伯峻《论语译注》《孟子译注》采纳清人成果过少,是一缺点)。正确的办法是,对汉人、清人的说法以审句例的方法检验之。同样,对

唐宋人的说法，也应取此态度。

在《论语新注新译》的162余篇考证文章中，我们发现，当汉儒之说和宋、清诸儒及现代诸家之说不同时，正确的往往是汉儒。在这一百多篇文章中，有一两篇是宋代朱熹正确而汉儒错误，但没有一篇是汉儒错误而清人正确的。像王氏父子“终风且暴”那样的足以推翻汉儒成说的精湛之作，在清儒的考据文章中所占比例是很小的；尤其当清儒及现代诸家是用语言系统外部的证据对汉儒之说进行证伪时，则还未见到过有正确者。必须声明，写这些文章之前，初不带任何成见，考察结果为什么，即呈现什么。这样看来，杨伯峻先生采纳清人考据成果较少，乃其一大优点。

读者手头这部《孟子新注新译》的108篇《考证》中，情形也大体如此。我们审句例的结果，固然有极少数从宋儒（如朱熹）而不从汉儒的情形存在，但未有从清儒而不从汉儒者。

8. 考察分布是不带成见的，结论一依审句例的结果而定

上文说道：“必须声明，写这些文章之前，初不带任何成见，考察结果为什么，即呈现什么。”整个考察分布的过程，是不预设结果的；最后的结论，一依审句例的结果而定。这不是说，审句例之前考据者没有倾向性，但审句例的结果，往往否定了这一倾向，最后呈现的结果往往是考据者在审句例之前倾向于否定的。

我们下面将要谈及的两种其他做法的第二种，却不是这样。它是先预设了一个结论，然后用种种办法去证明它（姑不论这些办法的效果）。这一做法，我们称之为“拔萝卜”——将结论往其预设的方向使劲拔。这种事先预设结论的做法，是不科学的。

二

两种常见的做法：择善而从，根据情理或义理疏解词义。后一种完全不可取，因为几乎不可能求得正确结论。

1. 当今两种常见的做法

能够学习高邮王氏审句例的单篇论文，近年来时有所见，如发表于《古汉语研究》的《“贤贤易色”诂正》。能用这一方法注解古书的，有杨树达《汉书窥管》、杨伯峻《论语译注》《孟子译注》《春秋左传注》等。必须指出，当年没有计算机及其软件可资利用，审句例的进行，比如今要困难许多。而据周秉钧《〈汉书窥管〉文法为训释例》（载于《杨树达诞辰百周年纪念集》，湖南教育出版社1985年）一文统计，《汉书窥管》一书中采用语法学方法解释《汉书》字、词、句的，竟多达200多处；其中，有

许多审句例的精湛之作(参见北京大学出版社《论语新注新译·卷首的话》)。

得益于语言科学整体上的进步,得益于计算机及其软件,著者的《论语新注新译》以及读者手中的这部《孟子新注新译》,在审句例方面较之上列诸书又有所发展,有所进步。这是拜时代所赐,并非著者本人有何过人之处。

其余的古书注释著作,或单篇论文,多有采取以下两种做法者:

第一种,是著者在《论语新注新译·导言》第二部分所说的"广综博览,择善而从"。著者往往在"择善而从"之后加简短的按语,阐述为何择取此说。陈鼓应先生的《老子今注今译》《庄子今注今译》就是这类著作的典型。例如他注《庄子·外篇·秋水》"望洋向若而叹"说:

> "望洋"一词有多种解释。旧注作:仰视貌(司马彪、崔譔《注》)。按:"望洋"一语,或假"洋"为"阳","望阳"训仰视之意(详见郭庆藩《庄子集释》);或假"洋"为"羊","望羊"申远视之意(详见马叙伦《庄子义证》)。然"望洋"作常义解即可。"洋"即海洋,上文云"北海"可证(李勉说)。

我们曾在《论语新注新译·导言》第二部分写道:"'广征博引,择善而从'原则上是不错的,但由于何为'善'学者见智见仁,未臻一是,于是,'广征博引'则有之,'择善而从'却常常未落到实处。"就以上所引这段短短的注解来说,就有两点不妥。如前所述,"洋"的"海洋"意义是北宋以后才有的,故李勉之说不能成立。如是则"望洋"为一联绵词,意为"仰视"或"远视"。因其为联绵词,形音义三位一体的格局被打破,字与词不再是一对一的关系,所以又可写成"望阳""望羊",并非"假'洋'为'阳'",或"假'洋'为'羊'"。

第二种,这一做法的第一步,常常是指出现在通行的理解不合情理,不符合某人(例如孔子、孟子、老子、庄子)的一贯思想,等等,因此这句话必须重新解读。第二步,或者是改变句读从而改变句子结构;或者是说对某词某字应重新理解——通常是找出该词该字的某个很偏的意义放入该句子;如果实在找不到该字作者期望找到的意义,就或是通过故训、因声求义等办法,说某字和另一字相通假,应读为另一字;或是说因字形相近,乃另一字之误,等等。第三步,说只有如此,才符合情理,符合某人的一贯思想。

这种做法除了把情理、义理、历史等"证据"作为主要的甚至唯一的证据,还有两大要点:推翻前说;不审句例。

这是一种当前十分流行的做法,每年用此"方法"发表的论文不下数百篇,刊载于全国各种级别的刊物上。

十分惭愧的是，著者本人在三十岁以前也写过这种文章。三十岁以后意识到这一做法不可取，但未找到正确途径，因而徘徊歧路；直到三十六七岁到北大跟随郭锡良先生学习，经先生耳提面命，才意识到考察分布也即审句例的方法是科学有效的。当时写就的几篇习作，都发表在《中国哲学史》以及武汉大学《人文论丛》上。

这种做法，一、三两步大致相同。至于中间那一步，无论其论证过程如何繁复，都只是论证了一种可能性，如甲字可与乙字相通；而无论这种可能性的论证如何证据确凿(如甲字与乙字相通很普遍，是绝无问题的)，至为关键不可或缺的审句例也即考察分布的证据却是缺位的；而一旦这一证据缺位，可能性就仅仅是一种可能性，这一论证注定是苍白无力的。至于完成第二步论证后的第三步，因其与被证并无直接关系，作为证据也是不自足的。

正如王力先生所说："学者们往往注意追求新颖可喜的意见，大胆假设，然后以'双声叠韵''一声之转''声近义通'之类的'证据'来助成其说。"(《训诂学上的一些问题》第一小点《新颖可喜还是切合语言事实》)因为用这种路数写出的论文俯拾即是，这里就不举例了。

2.第一种做法对错参半，第二种做法几乎不可能正确

以上两种做法，如果必须二选一，著者宁愿选第一种。因为第一种做法是在古今重要成说中"择善而从"，总有择对的。第二种做法，则几乎毫无正确的可能。

为什么呢？因为分布这一标志牌或牌照是一对一的。你说你正确，就必须证明别人没有牌照并证明自己有牌照。注意，这又是两个步骤：(1)证明别人没有牌照，是无照行驶；(2)给自己挂上牌照，是有照行驶。先说第一个步骤：

证明别人没有牌照，就是论证以往各种说法不符合分布的原理。例如在王氏父子之前有人说"终风且暴"的"终风"是"西风"，是"终日风"，将这两种说法带入"终温且惠""终窭且贫""终和且平""终善且有"中，便会发现是明显讲不通的，也即不符合"揆之本文而协，验之他卷而通"的要求。这是进行下一步工作的前提。因为一旦古代的几种说法中有一种经全面考察符合分布的原理，即文从字顺，也就说明古代的其他说法不符合分布的原理，同时也就说明这时再独出机杼创为新说基本上是要归于失败的。就某一词语的注释来说，一般说来，古今所有注家都说错(也即他们所说都经不起审句例即考察分布的检验)的情况是极为罕见的，这就决定了再另起炉灶创为新说而正确的可能性更是极为罕见的(即使古今各家都说错了，创为新说者若不审句例，也不大可能求得确解)。

完成了这一步，还得证明自己是有照行驶，也即自己的说法符合分布的原

理——正如王引之为证明“终风且暴”的“终”是类似“既”的意义所做的考察。只有完成了这两步,你的这一考证才几乎是无懈可击,你才是有照行驶的好司机。

但这确实很难做到,如前所述,这个车牌往往已被他人捷足先登抢先拿到了。试想,如果某一古人已经先于王氏父子阐明“终风且暴”的“终”是类似“既”的意义,那他们能做的,也就是用“终温且惠”“终窭且贫”“终和且平”“终善且有”等句子去证明那个古人所说的,正如我们在《论语新注新译》的大部分《考证》所做的那样。读者手头这部《孟子新注新译》也是这样做的——不是我们不想创新,而是已经有人捷足先登了。在早已有人捷足先登的情况下,再去另立新说,既无必要,也一般不会成功。

常见有人评论学者“识力不够”,就因为他“未能迈越前人注疏”。但是,如果通过审句例证明“前人注疏”已经捷足先登了,再去“迈越”而独出机杼还有意义吗?在准确度可信度和“迈越前人注疏”之间应何所选择,答案大约不言而喻吧!

难道没有“二说皆可通”“数说皆可通”吗?一般而言,由于分布锁定了词义,绝大多数“两读皆可通”均可证明只有一读可通——以前的大多数“两读皆可通”只是限于当时无法审句例因而只好徘徊歧路罢了。但由于现存古汉语材料,都是通过汉字这一媒介来记录的;因而有着少量的失真,尤其是在古代不用标点符号的情况下;所以少数“两读皆可通”可能存在。

怎么证明确实是“两读皆可通”呢?我们前面说“可通”的标准必须经得起分布的检验——王引之释“终风且暴”就是典范。因此,只有该两读都能通过分布的检验因而文从字顺才是真的“两读皆可通”。显然,这样的概率实在太小了。

最后总结一下,第二种做法为什么几乎毫无正确的可能呢?

前文已经说过,这一做法除了把情理、义理、历史等“证据”作为主要的甚至唯一的证据,还有两大要点:推翻前说;不审句例。

(1)每一个词,以至每一个词下面的每一义位,都有自己的分布特征,它们是一对一的,故而该分布特征就是该词、该意义的标志牌。

(2)事实证明,前人说法中基本上总有一说是经得起分布特征考察的检验的。关于此点,王力《训诂学上的一些问题·重视故训》阐明在前,我们的《论语新注新译》《孟子新注新译》的两百多例《考证》证明在后。这就意味着,除了极少数例(真正的“二说皆可通”),前人的其他说法,以及另辟蹊径的任何新说都是错误的。

(3)即使偶有前人诸说都不正确(也即,诸说都经不起考察分布的检验),由于第二种做法不考察分布,其结论也未必经得起分布的检验,而不能经过分布检验的结论必然不可能是正确的。

(4)由于第二种做法主要是依据情理、义理等逆推字词句的意义，而即使是一个词或一句话，其情理、义理等也是五花八门，内部并不一致。从这一点看，这种做法要偶尔碰中经得起考察分布检验的正确结论，希望实在是太渺茫了。

本部分第 4 小点将要提到的有学者读《史记·高祖本纪》"与父老约法三章"的"约"不是"约定"义，而是"简省"义；又有学者解读"朝闻道，夕死可矣"的"闻道"为"听到天下已太平"，都经不起审句例即考察分布的检验，也不符合语言的社会性原理。

我们进行这一番论证的意义在于，以往对这样的说法需要逐一批驳；如果我们的以上论证经过讨论完善成为共识，则可毕其功于一役，无须再劳神费力，对这类说法再一一予以驳正了。

3.第二种做法成功的概率接近于零，而用审句例即考察分布的办法来纠错，成功的概率极高

我们说第二种做法不大可能成功，还可用概率方法来推演。第二种做法的第二步，经常采用"字词置换"的办法。"字词置换"是指，先是认为古籍中某句有误。然后，或换字，即说句中某字应为某字之误，或应读为某字(如有人说"民可使由之"的"由"应读为"游"，即让人民有迁徙的自由)；或不换字，但说该字应理解为另一意义，实际上是换词(如说"唯女子与小人为难养也"的"女"音 rǔ，表示第二人称)。

语言学常识告诉我们，一句话构成一个线性的"组合"，组合上每一环都有若干可换的词，构成一个"聚合"。如"小明今天在学校读书"这一组合中，"学校"可换成"图书馆""家里""河边"等。但是，组合是不自由的，聚合是有限的，也是不自由的；也即，分布是不自由的，有序的。如，不能说"小明今天在筷子读书""小明今天在稿件读书"。

语言不像一堆土豆——随便拿掉一点不要紧，挪动其中一些土豆的位置也不要紧；语言类似于钟和表——不能随便拿掉其中的齿轮和发条，也不能随便置换齿轮和发条。

当原句经共时语言的全面考察而文从字顺时，由于"分布的不自由"对研究者想要进行字词置换的语法位置的词的数量有着极大限制，这是一个低概率(即原句文从字顺，说明某一语法位置上研究者认为"错了"的字词恰恰是能够进入该"聚合"的少数词之一，这种可能性极低)；而研究者想要进行词语置换的词本身也受到极大限制(如须与被换字词形近、音近等)，这又是一个低概率；由于在原句文从字顺情况下还要进行字词置换的学者，往往是从情理、思想入手来选择置换词的，这

势必限制了他的选词范围,这又造成了一个低概率。而这三类字词(能进入该语法位置的词、与被换字词形近或音近的字词、符合研究者期待的字词)由于数量少而势必难以重叠难以交叉,所以这种字词置换是绝难成功的——不成功,指的是通不过"审句例"的检验。

而当原句经共时语言的考察并非文从字顺也即所谓"不词"时(即原句不文从字顺,说明某一语法位置上研究者认为"错了"的字词确实错了,它是不能进入该"聚合"的),在进行词语置换之后原句经共时语言的全面考察窒碍顿消因而文从字顺之后,同样由于"词的不自由"对字词置换的语法位置的词的数量有着极大限制,也同样由于研究者进行词语置换的词由于必须形近或音近因而数量上也受到极大限制,因而可以证明置换之后的字词就是这两条线(该语法位置上可以出现的词、与被置换字词形近或音近的字词)交叉点上的那一字词,因而,大大压缩了需要考察的范围从而大大降低了考察的难度。其正确性也由此更加得以确立。

例如:2015 年浙江全省学校推广传唱《大禹纪念歌》,其中有段歌词"岂不怀归? 念此象庶,嗷嗷待哺","念此象庶"一句完全不通(据说有"古汉语专家"解释歌词,不知他是如何解读这一句的),因而著者怀疑其中"象"为"衆(众)"因形近所致之误。当著者所写文章发表在《东方早报》时,原作者的儿子也撰文发表于《钱江晚报》,指出应为"念此众庶",并附有发表原曲谱的 PDF 文档照片。

通过审句例检验不能文从字顺的,比较容易进行字词置换,而且字词置换的成功率很高。已经通过审句例检验而文从字顺的,再进行字词置换,必然归于失败——可见字词置换能否成功,完全取决于原句是否文从字顺;而第二种做法的作者并不在意原句是否文从字顺,而在乎原句所表达的意义是否合乎他的所谓情理、义理,而且放弃了至为关键、不可或缺的"审句例"即考察分布的程序,其劳师袭远的结果,也就可想而知了。

4. 第二种做法不审句例,也就是不符合语言的社会性原理

审句例的展开,正是建立在语言的社会性之上的。第二种做法缺失了审句例即考察分布这不可或缺的一环,也就意味着经不起语言的社会性原理的检验。

例如有位著名学者说《史记·高祖本纪》中"与父老约法三章"的"约"不是"约定"义,而是"简省"义,"与"是"为";"与父老约法三章"就是"为父老简省秦朝的酷法(为)短短的三条"。但是《史记》中"与+名词性成分+约"格式的句子比比皆是,其中"约"都是"约定"的意思。如:

我闻赵高乃与楚约,灭秦宗室而王关中。(《秦始皇本纪》)

项王乃与汉约，中分天下，割鸿沟以西者为汉，鸿沟而东者为楚。（《项羽本纪》）

根据语言的社会性原则，在作者没有从语言内部找出强有力证据证明“与父老约法三章”是例外之前，我们只能将其中的“约”理解为“约定”。

又如，有位台湾学者“体会孔子一生忧世忧民的苦心”，悟出《里仁》的“朝闻道，夕死可矣”为“如果有一天能够听到天下已太平，马上死去也愿意”，而非杨伯峻先生所译“早晨得知真理，要我当晚死去都可以”。也即，他理解“闻道”为“听到天下已太平”。其实“闻道”也是一个常用短语，先秦汉语中常有所见。用杨伯峻先生所译“得知真理”解读，则无不合；若用所谓“听到天下已太平”解读，则往往窒碍难通。如：

上士闻道，勤而行之；中士闻道，若存若亡；下士闻道，大笑之。（《老子》四十一章）

野语有之曰，“闻道百以为莫己若”者，我之谓也。（《庄子·外篇·秋水》）

陈鼓应先生的《老子今注今译》译这两段话为：

上士听了道，努力去实行；中士听了道，将信将疑；下士听了道，哈哈大笑。

俗话说，“听了许多道理，总以为谁都不如自己”，这就是说我了。

杨、陈两位先生对“闻道”理解为“得知真理”和“听了道”，是差不多的。我们不妨把“得知真理”“听到天下已太平”都“带入”这两段：

上士得知真理，努力去实行；中士得知真理，将信将疑；下士得知真理，哈哈大笑。

俗话说，“得知了许多真理，总以为谁都不如自己”，这就是说我了。

上士听到天下已太平，努力去实行；中士听到天下已太平，将信将疑；下士听到天下已太平，哈哈大笑。

俗话说，“听了许多天下已太平，总以为谁都不如自己”，这就是说我了。

这样一比较，正误立判。第二种做法不符合王引之所强调的“揆之本文而协，验之他卷而通”，其实也就是不符合语言的社会性原则。

5. 语感极其重要不可或缺，但过分相信语感而省略“审句例”则不可取

语感是须臾不可或缺的，著者从来十分强调语感的重要性。我们所不倡导的，是因过分相信自己的语感而舍弃了考释古代疑难词句同样不可或缺的关键工序——审句例，也即分布的考察。我们常可看到上述第二种做法的作者，在完成了他的“三步”之后，也还不会忘记写上一句：照我们这样解释，完全是文从字顺的、豁然开朗的、疑窦涣然冰释的云云。问题是，你觉得文从字顺、豁然开朗、疑窦涣然冰

释就真的能通过审句例的检验了吗?

作者的祖父杨树达先生,在其《积微居小学金石论丛》中有《〈孟子〉"台无馈"解》一文,说《万章下》第六章"盖自是台无馈也"的"台"当读为"始"。在未审句例之前,谁会觉得"盖自是始无馈也"会不文从字顺呢?但审句例的结果却不尽如人意。在《孟子》成书年代的语言中,"自是+主谓结构"格式的句子是较为常见的(汉儒解释"台"为"贱官主使令者",则"自是台无馈"恰属于"自是+主谓结构"格式),"自是+非主谓结构"格式的句子则极为罕见。而且,"始无"这一短语,南北朝以后才见诸文献。

为什么竟然连大师级人物的语感也不可靠呢?以前著者撰写《殷墟甲骨刻辞词类研究》的时候,发现胡小石、郭沫若用读先秦两汉古文所形成的语感去读甲骨文。有此语感本来是一大优势,但过分相信这种语感,而放弃在甲骨文中审句例,则不可取,所得结论也不会可靠。例如他们读"乍"为"则",说它是连词:"我其祀宾,乍帝降若;我勿祀宾,乍帝降不若。"将这正反对贞句中的"乍"读为"则",确实感到文从字顺,却不符合殷墟甲骨刻辞语言的实际。

可见,感觉文从字顺不能作为句子真正文从字顺的唯一标准。

后来著者发现,以前许多老辈学者语感惊人,但其语感,往往是读先秦两汉魏晋南北朝以至唐宋八大家古文所形成的泛时的语感,而非读某一历史时期文献的共时语感。语言是变化的,泛时的语感不能很好地捕捉这些变化。

本来,老辈学者有语感优势,如果辅之以审句例,则其考证成果之成为精湛的传世之作,自然并非难事。可惜有时过分相信这种语感,而舍弃了审句例即分布的考察。多年后经学者考察分布也即审句例,其结论却并不正确,至可惜也!但老辈学者只能依靠文献的稔熟,而缺乏利用电脑审句例的便利,此事便实在是可遇而不可强求;故其容有千虑之失,今人不能苛责。今日审句例已经并不太难,若不愿花费时间,而过分相信自己远不如老辈学者的语感而不审句例,则"吾末如之何也已矣"。

较之泛时语感,共时语感则可靠得多。杨树达先生的《汉书窥管》,就是运用共时语感,辅之以审句例来解决《汉书》中疑难字、词、句的典范之作。最能代表他这一治学方法的,是在卷七同时在《自序》中全文照录的对《金日磾传》"赏为奉车,建驸马都尉"的解读——用下列同时代文献中蒙下省略的例证来证明"奉车"下没有脱落"都尉"二字,从而证明王念孙"今本脱之"说法的不确:"上于是出龚等补吏,龚为弘农,歆河内,凤九江太守。"(《汉书·儒林传》)"琅琊左咸为讲《春秋》,颍川满昌为讲《诗》,长安国由为讲《易》,平阳唐昌为讲《书》,沛郡陈咸为讲《礼》,崔发为讲

《乐》祭酒。"(《王莽传》)"以暹为征东，才为征西，乐为征北将军。"(《三国志·魏志·董卓传》)

这一典范之作，才是我们应当效仿的。

三

我们的做法可归纳为"一个剥离与一根主轴"，但并未放弃任何以往的做法，只是区分了主次，并主张主次产生矛盾时应当放弃次要的。这一做法证明在传统文献内部解决古书中的疑难问题仍然大有可为；因为，不但审句例即考察分布所得结论是可重复可验证因而是确切可信的，而且古籍的辗转传抄所致变化适足以说明审句例的重要。

1. 将语言外证据从主要证据以及唯一证据位置上剥离开来

我们说，上文所说第二种做法几乎毫无正确的可能，是因为其第二步只是提供了一种可能性，这一可能性是虚幻的，能否接近必然，关键在一、三两步。遗憾的是，其第一步无非是指出传统的解释不符合情理，不符合某人的一贯思想云云；其第三步则指出经过第二步的论证，只有作者那样的解释，才符合情理，符合某人的思想云云。其第一、第三步之所以靠不住，大致说来，一是它与词义没有直接联系，二是它与和词义有直接联系的考察分布即审句例所得结果往往相抵触。

先说第一点。

我们在《论语新注新译》的《导言》中指出："系统内部各要素之间的关联性强，系统内部与系统外部之间的关联性较弱。根据关联性越强，越有可证性的原理，求证系统内部的问题应当主要依赖该系统内部的证据。"胡明扬先生所说"语言系统内部的现象和现象之间的规律都可以通过系统本身来加以解释，而不需要向外界去寻找解释的理由"，也是类似的意思。情理、义理等是语言外部的东西，它和"分布"完全不同之处在于，它与词义没有直接的联系。王力先生说："古人已经死了，我们只能通过他的语言去了解他的思想；我们不能反过来，先主观地认为他必然有这种思想，从而引出结论说，他既然有这种思想，他这一句话也只能做这种解释了。后一种做法有陷于主观臆测的危险。"(《训诂学上的一些问题》第二小点《从思想上去体会还是从语言上去说明》)孙玉文教授对著者说，孔子"应该怎样说"是一码事，孔子"实际上说了什么"却是另外一码事。这话说得太对了！我们还可以补充：孔子"应该怎样做"是一码事，孔子"实际上做了什么"是另外一码事。孔子"实际上说了什么""实际上做了什么"古书有记载，其中一些古今见仁见智的疑难字、词、句的解读,要依据语言规律去解决;或者说,主要应依据语言规律去解决这类问题。依据孔子“应该怎样说”“应该怎样做”去逆推孔子“实际上说了什么”“实际上做了什么”,是不值得提倡的,如果硬要将它当作证据,至少不应该将它作为主要证据,当然更不应该将它作为唯一证据。而上文所说第二种做法,就是将语言系统之外的情理、义理等,当作了唯一证据,当然也就几乎没有正确的可能性了。

有一位著者十分尊敬的研究中国哲学的老教授,他也懂一些语言学,并卓有成效地运用语言学方法解决了《庄子》中的若干问题,但他在解读《老子》十八章时,由于将情理、义理等作为唯一证据,就犯了一个解读上的小错误。《老子》王弼本十八章:“大道废,有仁义;智慧出,有大伪。”而帛书乙本作:“大道废,安有仁义;智慧出,安有大伪。”(甲本“安”作“案”)对于这种传世本与出土文献的解读可能完全相反的情形,这位先生本来在其著作中提出了卓越的解释:文本趋同;但他解释十八章却说,安,有“怎么会”和“于是”两个意义,这一章中的“安”只可能是“于是”义,否则就与《老子》的一贯思想相矛盾。

首先,“安”之有“怎么会”义是没有问题的,而其是否有“于是”义则大可怀疑;这先撇开不谈,就算“安”有“于是”义好了。其次,“安”的“怎么会”义是常义,“安”的“于是”义即使成立,也很罕见,乃是僻义。王力先生说:“从语言的社会性来看,语言的词汇所表达的,应该都是经常的意义,而不是偏僻的意义。一句话中用了僻词僻义,就在一定程度上妨碍了语言的交流,妨碍了交际;如果僻词僻义用得多了,就变成不可懂的语言,失掉语言的作用了。”(《训诂学上的一些问题》第六小点《僻义和常义》)这也先撇开不谈,就将“于是”义和“怎么会”义等量齐观好了。关键是,我们考察分布的结果,是“安+有”组成“安有”短语时,其中的“安”都是“怎么会”意义。在没有从语言内部找出强有力证据证明“安有仁义”“安有大伪”是例外之前,我们只能将其中的“安”理解为“怎么会”。

由此可见,一旦将语言系统外部的情理、义理等作为主要证据甚至唯一证据来考证古书中的疑难词句,其结果必定不会正确。所以,应该将语言外证据从主要证据以及唯一证据位置上剥离开来。

再说第二点。

如果一篇文章中既用情理、义理逆推词义,也用考察分布的办法分析归纳词义,其中起关键作用的,必然是后者。这种考据论文,当然是好论文。在此论文中,情理、义理和分布的考察是吻合的。

但绝大多数的情况是，用情理、义理逆推的结果和分布考察的结果是相矛盾的。既然分布是锁定词义的，是与词义一对一挂钩因而是词义的标志牌，那用情理、义理逆推而与考察分布的结果相龃龉，也就只能说明它不是科学的了。

不独如此，许多人同时用情理逆推并不能得出统一的结果。比如好些人说孔子既然孝顺母亲，因而“惟女子与小人为难养也”中的“女子”不可能是女人；但他们逆推的结果，有的说“女子”是“你儿子”，有的说是“你这位先生”，有的说是“你们这些学生”，不一而足，这就不符合科学研究所要求的可重复可验证。而某一词义的分布既是客观存在的，又是与该词义一一对应的，不同的人分开研究，只要这一考察是深入细致的，就完全可以得出近乎一致的结论来。

2. 一根主轴：一切考察围绕着考察分布来进行

语言系统外广阔无边，那里的“证据”多如牛毛。自然，依据这些“证据”所得出的结论也五花八门。如某先生主张用史实考证古词语。因为卫灵公既宠幸南子，又和弥子瑕厮混，他便说《论语·子罕》《卫灵公》的“吾未见好德如好色者也”的“好色”，既指好女色，也指好男色。“好色”是否包括“好男色”？我们考察分布的结果是，当时语言中，除了“好(hǎo)色”指美女、佳人，其余“好(hào)色”都指喜好美色、美女，没有例外。如：“王曰：‘寡人有疾，寡人好色。’对曰：‘……王如好色，与百姓同之，于王何有？’”(《孟子·梁惠王下》)

即使在语言系统内部，也存在无数的“点”，在这无数点上，使用义训、形训、声训，乃至二重证据法等方法、手段展开论证，最后也可能有无数结论，依然是“公说公有理，婆说婆有理”；但圆心只有一个，如前所述，能够插入圆心成为主轴的有“分布”——因为分布与词义是一对一的。以考察分布为主轴，就是形训、义训、声训以及二重证据法等手段、方法都围绕着分布来进行。

3. “一个都不能少”

乍一看，我们似乎在不断“收缩阵地”——从系统外缩到系统内，从整个系统缩到圆心——分布。实际上，我们从语言外部证据，到语言内部的各种训诂方法手段，“一个都不能少”，只是分别了主次而已。分别主次已如上述，即语言内部的证据是主要的、自足的；语言外部的证据是次要的，非自足的；因此，语言外部的证据不能作为主要的，更不能作为唯一的证据。而在语言内部，又以考察分布为主轴。其必要性固然是分清主次，以语言内部证据为主，以语言外部证据为辅；更为重要的是，当语言系统内外证据产生龃龉发生矛盾时，应当服从语言内部证据所证明的语言事实，而舍弃语言外部证据。而语言内部证据，又以考察分布的结果为主。

4.审句例即考察分布所得结论是可重复可验证的

在上文中,我们反复说过,由于分布的锁定,词义是可以求得的,也即正确结论在绝大多数情况下是唯一的,而这唯一的正确结论通过审句例即考察分布也是可以求得的。上文说:"能够插入圆心成为主轴的有'分布'——因为分布与词义是一对一的。"也就是说,无论何人,只要他能读懂古书,能很好地学会审句例即考察分布,他都能求得这个唯一正确的结论。十位这样的学者分开来考据同一词语问题,答案会大致相同。这就符合科学研究所要求的可重复可验证,因而其结论是确切可信的。

有些学者大约习惯于下面这一情形,即王力先生所指出的,十位训诂家分开来研究同一问题,却得出十个结论(《训诂学上的一些问题》第一小点《新颖可喜还是切合语言事实》);他们认为这是理所当然的。秉此认识,那么衡量学者的考据成果孰优孰劣的只能是,谁的结论更惊世骇俗,更新颖可喜,更石破天惊。如果"未能迈越前人注疏",未能独出机杼创为新说,自然就是"识力不够"。经过上文的详细论证,对此大约不必再多说什么了。

当审句例之后,即使暂时没有得出"十人同一结论"的结果,我们也会知道问题出在哪里——一定是考察分布不细致不完全所致。例如下面这一则考证,历来与王引之释"终风且暴"一样,被认为是高邮王氏考据古词语的经典范例:

> 《三十一章》:"夫佳兵者不祥之器,物或恶之,故有道者不处。"《释文》:"佳,善也。"河上云:"饰也。"念孙案,"善""饰"二训皆于义未安……今按"佳"当训"隹",字之误也。隹,古"唯"字也(唯,或作"惟",又作"维")。唯兵为不祥之器,故有道者不处。上言"夫唯",下言"故",文义正相承也。八章云:"夫唯不争,故无尤。"十五章云:"夫唯不可识,故强为之容。"又云:"夫唯不盈,故能蔽不新成。"二十二章云:"夫唯不争,故天下莫能与之争。"皆其证也。古钟鼎文"唯"字作"隹",石鼓文亦然。
>
> ——王念孙《读书杂志·志余上》

刘殿爵先生指出,"夫唯"总是用来承接上句的(他的结论,也是通过"审句例"总结归纳出来的,因为我们所见好些"夫唯"总是承接上句的),而《老子》三十一章"夫佳兵者"的"夫佳"却处在这一章之首。刘殿爵先生认为,要么,是句子的次序在传抄中错乱了;要么,"佳"字是多出来的。如为后一种结果,则是王念孙"审句例"时只注意了"夫唯……故……"的格式,却没有注意在分布中,"夫唯"因为用以承接上句,因而总不会处在一章之首。这就是审句例不细致不周全所致的瑕疵。著者以前也有疑问，第一，《老子》中的“夫唯……故……”格式的句子总是双句结构的，如：“夫唯不居，是以不去。”（二章）“夫唯不争，故无尤。”（八章）“夫唯大，故不肖。”（六十七章）但王念孙所考的“夫唯兵者不祥之器，物或恶之，故有道者不处”却有三句。第二，其他“夫唯”之后所接都是没有主语的叙述句结构，而王念孙所考“夫唯兵者不祥之器”之“夫唯”所接，却是一个带主语的判断句结构。（但《礼记·曲礼》有“夫唯禽兽无礼，故父子聚麀”。）

5. 在传统文献内部解决古书中的疑难问题仍然大有可为

有一种得到许多人赞同的看法认为，在传统文献里面兜圈子来解决古书中的疑难问题，乾嘉早已臻于极盛，目前已经走向穷途末路了。当今之际，只有利用出土文献，才能有所作为。

毫无疑问，自王国维先生提出“二重证据法”并将之运用于古文字的考释以来，已经取得了极为丰硕的成果。著者本人也是古文字学出身，当然十分赞同将“地下发现之新材料”与“纸上之材料”结合起来加以互证。这些都是没有问题的。但认为在传统文献内部解读古书疑难问题已经日暮途穷，则不敢赞同。相信在仔细读过著者这一篇拉杂文章后，读者中也会有些人赞同著者下面这段话：通过将语言外证据从主要证据以及唯一证据位置上剥离开来，通过将形训、声训、义训等方法手段围绕着考察分布这根主轴来进行，即使主要是在传统文献内部兜圈子来解决古书中的疑难问题（尽管著者本人提倡将“地下发现之新材料”与“纸上之材料”结合起来加以互证），也绝没有沉沦到日暮途穷的境地，仍是可以大有作为。

6. 古籍的辗转传抄所致变化不能否定审句例，适足以说明审句例的重要

当今，学界普遍认为，古籍并不是在其面世时就定型了，而是在一两千年的流传过程中不断地因辗转传抄而变化，也即，传抄者同时也是“作者”。有人可能会据此认为，你所说的语言的历史性、社会性、系统性，以及汉语史、审句例等，显然是建立在这样一种设想，即古书问世时一次定型，因而忠实地反映了当时当地语言的基础之上的。既然古籍的实际情况如此复杂，你上面所说的那些，一定会大打折扣，甚至不能成立。我们不否认古籍在流传过程中不断变化的事实，也不否认这一变化将使得我们的研究对象更为复杂，我们的研究任务更为艰巨。但是，不能无限夸大这种流传中的变化，因为即便存在这种变化，汉语史的变化轨迹依然是清晰的，并未成为一团乱麻。因为这一变化是零星而多次发生的，这种零打碎敲的影响不足以影响语言发展变化的整体趋向。这就好比，长江滚滚东流，途中地势变化万千，使得它有时朝向东北，有时又朝向东南；但终归是汹涌澎湃东流入海。我们看

王力《汉语史稿》中主要依据传世文献而归纳的汉语从古至今发展变化的种种趋势,并未因这种传抄中的改动而发生根本性的变化。后来的学者更根据出土文献证明了这一点。

例如:83年前,丁声树先生发表《释否定词“弗”“不”》一文,指出“弗”字只用在省去宾语的及物动词之前,不及物动词及带有宾语的及物动词之前只用“不”字,不用“弗”字。结论是,弗,略与“不之”相当。我们以其第一个例句《礼记·学记》之“虽有嘉肴,弗食,不知其旨也;虽有至道,弗学,不知其善也”为例,“弗食”略等于“不食之”,“弗学”略等于“不学之”。1958年,黄景欣发表《秦汉以前古汉语中的否定词“弗”“不”研究》一文,举出一些“弗”后动词带宾语的例证反驳丁文。后来,大西克也、魏德胜、董琨等学者均以有力证据反驳黄文。大西克也《关于上古汉语的否定词“弗”“不”的分用问题》一文指出,马王堆出土帛书《老子》《战国纵横家书》等书中,“弗”后及物动词不带宾语的有116例,带宾语的只有10例。而魏德胜在《睡虎地秦墓竹简语法研究》一书中指出,“弗”在睡虎地竹简中出现104次,后接动词带宾语的只有4次。同时,黄景欣文许多例证的“不”原本是“弗”,乃是为避汉昭帝刘弗陵讳而改动了。

由于古书是在流传过程中不断变化的,使得考察分布即审句例,在变得更为复杂更为艰巨的同时,也变得更有必要了。因为,只有通过审句例,才能通过大多数的成分,找出那些零打碎敲的变化成分。请参考著者所撰《真力弥满,万象在旁——〈玄应《一切经音义》研究〉读后》(《武汉大学学报(人文科学版)》2012年第2期)。

(杨逢彬:上海大学文学院,200444,上海)